侨界杰出人物故事丛书

# 司徒美堂的故事

李　丹　宋旭民◎编著

中国华侨出版社

·北京·

**图书在版编目（CIP）数据**

司徒美堂的故事 / 李丹，宋旭民编著. — 北京：中国华侨出版社，2020.4

ISBN 978-7-5113-8172-9

Ⅰ. ①司⋯　Ⅱ. ①李⋯ ②宋⋯　Ⅲ. ①司徒美堂（1868–1955）—传记　Ⅳ. ①K827=7

中国版本图书馆CIP数据核字（2020）第 015792 号

**司徒美堂的故事**

编　　著：李　丹　宋旭民

责任编辑：姜薇薇

封面设计：何洁薇

经　　销：新华书店

开　　本：710毫米×1000毫米　　1/16　　印张：19　　字数：260 千字

印　　刷：三河市华东印刷有限公司

版　　次：2020 年 6 月第 1 版

印　　次：2023 年 7 月第 2 次印刷

书　　号：ISBN 978-7-5113-8172-9

定　　价：68.00元

中国华侨出版社　　北京市朝阳区西坝河东里77号楼底商5号　　邮编：100028

发行部：（010）64443051　　传　真：（010）64439708

网　　址：www.oveaschin.com　　E-mail：oveaschin@sina.com

如发现印装质量问题，影响阅读，请与印刷厂联系调换。

# 目　录

第一章

# 苦难童年

# 1
# 乡土开平

开平，一个位于珠江三角洲边缘的小县城。它北面靠着五岭余脉的低矮丘陵，南面则临着相对平缓的平原地带，一条属于珠江支流的潭江自西向东横贯而过，缓缓流淌的河道为县城送来充沛的水源，形成良好的农耕条件。与此同时，潭江也成为当地最重要的对外沟通水道，向东深入珠三角腹地，向西则挺进开阔的粤西地区。因此，开平成为珠三角至粤西走廊的重要节点，沟通当地的交通要道基本顺着潭江流向蜿蜒向前，开平的重要城镇也大多沿江而建。

如果说，潭江是这个县的母亲河，则其背后的山脉就是开平的"父亲山"。明清两代，由于这些山脉深处隐藏着为数众多的土匪，政府为了加强管治力度，在周边的县域划出一片窄长的土地，设立了开平县。"开平"一词，缘于当地丘陵边上一个募兵驻守的屯名为"开平"，意思是"开通敉平"①。由于这个屯的地理位置优越，后来的县城就设在此地，以原有建筑为基础扩建而成。由于建县太过仓促，县衙还来不及修建，只能由当地一个谭姓乡绅捐献的房屋代用。很明显，设立开平县就是为了打击土匪，拱卫珠江三角洲。到了20世纪初，为了兼顾经济发展，才把县城迁到潭江河边的赤坎。随着经济发展，赤坎流域狭窄的河道已不能适应发展需求，于是县城

---

① 敉：mǐ，安抚，安定。《说文》："敉"，抚也。开通敉平，开发闭塞之地，使之道路通达；安抚当地百姓，使之安宁太平。

又往下游转移，迁到现在的三埠。三埠由一个半岛和两个江中小岛组成，地理位置极为优越，因为与武汉三镇酷似，又被称作"小武汉"。虽然经济不断发展，但直到中华人民共和国成立前，土匪问题仍然没有得到有效解决。

开平处于珠三角与粤西的中间，既受到来自广府核心地区的文化辐射，又难免于粤西本土巫觋文化的影响。体现在当地人的精神上，既有重视教育、尊崇文化的一面，也有迷信风水、崇拜神灵的一面。这使得各村的神庙、宗祠并立，神庙中既有本土的信仰神灵，也有外来的正统神灵，甚至孔子、华佗也被请入庙中，老百姓照拜不误。这些建筑屡经战火，仍能较好保存，虔诚的人们逢年过节便秩序井然地来到神庙、宗祠，向神灵、祖先叩拜行礼。

除此之外，还有一项建筑奇观——外来的客人走进这个县时，会惊奇地发现，这里很多村子迥异于传统的中国村落，在大片金黄的稻田中间，常常点缀着几幢有着欧洲文化特征的老建筑，使人仿佛置身于异国他乡——当地人将这种建筑称作"碉楼"。据说，在20世纪四五十年代，曾经有近3000座各种样式的碉楼矗立在这个只有1659平方公里的县域乡间，直至现在仍有1700多座碉楼较为完好地保存了下来。

之所以会有如此独特的人文景观，与当地的出洋风气有密切关系。从18世纪末、19世纪初开始，由于地多人少、治安不稳、天灾不断等多种原因，珠三角一带县市的很多乡民陆续走上了出洋谋生之路，到19世纪末、20世纪初成为一股热潮。而开平所在的四邑地区①则是出洋人数最多的区域。就以开平为例，现在的开平人口约六七十万，而在海外的华侨人数也

---

① 四邑地区：包括新会、台山、开平、恩平四地，今均属广东省江门市。四地历史上称作"下四府"，与南海、番禺、顺德、中山的"上四府"相对。"下四府"通用广府方言中的四邑话。

与之相当。当年这些华侨大多数去了美洲当苦力，通过辛勤劳作、省吃俭用，把积下的外币汇回家乡，成为当地重要的经济来源；还有些华侨衣锦还乡，为了光宗耀祖，也为了保护身家财产，重金从欧美运回建筑材料，仿照在欧美各国看到的建筑样式，糅合中国传统的建筑元素，建成了这种不中不西、亦中亦西的碉楼。

其实，周边几个县都有类似的建筑，但以开平为最多，也建得最精致多样。其中最为典型的要数"瑞石楼"了，该楼高9层，分别采用罗马拱券、爱奥尼克风格列柱、巴洛克风格山花图案等多种元素，可谓皇皇大观。试想，在凋敝的乡村原野上，一眼望去都是低矮的砖木建筑，一座由钢筋水泥修建而成、洋气十足的高楼拔地而起，确实有鹤立鸡群之感，于是碉楼理所当然地成为当地的文化奇观。直至21世纪初，这些隐藏在乡间的"珍珠"才被人们重新认识，并得到积极的保护与开发。2007年，"开平碉楼与古村落"项目经过层层筛选与激烈竞争，入选世界遗产名录，成为中国第35处、广东第1处世界遗产。开平从此多了一个名字——碉楼之乡。

碉楼的大量涌现，体现了开平人对美的热烈追求，而这种追求还体现在很多方面。近代以来，出国留学的开平籍学生有相当部分专攻艺术，使得一个50万人的县城涌现出了"人民的艺术家"司徒乔、著名电影技术专家司徒慧敏、中国第二代雕塑家司徒杰、著名红色摄影家沙飞（原名司徒传）、美术教育家胡根天、岭南画派"春睡三老"之一的司徒奇等艺术大家。为了向世人展示这些艺术家的作品，小小的县城竟建了两座美术馆。到了当代，当地学生仍沿袭前辈的传统，十分热衷于报读艺术类专业，其比例远高于周边县市。

总体来说，这是一个既平凡又独特的南方县域。

# 2
# 童年生活

　　本书的主角司徒美堂正是出生在这样一个既受到强烈不稳定因素威胁、充满着审美追求观念，又因华侨出洋而日益深刻地受到外来文化影响的小县城。其出生地就在当时的县城所在地赤坎镇的滘堤洲中股乡。

　　清同治五年（1866）①的仲春，正是南方雨水充沛的季节。据说在电闪雷鸣之中，司徒美堂出生了。初生婴儿响亮的哭声伴着雷鸣声和下雨声，打破了乡间的宁静。

　　乡人迷信，称这种雷鸣中出生的小孩为"火龙传种"，说长大之后必有作为。迷信的父亲宁愿相信这种说法，给这个儿子起名"羡意"，寄托美好祝福的意愿，而"美堂"是后来到了美国，入了堂会才改的。本书为了表述方便，只用司徒美堂之名。

---

　　① 此前关于司徒美堂的传记及研究资料，一般把他的生年定为1868年，但笔者经过考证，定为1866年。证据如下：一、1951年光明日报社出版的《我痛恨美帝》一书，在序言之前的《华侨民主人士司徒美堂传略》中，明确地说："司徒美堂，广东开平人，一八六六年三月，出生于一个破产农民之家。"该书的第一章也说，他是1880年到美国的，当时14岁。二、他本人在1948年发表的《拥护中国共产党"召开新政治协商会议"的声明》中说："愿以八十有二之高龄，为中国解放而努力。"三、1951年他在光明日报上发表的《为抗美援朝保家卫国》公开信中说："我司徒美堂今年八十有五。"四、司徒丙鹤《司徒美堂与美洲洪门致公堂》一文第四节说，1947年4月，上海帮会为司徒美堂举行"庆祝81寿辰"的活动。五、司徒丙鹤《陪同司徒美堂参加开国大典》一文中说，1949年时毛泽东56岁，司徒美堂83岁。毛生于1893年，56岁并不是虚岁，由此可见83岁也不是虚岁，倒推可知美堂生于1966年。综上，司徒美堂生于1866年无疑。另，中国传统的年龄算法一般按虚岁，而西历以实岁计。司徒美堂一生主要生活在美国，他对自己的年龄应该是按实岁来计算的；但九十大寿在国内举行，按中国的传统应在实岁八十九生日时举行庆祝活动，而1955年他正好满八十九岁进九十岁。

司徒美堂出生于一个贫农之家，他上面已有 3 个哥哥，在他之后，母亲又生了一个弟弟，这样的家庭背景决定了小司徒的童年是苦难的。在他 6 岁时，父亲就因疾病缠身而去世。但比一般贫农幸运的是，司徒氏在当地是一个大家族，族中有供子弟读书的私塾，司徒美堂在家族私塾中读了 4 年书。由于记忆力好，有过目不忘之功，私塾生涯让他打下了扎实的文化功底，为后来从事组织领导工作做了充分的准备。

这里要介绍一下司徒家族。前面提到的著名书画家，绝大部分都来自这个家族。据传，司徒氏早在南宋末年就从中原迁来，几经辗转后，最终在开平赤坎落脚扎根。肇基之祖司徒新塘留下"教人以伦"的家训，从此家族就以"教伦"为堂号，后来在华侨资助下创刊的族刊则命名为《教伦月报》。后来，赤坎还流传一首这样的民谣：

月光光，照新塘，《教伦月报》真辉煌。家乡事，传远方，手捧宝贝心情爽。勤锻炼，业绩创，寄回家乡慰高堂。

以赤坎为圆点，司徒族人陆陆续续往周边地区迁移扩散，但大都以赤坎为祖居地，清明时节大家都要回乡拜祖。现在，广东 4 万多司徒氏之中，有一半以上集中居住在赤坎，这里也理所当然地成为该族的中心。赤坎司徒氏中，以八世仁凯祖房的人丁最为兴旺，赤坎有超过三分之一的司徒氏出自仁凯房，而司徒美堂就是这一房的二十四世孙。

说到司徒族，还必须提到当地另一个大族——关氏家族。该族从福建迁来，北宋中后期就在赤坎定居。经过多年发展，关氏成为开平的第二大姓，而赤坎本地就有两万多族人聚居。

两个大姓同居一镇，必有诸多竞争。关族与司徒族分别沿潭江河堤建起自己的商业聚集区，分别称作上埠、下埠。两埠界限森严，关族的船不能在司徒族码头上岸，司徒族的商贩不能到关族的商区做生意。当地的县志有这样的记述："赤坎埠墟，城南三十五里，分上、下埠，期趁三、八。"也就是说，其墟期也是错开的，逢三是关族墟日，逢八是司徒族墟日。随着两族墟市的扩张，还出现过场地争讼事件，几成械斗，最后惊动了政府，通过知府和县衙会审来解决。这种对生存状况的忧患意识从小就在司徒美堂身上烙下印记，而内部斗争留下的惨痛记忆也深深刺痛他的心灵。

两族不仅在商业上互相竞争，更要在文化上一较高低，因为在古代的乡土中国，只有培养出数量更多、名气更大的功名人物，才能更好地掌握地方的话语权，在争夺新垦耕地时，也才能获得胜利。为此，两族都拼命地加大教育投入，族内各房派都专门划出几块田地作为"学尝"，解决私塾的日常开销。据说竞争最激烈时，镇内有20多个族办私塾。在司徒美堂出生前不久，两族更是联合镇内24姓集资兴建了一座更高级的、着眼于科举考试的康乐书院，周边镇的生员都可来此读书。1903年朝廷废除科举之后，关族又率先捐出本族宗祠，支持县里兴办中学。后来，中学要择址迁建，司徒族捐出一百多亩地，两族一起募捐，建成了一所堂皇美观的中学，其主体建筑"红楼"更是成为当地教育的标志。如今，这座古朴典雅的红楼仍然屹立在开平一中的校园内。

最有意思的是，两族耆老有了海外见识之后，先后建起了本族的图书馆，又先后在图书馆上加盖了欧式钟楼，每天定时敲响。两个高高的尖顶在同一条河堤上遥相呼应，钟声此起彼伏，回荡在宁静的潭江河边，成为小镇上的一大景观。这种竞争也使得本族的平民们得到了一点实实在在的好处，司徒美堂就是受益者之一。

不过，这种受益十分有限。因为族内虽有大片良田，但随着家族房派的分化，很多田地早已落到某些嫡系族人的手中；还有部分是用于维护宗祠、救助贫困宗亲的"公尝"，也落入某些族人手中。这些强势的族人将大部分收益装进自家口袋，其他族人只有逢年过节到宗祠按男丁数分得一块猪肉的权利，算是作为司徒族血脉的体现。

因此，虽然家族很有势力，也重视教育，但只能为族人提供基本的免费私塾，其他支出还是需要各家各户自行负担，更不用说孩子要继续深造、参加科考了。所以，对于一个寡妇来说，独自养活五个孩子的压力非常大。到司徒美堂 10 岁那年，母亲再也无力供他继续读书了，他只有离开私塾，结束短暂的学生生涯。但家乡人多地少，已无地可种，经族人介绍，他来到离家 60 里地的新会县城，在一个木工小作坊做起了学徒。

# 3
# 来到新会

　　新会也是一个县城，但历史更为悠久，开平、台山、鹤山等县都是逐步从新会分出来的。新会曾在相当长一段时间内做过郡治（相当于地级市），所以被视为四邑地区的政治经济文化中心。这里的出海口崖门（旧作"厓门"）曾是南宋灭亡之地，当年的赵宋遗民散落乡间，代代传承，至今还有一座纪念杨太后的慈元庙屹立在阴峪河边，在当地人心中撒播着浓浓的爱国情怀。同时，由于地处潭江与西江的交汇处，人员物资往来频繁，经济发达，文化繁荣，受到广府核心区域的辐射，新会历史上曾产生过不少很有影响力的人物，明代大儒陈献章、近代思想家梁启超是其中的翘楚，他们对岭南文化的提升起到了至关重要的作用。

　　如果要问，位于珠三角核心区的新会与处于边缘区的开平有何区别呢？不妨举个例子来说明。粉与面是中国老百姓的日常食品，但二者是有南北差异的，由大米制作的粉是南方食品，由小麦制作的面则是北方食品。但广州、新会一带的人有吃竹升面的习惯，这显然不是当地的原生习性，而是由北方人南迁后带过来的。到了开平，吃面食的习惯就明显少了，人们更喜欢吃粉，最受欢迎的是濑粉、通心粉等。这种遗存很细小，却也很顽固，正好折射出两地的文化差异。

　　再说说经济，这里也形成了一些颇有影响力的传统产业。这些产业具有一定的地方优势，不容易受外国商品的挤压，使得新会县城较好地保持了发展的活力。比如，陈皮制作与销售产业，由于新会柑是粤陈皮的最佳来源，一直受到海内外华人的欢迎，当地人家家户户都有种新会柑的习惯。又如葵扇业，由于此地盛产葵树，质量较其他地方要好，以葵树叶制作葵扇便成了一个非常重要的产业。又如线香业，此地也几乎垄断了华南地区的线香制作工业。特别是随着华侨出洋，新会线香也被带到海外，使得凡是有华人的地方就有新会线香。除此之外，还有红木家具业，新会是红木广作的发源地，这里有大批的"广作"（红木制作的一个重要流派）工匠，制作的红木家具销往华南各地甚至海外。正是有了这样的产业，才产生了大批像司徒美堂这样从四乡八里赶来的童工从业者。

在木工小作坊里，司徒美堂初步接触了社会。老板严厉的打骂，日夜劳作的辛苦，成为他人生中一段深刻的记忆。在这段不到4年的经历中，他还利用业余时间打下了扎实的武术功底。据说他练武的初衷只是为了报复眼前的生活状况，没想到武术在他后来的生涯中竟然显示出巨大的作用。

作坊门前有一块空地，闲暇之余，他就跟着当地会武术的大叔大哥们学功夫。武术师傅指点他说："羡四（当地人称呼有一个习惯，就是取名中一字加上家中排行搭配），练武之人要有侠义之心，要敢于拔刀相助，帮那些有需要的弱者。"

司徒美堂握住小小的拳头，响亮地应道："是的，师傅！"

师傅又说："练武之人要有意志力。你三天不练，师傅知道；一天不练，自己知道。功夫练成了，人也就能立足了，只有肯吃苦，才能成就事业。"

年幼的司徒美堂对这高深的人生道理似懂非懂，但师傅说的总不会错，于是继续点头称是……

司徒美堂的习武，既是偶然，也是必然。广东武术源远流长，在明朝已有较大发展。清初，虽然朝廷不许民间习武，但天地会等秘密社团却偷偷传习武术，乡间自卫抗暴、保护庄稼也往往需要会武之人。1841 年广州三元里人民抗英斗争的胜利，激起了民间练武的热潮，官府不再禁止百姓习武，甚至设立官办的武术学校，为国家培养武备人才。官办及民办的武术组织使得武术在广东的城乡之间广泛传播，形成了洪、刘、蔡、李、莫五大南拳门派，在此基础上，逐渐衍生出名目繁多的拳种和套路。另外，19 世纪中后期，受美国"淘金热"的影响，珠三角地区很多穷苦百姓怀揣着"金山梦"辗转到大洋彼岸去谋生。据统计，1850 年时，在美华人还不到 50 人，到 1880 年则激增到 10 万人以上[①]——司徒美堂正是这一年随着移民潮去美国的。这些华人在美国主要从事的是苦力和服务性工作，经常遭受当地人的歧视和欺负，所以很多人在去美国之前就通过练习武术来强身健体，防身自卫。在这样的背景下，司徒美堂少年时代的四邑地区，习武之风已经非常浓郁了。

四邑地区流行的武术门派，比较有代表性的有蔡李佛拳，其创始人陈享就是新会人。他综合了蔡家拳、李家拳和少林拳的特点，创立了新的门派，因取三家之长，故名"蔡李佛拳"。陈享因为拳术了得，曾受聘于林则徐，帮其训练水师。在鸦片战争中，陈享更是率领门下弟子到虎门水师衙门任职，成为支持林则徐抗击英国侵略军的重要力量。之后，蔡李佛拳在珠江三角洲乃至东南亚地区都广泛传播，在陈享的出生地新会更是十分

---

① 孟涛、蔡仲林：《传播历程与文化线索——中华武术在美国传播的历史探骊》，体育科学，2013 年第 10 期。

盛行。

又如周家拳，融合了洪拳、蔡家拳、少林拳的元素，有"洪头蔡尾"之称。创始人周龙也是新会人，曾受聘出任黑旗军的武术教官。周家兄弟个个身手了得，有"周家五虎"之称。周家拳也随着华侨流往海外，在东南亚一带影响力较大。

年少的司徒美堂得到不少民间拳师的指点，并凭借自己的聪明与勤奋练就了一身出色的武功。如果说，家乡开平给了司徒美堂强烈的忧患意识与审美追求，客居的新会则给了他试图冲破忧患的武术工具，以及这工具背后的爱国情怀。

# 4
# 三个金山箱<sup>①</sup>

在小作坊做学徒的第 4 年，司徒美堂遇到了出洋回国探亲的乡里，从他口中听说了一个陌生的国度。

这个名叫阿福的乡里不无炫耀地说："我啊，带回来三个金山箱，里面装满了用的、玩的，都是美国货。还有三千大洋，我准备把旧屋拆了，建个新屋，给老母亲好好享受一下。"说着，还专门龇着牙，让大家看他新装的金牙。

大伙儿羡慕地看着阿福，不断地询问金山的情况。在阿福的描述中，这个金山就好比天堂，赚钱容易极了，干几年就能回家起大屋，还能娶媳妇。

冷不丁，有人插了一句："哪有那么容易！我家的几个兄弟去了十几年，现在仍然渺无音讯，听人说可能已经死在出洋的大海中了。你说金山有什么好？"

阿福被抢白了一顿，先是一愣，接着赶忙自圆其说："那是你家风水有问题。我家可是靠山面水的绝佳宝地，家泽保佑，每次出洋前，还要拜过菩萨，保佑我逢凶化吉、平平安安！"

司徒美堂竖着耳朵，一边听众人的交谈，一边在脑海中想象着阿福描

---

① 金山箱：一种 2 至 4 个人才能搬动的大木箱，结实耐用，又具有防盗作用，成为华侨衣锦还乡的标配物品，因此变成华侨财富的象征，不少人以抬回多少个金山箱衡量此人在国外的成就。

述的情景。而身边不断有人家建大房子的信息传来，也加深了他对阿福描述情况的相信程度。很快，他萌生了出洋的念头。

他试探性地问同在小作坊工作的长者老张："张大哥，你说这个出洋靠不靠谱啊？"

老张对出洋也动了心，但不是很拿得定主意，他想了想，说："这个嘛……我觉得可以试一试。虽然有些人回不来，但眼看着乡里人一个个地都建大屋了，这是原来一辈子都不敢想的事情啊！这不说明出洋划得来？"

老张瞪大眼睛看着他，司徒美堂不禁点了点头。

过了一会儿，司徒美堂又问："家中的母亲见不到我，怎么办？"

老张嘲笑道："那能怎么办？！到时赚到钱，寄钱回来给你妈，不是让她安享晚年吗？"

司徒美堂觉得很有道理，母亲这辈子把他们五兄弟拉扯大，也没怎么享受过。家里虽有祖上传下来的青砖瓦屋，但只剩下四面空荡荡的墙壁，若能多置下几亩田，让母亲不用为三餐发愁，不是很好吗？盘算过利弊，他就立定了出洋的主意。

近代以来，华人出洋主要源于海外大量殖民地以及新兴国家发展建设的需要，吃苦耐劳的中国劳工成为这些国家急需的人员，于是在东南沿海、特别是在珠三角地区掀起了出洋移民的热潮。具体而言，华人出洋主要有几个地区，一是东南亚，二是美洲，三是澳大利亚。珠三角地区的劳工主要到美洲，其中以去美国、加拿大为主。

独立战争和南北战争之后的美国迅速开疆拓土，从大西洋沿岸一直扩张到太平洋沿岸，特别是 1848 年在加利福尼亚一带发现金矿之后，世界

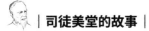

各地的冒险者像潮水一样涌向这个地区去淘金。当时人们坐马车从东部到西部，前后要花长达几个月的时间，极其不方便。为了更好地开发西部，将人员物资引过去，美国政府于1863年动工，修建了一条贯通美国东西海岸的太平洋铁路。这在当时是震惊世界的超级工程，需要大量劳工参与。工程在开始时并不顺利，后来改用吃苦耐劳的华工，工期便大大加快了——提前7年、节省3000多万美元建成了铁路。从此，大规模引入华工的序幕拉开了。

加拿大也有类似的情况。加拿大西部在稍后同样发现金矿，之后仿照美国，动工修建太平洋铁路，也把华工作为主要劳动力。

正是在这种需求的催促下，清政府被逼签订的《中英北京条约》明确规定："凡有华民情甘出口，或在英国所属各处，或在外洋别地承工，俱将与英民立约为凭，无论单身或愿携带家属，一并赴通商各口，下英国船只，毫无禁阻。"这一条款无形中打破了清政府200多年来施行的闭关锁国政策，使出洋谋生成为合法行为。之后，美国与清政府签订了《蒲安臣条约》，专门针对移民美国作出规定："两国公民与臣民为了好奇、经商或作为永久居民者，彼此从一国自由移民到另一国，对双方都有好处。"这一条约更是直接打通了中国劳工进入美国的通道。

对于这种前所未有的谋生途径，珠三角地区的破产农民表现出极大的兴趣。从当时流行的一些歌谣可以清晰地看出这种苗头：

喜鹊喜，贺新年；爹爹去金山赚钱，赚得金银成万两，返来起屋兼买田。

当初穷过鬼，霎时富且贵，唔（不，粤语）难屋润又家肥，回忆囊空因命水。运气催，黄白从心遂。否极泰来财积聚，腰缠十万锦衣归。

开始是零星地去，后来渐成规模，据资料显示，早在 19 世纪中叶，美国台山同乡会一年接待的初来美国同乡就达到 8000 多人。这种招工方式既有专门公司到乡间游说，也有华侨回乡带人前往。不过，去东南亚、南美等地的劳工，由于缺少保障措施，自合约签订之日起就失去人身自由，终身做奴隶，所以这种劳工的招引往往采用欺骗的方式进行。

司徒美堂正是听到回来的乡亲介绍说，出洋后每月能赚 30 大洋，即使小孩也能赚 12 大洋，感到出洋工作远比在家乡有盼头得多，他才动了心。在与同伴三番四次商议后，他决定去美国碰碰运气。

# 5
# 说服母亲

司徒美堂回到家中，跟母亲说了打算出洋谋生的事。

母亲迟疑了很久，才缓缓地对司徒美堂说："儿子啊，你真要去那个连鸟都飞不过去的地方吗？如果真去了，今后可很难再见面了。"

司徒美堂也有点不舍，但这个想法他已在心里盘算了很久，不会再因别人的劝说而改变。他说："妈，我去金山赚很多的钱，寄回来给你花，你就不用每天辛辛苦苦地为我们兄弟操劳了。"

母亲说："你有两个哥哥在省城干活，定时也寄些钱给我，我不缺钱。"

司徒美堂说："哥哥还等着成家，如果我能赚到钱，早点建了大屋，不就能快点把媳妇娶过门，给您生大胖孙子了吗？"

母亲擦着眼泪哽咽道："儿子，这么大的事情，我一时也拿不定主意，让我先问问菩萨吧。"

母亲不同意司徒美堂出洋，是有多方面原因的。一方面，去美国谋生首先要准备一大笔买船票的费用，据司徒美堂回忆，大约需要 53 块大洋，这在当时是一笔巨款，很多人家都要向亲戚邻居东借西凑，甚至是卖屋卖田才能凑足，而要还清这笔钱，则要多年的辛苦劳作。以司徒家目前的境况，拿出这样一笔钱无疑是个大难题。

而另一方面，更重要的是，出洋谋生也存在诸多的不确定因素。当时，主要有两种形式的华工。一种名为"猪仔"的华工，被人运到东南亚、美洲等地，成为失去自由的奴隶，日夜为奴隶主打工卖力，一辈子都无法还清债务，而且绝大部分都会因劳累或疾病而死亡。据统计，从1840年到司徒美堂出洋这40年间，东南沿海被骗的"猪仔"华工达50万之多。与司徒美堂同宗的著名画家司徒乔，有一幅名作叫《三个老华工》，画的就是三个在美国劳作了一辈子，依然身无分文的老华工，他们因为长期在蔗园中劳作，成了耕地的活工具，甚至连说话的能力都极度退化了。

另一种名为"赊单华工"。他们虽说相对于"猪仔华工"有较高的人身自由度，但也并不是像歌谣里所唱的那样，能赚到金山银山回乡。一是雇主的盘剥欺诈，二是自身能力的不足，三是意外情况的出现，这些都可能导致华工最后悲惨地客死他乡。有资料显示，1888年至1892年，新会侨团仅从旧金山就运回了387具无钱回乡、又无名无姓的华侨骸骨，集中葬在一处。近年来，新会陆续发现了此类"义冢"，多达6处，其中最多的金牛山义冢有约1500穴。这些，都是华侨悲惨命运的鲜活见证。

还有一个深层的原因，就是出洋的主要是男性，女性一般不出洋，这对于生育小孩、传宗接代来说是个很大的障碍。出洋的男性要成家怎么办？只能在海外辛劳工作赚钱，然后专程回国聚亲，婚后待上一两年，等生了小孩再出国，然后又是长时间的分离。所以当时不少村落中没有男人，只剩下留守在家的女性，和嗷嗷待哺的小孩。当时的开平还有一种奇特的风俗，叫"公鸡拜堂"。有些华工家中定好了亲事，他们却不能及时回国，为了先把媳妇娶过门，就会找一只公鸡，让人抱着与新娘拜堂，算是举行了仪式。之后新娘就开始了漫长的等待，等着大洋彼岸的丈夫回国团聚。有的华工因客死异国而永远不能回来，这个与公鸡拜堂的新娘就只能孤寂地守候一辈子。

可以说，出洋谋生之路非常崎岖，甚至九死一生，真正能够衣锦还乡的，百中无一。然而，正是这一小部分人的成功，激发了同乡更加强烈的出洋兴趣。司徒美堂的母亲出于对儿子的爱护，看到的更多是出洋的凶险，才不同意这一想法。

不过，司徒美堂是一个执着的人，一旦确立了信念，便要执行到底。他多番劝说母亲，而邻居、亲戚出于善意，也上门做工作。终于，母亲被说服了，她决定筹钱让司徒美堂出洋。

她拉着司徒美堂，摸着他的脑袋说："儿子啊，昨天我问了菩萨。菩萨说，你可以出洋，行程会有贵人保佑，一路平平安安。我求了一道符，这个符你收好，不要让别人看到。"

然后把一张黄纸递给司徒美堂，看他把符纸放进最里面的衣服口袋后，又嘱咐道："你到了金山，要好好做事，听老板的话。你已经长大了，要照顾好自己，到了那边千万不要闯祸。"

司徒美堂点点头说："妈，你放心！我一定照顾好自己，赚到钱就寄回来给你起大屋。"

母亲的眼泪又来了，抽噎着说："不打紧，有钱了你留在身边，出门在外，要有钱防身的。我这边好好的，不要担心。"

**6**

# 乘船出洋

经过大半年的筹备，母亲终于凑足了路费，为儿子买了张下等客舱的船票。多年以后，在司徒美堂的记忆中，离别家乡时的情景依然历历在目。他是光绪六年（1880）3月出发的，要先到香港，才能搭上去美国的船。离开赤坎时，母亲与家人一直站在渡口，目送渡船远去，司徒美堂也站在船头，直到母亲的身影消失在茫茫烟水中，他才回到船舱。作为一个孩子，离开所有的亲人，去一个完全陌生的国度，他心里有一丝丝的兴奋，希望尽快踏上这块被乡人称作"天堂"的土地，但也感到一阵阵的惶恐，不知幼小的自己能不能适应。他咬咬牙，安慰自己说："不怕！你不是会蔡李佛拳吗？师傅不是说你打得很好吗？就凭这身功夫，也不怕有人欺负你！"想着想着，他靠在包袱上睡着了。

按照四邑习俗，出行的人身上往往会带上一小袋乡土，再带几块自己晒制的陈皮，说是当水土不服时，用水和着喝，能够使身体快速恢复。其实，这些物品的心理功效远远大于医药功效，但对于像司徒美堂这样年纪小小就舟车辗转、漂洋过海的华工来说，却是非常奏效的。

此时的香港已经是英国的租界。由于优越的港湾条件，香港成为联系中国与世界的重要枢纽，很多出洋的客船都从这里出发。司徒美堂在这里第一次感受到来自现代文明的冲击，对即将开始的新生活有了一些憧憬。他又想起临行前曾对母亲说，要像乡里那样，赚钱回来盖大屋，母亲只是点头，温柔地抚摸他的脑袋。

香港聚集了为数众多的四邑同乡，为了方便乡里出行，他们专门建起会馆，让等船出洋或是出洋回国的乡里有地方休整。在宁阳会馆，司徒美堂认识了不少准备同行的老乡，也更加广泛地了解了出洋的过程和美国的情况。之后，他乘坐"卡力"号客轮踏上了出洋之路，开启了长达69年的旅居生涯。其时，他才14岁，还是一个稚气未除的小孩。

听老华侨说，之前乡亲们出洋是坐一种名为"大眼鸡"的桅船①，由于船速慢，往往要在海上走三四个月甚至半年时间，有时遇上大风浪，整条船可能就此葬身海底。身无分文的华侨要在船上生活，只能自带一些干粮和佐食的腌制食品。正因为有这种需求，开平当地便兴起一些制作腌制食品的行业，其中最为有名的产品就是"开平腐乳"，这种食品随着华侨的足迹传到旅居国，至今仍行销海外，成为华人惦念家乡的味道。还有利用当地水产制作的咸虾酱，也是一种颇有特色的食品。现在虾酱是很多人餐桌上调剂口味的美食，可是在当时的出洋华工眼中，只是不得已的选择罢了。

由于华人往往只能买下等客舱的票，而下等客舱在船的底部，船主严格管制，不让华人随意出舱透气。不少华人不适应海上的风浪，抱着桅杆呕吐，使得舱内的卫生条件非常恶劣，有些人因此得病，就死在船上。船主为了省事，直接将尸体扔进大海，远在家中的亲人永远也等不到他的消息了。

_____

① 大眼鸡：近代一种融合了福船风格的广船。其特点是船体高大，有三根桅杆，船首和船尾向上翘起。因船首两边都画有一只巨大的眼睛，故俗称"大眼鸡"，又称"大龙目"。这也是当时中国南方沿海货运船的典型装饰，寓意此船在穿越大海时能够更好地看清航路，能保持正确的方向。这种船的头部常被漆成红色，故又称"红头船"。

而司徒美堂当时坐的船有了很大改进，属火轮船，速度要比桅船快得多，也安全得多，一般一个月左右就能到达美国西海岸。但船上的生活条件依旧十分恶劣，除了不准华工出舱让洋人和上等人看到之外，对食水等物资也是严格限制。也就是说，还在船上，华工们就要先进行一次身体素质与精神意志的考验，过不了关就会客死他乡、死无全尸！这是出洋给司徒美堂留下的最初印象，他知道自己将要受到的待遇并不会比那个木工小作坊中好，这使他从一开始就对祖国有了模糊的概念与认识。

这几年司徒美堂天天练武，练出了强健的体魄，小小年纪的他没有被这恶劣的条件打倒，反而帮起了一些受不了海浪折磨的同乡。

一个同乡不无称赞地说："这个羡四啊，看不出小小年纪，还挺能干的。"

司徒美堂说："是的啦，别看我年纪小，我 10 岁就出来干活，什么都会干呢！还会打拳！"

同乡们一下子来了兴头，叫他现场打几下散手看看。司徒美堂果然露了两手，大家拍起手掌。在这个沉闷的空间中，有这么个小孩来点乐子，大家的心情都放松了不少。

一个叫谭阿灿的同乡对司徒美堂说："我看你这么机灵，上岸之后就跟着我吧，我带你去中餐馆当学徒，怎么样？"

司徒美堂高兴地说："好啊！在以前的小作坊，老板也常叫我煮饭的。我什么活都会干！"

这么一来，司徒美堂找到了在美国立足的第一个支点。可是，美国并非想象中的天堂，从司徒美堂踏上这块土地的第一步起，这个天堂美梦就破灭了。

第二章
# 赴美谋生

# 1
# 初来乍到

一个多月之后，"卡力"号轮船终于到达了美国西海岸的旧金山[①]。旧金山是华人对这个城市的称呼，它真正的名字叫圣弗朗西斯科，也叫三藩市。19 世纪中期，这里因发现金矿而迅速掀起一股淘金热潮，吸引了很多华人前往，因此被称为"金山"。差不多在同一时期，南半球澳大利亚的墨尔本，也因淘金热而吸引了众多华侨。所以，海外华侨将圣弗朗西斯科称为"旧金山"，而将墨尔本称为"新金山"。初来美国的华工往往先在旧金山落脚，因而此地成为华人最多的城市之一。

司徒美堂一上岸，当地的流氓就给他上了一课。

他拿着布袋，跟着队伍上了岸。在当时，中国人是很好认的，除了黄皮肤、黑眼睛，还有一条拖在脑后的大辫子，美国流氓污蔑性地称之为"猪尾巴"。这些流氓一看到一群"猪尾巴"上岸，就叫嚣着拥上前，肆无忌惮地用马粪等地上能捡到的脏东西往他们身上扔，把司徒美堂弄了一身一脸。身怀武功的司徒美堂可是憋不住，握紧拳头正想冲上前打那帮流氓，旁边的中年同乡一把拉住他，小声说："羡四，别乱动！赶快走！"

司徒美堂回头一看，这个同乡是个老华侨，叫黄有财，这次回乡是为

---

① 旧金山：San Francisco，美国加利福尼亚州太平洋沿岸的港口城市。1848 年，一名木匠在推动水车的水流中发现了黄金，很快在全世界引发淘金热。许多华人作为苦力被贩卖到这里挖金矿、修铁路，并在此安家落户。截至 2018 年 7 月，旧金山全市人口约 88 万，其中华裔 18 万，是西半球华人数量最多的地区之一。

了娶亲，刚离别新婚的妻子，再次来美国谋生。司徒美堂知道他对美国的情况比较熟悉，自己又是初来乍到，不知底细，只有强压着怒气，低头随着队伍快步穿过码头。

离开了码头，司徒美堂追问黄有财："我们怎么不教训一下这帮家伙？"黄有财摆摆手，示意他不要说话，跟着队伍赶紧走。

在领头同乡的带领下，大家来到了同乡会馆。黄有财看到大家都平安到达，才放松下来，慢慢地跟司徒美堂解释："这些流氓天天都等在这里，一见中国人就欺负。我们平时走在街上，流氓只要看到脑后缠着辫子，就会老远的扔石头，扔臭鸡蛋，然后就拍手大笑。有时，还有人被石头击中脑袋，头破血流地离开。"

司徒美堂问："不是有警察吗？他们不管吗？"

黄有财摇摇头说："哪管！他们侮辱华人就跟侮辱黑人一样，都已成为政府默认的正常行为了。"

司徒美堂无法理解："他们为什么要欺负中国人？"

黄有财苦笑着说："中国人好欺负呗！以后啊，还会有很多这种情况呢！"

然后，他给大家讲了一件自己亲身经历的事："有一次，我在街头走着，脑袋忽然感到一阵疼痛，用手一摸，满手都是血，低头看看，脚下有块石头，远处一个流氓在嬉笑着。同伴很愤怒，竟然有人敢在唐人街打人，便追上去把那个家伙捆了，送到警署。结果，你知道怎么处罚的吗？仅仅是罚了5美元，还不是给我的汤药费，而是拿去充公了。自从那次以后，我轻易不会上街，万不得已要上街，也会小心翼翼把辫子收起来，以防遇到这种流氓的袭击。"

司徒美堂越听，心里就越愤怒，面色也凝重起来。会馆的管事走过来，拍拍司徒美堂说："小伙子，美国就是这样的，哪像那些回唐山的人说的那样，像天堂？"

司徒美堂不解地追问："为什么他们都不说这些？"周围的几个人相视而笑，都没有回答。黄有财说："以后啊，慢慢你就明白了。"

不说的原因其实很简单，中国人好面子，就是为了在乡里面前炫耀罢了，那几千大洋都是好不容易省吃俭用积下来的，并不是他们吹嘘的那样，轻轻松松就赚到的。初涉世事的司徒美堂当然不懂这些了，他满怀着憧憬来到美国，突然看到这种景象，心里感到巨大的落差。

这次遭遇给司徒美堂留下了不可磨灭的印象，也在他心里埋下了仇恨美国的种子。

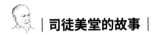

# 2

# 排华运动

其实，美国人对华人的态度并非一贯如此。据说一开始搞西部开发时，华人以其勤奋耐劳而获得当地人的赞许，到了修太平洋铁路时，更是大量引入华人作为工人，以确保工程如期完成。但是，修完大的工程之后，数量庞大的华工没有工作可干，只有辗转到美国各地干其他行当。华工要的工钱少，又干得比白人卖力，自然受到雇主的青睐。但如此一来，无形中就抢了白人的饭碗，失业的白人放出不满华人的言论，逐渐在社会上形成了排华的舆论导向。这些天天蹲在港口侮辱华工的流氓，其实就是被先来的华工抢掉饭碗的失败者。另外，华人素有勤俭节约的传统，生活上精打细算，省下来的钱都寄回国内，很少在当地消费。美国人认为这样的种族对当地社会发展有百害而无一利，甚至编造出各种各样丑化华人的话题，如华人不用睡觉，白天黑夜一直干活；华人一辈子不洗澡，身体非常脏等。这种舆论一出，马上煽动起人们的情绪，引发越来越强烈的社会效应，先是西部几个州发生了排华运动，之后蔓延到东部，最后迫使政府也要采取相应的排华行动。

1877年，加利福尼亚闹经济恐慌，很多工厂倒闭，大量工人失业。有一个政客奇尼亚组织了一个沙地党，提出"黄祸"邪说，目的在于把美国工人对资本家的仇恨转移到黄皮肤的中国人头上。这是美人排华的缘起。

就在司徒美堂到美国的两年后，即1882年，美国国会通过了第一部禁止华人入境的法令"限制华工律"十五款，两年后又在原来的基础上增加了两款。之后又相继有各种排华法令出炉，如 1892 年颁布"排禁中国移民律"，1893 年将移民律加严处理，1924 年增订"新移民律"，1930 年颁布"中国移民条例"，1932 年又颁布"第 876 号法令"……有关排华的法令有 15 种之多。有了美国带头，加拿大、澳大利亚相继也出台类似的法令，形成了全球性的排华运动。从此，华工开始了新的苦难历程。

随后，美国相继出现了许多令人发指的排华事件。比如 1885 年，在"黄祸"之说的影响下，一些歹徒煽动美国中部维明省岩泉矿区的四五千名美国工人去杀抢他们饭碗的"黄猪"。他们约好时间，明火执仗地进攻矿区的华人村落，烧杀抢掠无恶不作，手无寸铁的华侨毫无招架之功，19 人被杀，几十人被打伤，还有 600 多人逃亡于荒野之外，财务损失更是惨重。面对这样恶劣的暴力事件，美国政府却推说是工人互殴，各有伤亡，并没有惩处行凶者和幕后黑手。还有一次，旧金山警方借故把 3000 多华人全部拉走检查，结果唐人街被匪徒洗劫，华人遭到巨大损失。但警方对此敷衍对待，结果仍然不了了之。

在那段日子里，司徒美堂印象最深刻的是旧金山"拉房"事件。当时，旧金山有不少暴发户建了很多新房子，却无人租住。为了逼迫华人租这些房子，政府以华人住得太拥挤，不利于卫生为名，要求每人的居住面积不少于 8 平方尺。于是警察伙同流氓每到晚上就冲进华人居住的房屋拉人，蛮横地把他们关起来。据司徒美堂回忆，当时有不少华人害怕被拉，仓促中跳窗而逃，他目睹过一些人摔死的惨况。据后来统计，有 40 多人因此而摔死。由于拉的华人太多，监狱人满为患，警察局只好把原先关押的犯人放出来，结果又引发另外的社会问题。

试想一下，这些华人都是穷苦出身，即使用金钱赎出来，也不可能租住大面积的房屋。走投无路的华人只有联合起来反抗，却被当局无情镇压。到后来，华人不再强力反抗，华人商家也私下同意不辞掉被拉房的华人，于是他们就乖乖在监狱中耗时间，不再花钱赎身。由于没有法规对华人实施重判，关够时间就只有放人。出来之后的华人坚决不改租新房，弄得当局毫无办法，所以"拉房"事件后来就不了了之了。这也算是一次对美当局排华法令的软性抗争的胜利吧。不过，总体而言，在长达几十年的排华运动中，华人遭受了非常大的伤痛，这也奠定了华人群体爱国爱乡情怀的基础。

还有戮尸。当时美国人认为中国人的身体结构与白种人不同，华人死后都被拿去解剖分析。虽然这种解剖带有科学研究性质，但极不尊重华人的传统观念和习惯。加上华人对现代科学不了解，以讹传讹之下，就认为这是一种针对华人的巫术行径，而称之为"戮尸"了。

通过这些事件的描述可以看出，当时的美国虽然经济繁荣，但对于华人是抵制的，华人完全是凭着吃苦耐劳的精神，在夹缝中求生存，才逐步闯出了有限的生存空间。正是这样的社会经历，使司徒美堂从一开始就对美国没有好感，甚至有强烈的憎恨情绪；与此同时，也使他更加热爱又贫又弱的祖国，希望她能够早日强大起来，保护自己的子民。

当司徒美堂在美国饱受排华势力欺凌的时候，远在国内的另一位五邑青年也在关注这个问题。1896 年，伍廷芳[①]被任命为驻美公使，1897 年初，

---

① 伍廷芳（1842—1922）：号秩庸，后改名廷芳，广东新会人，清末民初杰出的外交家、法学家。他是中国近代第一个法学博士，1882 年入李鸿章幕府，1896 年被清政府任命为驻美国、西班牙、秘鲁公使，曾任中华民国军政府外交总长和南京临时政府司法总长，1922 年逝世于广州。

梁启超给他写了一封信，请他务必保护在美华工。梁启超认为，华工之所以受排斥，主要是因为没有受到良好的教育，举动言语有野蛮之风，所以建议伍"欲保华工，必以教华民为第一义"，并提出立孔庙、兴书院、设报馆等具体措施来教育华工，使其变成彬彬有礼的文明之人，则美人必不敢再侮华人，而华人可以自保。综合司徒美堂和梁启超在排华问题上的看法，可以这样说：美国排华有美国人维护自己利益的狭隘一面，也有华人自身素质不高的一面。中国人在近现代受欺负，主要是因为国家孱弱落后。落后不只是实力落后，也是文明落后。而文明不只是指科学技术水平，也包括生活习惯和行为方式。

# 3
# 唐人街区

　　司徒美堂到了旧金山，就住进唐人街。经船上认识的同乡谭阿灿介绍，他来到加阑街 808 号的会仙楼餐馆打杂。

　　在这里，要介绍一下唐人街的历史。淘金热刚兴起时，华人主要在金山矿区和铁路工地沿线工作。以矿区为例，由于人员较为固定，华人又有自己的消费习惯，便逐渐有些华人转行专门从事商业，在矿区附近摆起摊档。这些摊档十分简陋，就是一个个临时帐篷，每到雨天还会满脚泥泞，但华人总算有了自己的聚集场所，在此消费的同时，也能交换关心的信息。随着华人数量的增加，从事商业的华人比例也在不断上升，售卖的商品种类日渐丰富。这些商品大多是来自中国的特产，如咸鱼、腊肉、葵扇、药材等。还有人专门做起信息中介工作，如帮不懂写字的同乡写信、寄信，寄侨汇，帮新来的同伴找工作等。

　　随着矿产资源的枯竭，以及铁路工程的完工，就业群体就从矿区扩散到各地城镇。此时，美加地区已掀起了排华运动，华人零星居住成为一件危险的事情，他们为了自保，不断集聚在一起，形成了旧金山、芝加哥、纽约、洛杉矶、西雅图，以及加拿大的温哥华、多伦多等城市的集聚区。这样，唐人街的发展便进入新的阶段，由简单的帐篷向木棚木屋演变。但白人地主对华人百般刁难，开始租住时的价钱不高，后来这里繁华起来，就几十倍地提高租金，逼迫华人搬走。华人只有省吃俭用，用钱买下物业。经过多年的积累，终于逐步形成了由华人自主拥有产权的唐人街。

1872 年，清廷洋务派的志刚在《初使泰西记》中记载："金山（即旧金山）为各国贸易总汇之区，中国广东人来此贸易者，不下数万。行店房宇，悉租自洋人。因而外国人呼之为'唐人街'。建立会馆六处。"据司徒美堂回忆，当他到达旧金山时，美国已有 25 万华人，大部分住在唐人街。经过老一辈华人的辛勤劳作，唐人街已经有了很多商店，呈现出比较繁华的景况，印证了志刚的记载。

为了适应城市生活，唐人街的商业不再局限于中国特产的售卖，而是进一步形成了具有华人特色的服务业，但都是劳动力密集的行业，总结起来就是"三把刀"——裁衣刀（缝洗衣业）、菜刀（中餐馆业）、理发刀（理发业），还有些人会开点杂货铺之类的商行。之所以做这几行，一是与中国人的特长有关，二是受资本限制。

唐人街也是华人集聚居住的区域，这些主街道楼房的背后都是用于居住的小楼。华人为了省钱，常常以同乡、同族为单位，合建或合租房屋，其居住条件当然是非常有限了，这也成为后来政府当局压制华人的把柄之一。

由于排华氛围的加剧，这些唐人街逐渐封闭化，发展出"麻雀虽小，五脏俱全"的状态。于是，就有了更加细致的社会分工，包括为华人而设的各类娱乐设施，帮助解决华人与家乡沟通联系的各种行当，甚至还出现了报纸、电台这样的行当。当年的革命党人就靠着这样的报纸宣传革命思想，发动华人为其捐款捐物。随着侨二代的出现，为了教育青少年，他们还专门从国内请来教师，办起了华文学校。

值得一提的是，由于四邑人在华人中占了大部分，四邑话甚至成了唐人街的通用语言，后来出现的电台中，还有主播专门用四邑话广播。

随着唐人街区的扩大与功能的成熟，不同县域也形成了自己的聚焦区，并拥有了自己的同乡会馆。同乡会馆中比较重要的有四邑会馆、三邑会馆、广肇会馆、宁阳会馆等，既有以广义的方言片区来划分的，也有以县为区域划分的。

# 4
# 厨师学徒

　　司徒美堂来到旧金山时，当地的唐人街已经发展得较为成熟了，有了比较多的餐馆，其生意由于有大量的华人单身汉的捧场而十分火爆。西方的餐饮相对简单，来来去去就是那么几种菜式，而中餐则非常丰富，一个小餐馆就能凑出上百种甚至几百种菜式来。以这样的拿手戏开餐饮，往往能吸引不少当地人和其他各国人前来光顾。直至现在，各国人到唐人街旅游观光，若不到中餐馆试试中国菜，就等于白来一趟唐人街了。因此，餐饮业成了唐人街最为重要的支柱产业。初到旧金山的华人也往往首选从事餐饮业，做一些简单机械的服务性工作，司徒美堂也不例外。

　　怀着赚钱回家愿望的司徒美堂暗暗对自己说：美国虽然不是天堂，有很多白人欺负中国人，但我一定要争气，更要好好工作，以后也要成为老板。

　　有了目标之后，他更加勤奋肯学，所有脏活累活都主动去干，同伴们竖起大拇指说："这个羡四，别看年纪小，倒是挺勤快的。"

　　司徒美堂谦逊地说："应该的，大哥有事尽管吩咐就是了。"

　　一个同伴说："羡四，干这行是很累的，一定要吃得苦。"

　　司徒美堂点点头："我在老家也是干苦活的，我不怕，只要能赚到钱寄给老母亲，我就开心了。"听着司徒美堂实在的话，大伙都笑了。从此，司徒美堂与这些杂工厨工们成了好朋友。

工作了一段时间后，老板找到司徒美堂，关心地问："羡四啊，你来了两个月了，大家都说你干得不错。这段时间累不累，能适应美国的生活吗？"

司徒美堂点着头说："行的，我在这里很好，比以前在老家好多了。一个月能赚那么多，很快就能寄钱回家了。"

老板也很喜欢这个个头不高的小孩，觉得他像极了以前的自己，就问他："听说你会武功？下次教教我？"

司徒美堂说："可以啊，要是你愿意，今晚打烊就能教，其实很简单的。"

老板笑着答应，又说："这样吧，明天你跟着刘师傅学厨艺。华人啊，只要会做几样拿手菜，走遍世界都能混口饭吃。"

司徒美堂高兴地说："谢谢老板！我一定好好学！"

从此以后，司徒美堂当起了厨师学徒。在那几年里，他倒学得一手不错的厨艺，主要是学做粤菜，学习传统的清蒸、爆炒、炖焗等烹饪技法，同时又借鉴西式菜系的做法，加入了酱汁调味等手法。经过几年的打磨，他的技法已经比较娴熟，能独自做出一些较高水准的菜肴了。

据他回忆，在美国打工并不像想象中那么轻松，每天要工作 14 个小时。不过，工作的薪水还是要比在新会的木工小作坊要高不少，一个月能赚到 12 美元（相当于 12 块大洋）。他也像其他同乡一样，在心里计算着，要积蓄多久，才能汇钱回家起大屋；积蓄多少，才能回家娶媳妇。更重要的是，餐馆中上到老板下到员工，都是远涉重洋来谋生的，都受过洋人的气，他们上下团结一心，老板对员工也比较宽容，使他在餐馆中找到了家的感觉。

在唐人街，除了中餐饮业，还有其他的支柱产业，下面再来简单介绍一下。

洗衣业的成本是相对较低的，只需要一些简单的工具，如搓衣板、熨斗、肥皂就可以工作了。虽然这样的工作机械简单，但活计非常繁重，每天要工作十多个小时，连腰都站不直，才有收入微薄的酬劳。在寒冷的冬天工作就更辛苦了，长年泡水的双手会留下不少后遗症。而且，当时的熨斗有八磅之重，很容易把衣服熨坏，一旦熨坏不仅没有工钱，还要照价赔偿衣服，这对于小本经营的洗衣馆来说，就是一次很大的损失。当时的华人社会中流传着这样的歌谣，非常生动地表现了这一行业的艰辛：

一把熨斗八磅重，十二小时手不闲。一周干满七天活，挣了一点血汗钱。拣到洗，熨到叠，为了一碗活命饭，辛苦劳累在"金山"。

再说说其他行业。华人经营的杂货铺，主要集中在唐人街内，面向华人售卖一些日常生活用品。经营者中比较成功的要数西雅图的陈程学了，他是台山人，也是西雅图第一个中国人，他利用自己当时积下的人际优势，经营华昌公司，专门售卖中国特产，还做中介帮助华人找工作。

不过，能开小店铺的华人毕竟只是少数，绝大部分华人只能为人打工，赚取微薄的酬劳。还有部分华人则会来到农场，为农场主耕作，他们的工资往往只有白人的三分之二，工作的时间与强度却超过白人。但华人似乎天生就会耕作，业绩非常好，深受农场主们的欢迎，甚至有农场主客观地说："中国人在农业上创造的财富非常大，对开发西部作出了卓越的贡献。"

省吃俭用之下，华工们把大部分收入汇回家乡，偿还出洋借下的债务，供给家人吃用。但是，他们都很爱面子，不会在信中诉说在美国的辛酸经历，只会炫耀地寄几张穿上西式衣服的照片，或是西方风景的明信片，让家人误以为自己真的生活在天堂里，家乡人收到信后，也就更加热切地盼望有出洋的一天。那些依附侨汇生活的人家因此逐渐养成不事劳作、好逸恶劳的习性，像台山、开平这样的小县城，一度变得极为繁华，被称作"小广州"，成为一个个畸形的消费城市。这种风气在当地产生了一些不良后果，到了抗战时期，侨汇断绝，有不少人因为无钱生活，自己又没有工作能力，最后活活饿死。这是后话，将在后章再述。

美国的铁路还在建设，不少华工也继续从事这项工作。据司徒美堂回忆，当时他在加利福尼亚州的修铁路现场看到，有8000多华工在修路，放眼望去全是中国人，只有少数几个美国工程师。华工吃住都在路旁，蓬头垢面、衣衫褴褛，几乎跟乞丐没有区别。

有一次，司徒美堂跟一个老师傅外出采购，坐火车经过旧金山市郊时，那个老师傅手指着一座座涵洞对司徒美堂说："这些涵洞啊，每一个里面都有华人的阴魂，他们都是在施工中死的，有被火药误炸死的，有被落石砸死的，还有的是累死的。"

司徒美堂惊讶地问："白人的技术不是很先进吗？为什么还会死那么多人？"

"白人可不拿华人当人啊，工作前没有充分的保护措施，而像这些涵洞的情况，他们之前也没接触过，都是把华人当试验品。"

司徒美堂认真地观察了一会儿涵洞，自言自语地说："中国人真是能吃苦，这么难的工程都完成了。以后，如果能把修路技术带回祖国，在我的家乡也修条铁路就好了。"

当时，老师傅只把他的话当笑话听。没想到十数年后，出了一个叫陈宜禧的台山人真的做到了。他于1864年赴美当筑路工，经过40多年的修路实践，终于熟练掌握了修铁路的技术。后来，他回乡修建了中国第一条民办铁路——新宁铁路，从台山一直修到新会，实现了司徒美堂当年的梦想。可惜，这条铁路最终未能实现修到广州的计划，而是在抗日战争中，被国民党以阻止日寇进攻的理由给拆毁了，令陈宜禧等人多年的心血毁于一旦。

# 5

# 打死流氓

按上文所说，开中餐馆本来是一个很有前途的行业，凭着华人的勤劳，只要经营得当，就能够赚到钱养活自己。但在当时的排华氛围之下，经营中餐馆并没有人们想象的那样顺遂，而是非常艰难，最麻烦的就是经常会有流氓来吃霸王餐。

应该说，大部分来用餐的白人还是守规矩的，不会白吃白占。但由于排华氛围的影响，有一些流氓就趁机来吃霸王餐。他们借着喝醉酒，吃完饭不给钱，店员们不让走，他们就乘着酒疯打人，还随意打烂盘碗，破坏餐馆。在混乱之中，一些爱占便宜的食客也借故偷偷溜走。最后，餐馆也拿这些人没办法，只能白白放走流氓。于是，流氓的胆子越来越大，这种吃霸王餐的事件也就愈演愈烈。

在厨房干活的司徒美堂第一次看到这种美国流氓，就不解地问师傅："那些流氓为什么那么横？"

师傅无奈地说："有什么办法，开始我们还会叫警察过来，但警察根本就是偏向流氓，对他们不管不顾，反而来找我们的茬，说我们的食品不卫生。后来再遇到这种吃霸王餐的流氓，就只能自己解决了。"

"怎么解决？"

"还能怎么解决？就是白白让他走呗！下次远远看到他来，早早关门避开。"

司徒美堂愤怒地说:"下次再有这样的事,你叫我去打他,我可是会武功的!"同伴们半信半疑,但看着司徒美堂耍出来的招式,又感到这个年纪小小的羡四还是挺厉害的,就答应了。

过了一段时间,吃霸王餐的流氓又来了。司徒美堂提起菜刀就从厨房冲出来,这个阵势一下子把流氓给吓住了。司徒美堂当然也不敢真拿菜刀去砍,但也不怕流氓的身材比他高大,上去就是一拳,将其打倒,然后大声招呼道:"大伙儿一起上啊!"听到司徒美堂的招呼,大伙也壮着胆上前合击,把流氓打得头破血流。流氓被镇住了,趴在地上拼命求饶,最后乖乖地付了饭钱跑路。

有了这次经历之后,大伙的信心来了,知道这些流氓也是纸老虎,欺善怕恶,只要敢于联合起来对抗,就不怕他们。自此以后,大家都知道会仙楼有一个武功了得的厨师小伙,司徒美堂在唐人街的名声越来越响了。

不过,俗话说:"上得山多终遇虎。"在司徒美堂20岁那年,也就是1886年,他又遇到一个吃霸王餐的流氓。这次,他一失手把流氓打成重伤,结果流氓因没有及时被救治而一命呜呼了。

这可是大事情,唐人街从来都是华人被白人打伤打死,却没有华人把白人打死的事。当时,餐馆的同伴都慌了,老板出来一看,差点晕过去,指着司徒美堂说:"你,你,你不要跑了!"老板担心的是,他苦苦经营的小餐馆千万不要因为这件事而关门,否则来美国的所有努力都将付诸东流。

而同伴们则拉着司徒美堂,悄声说:"不要听他的,赶快跑啊!我们认识一个兄弟,他有门路让你逃回唐山去。"司徒美堂很镇定,对同伴们说:"兄弟们,别怕!我司徒美堂一人做事一人当,绝对不会跑了连累大家的。"

然后，他走到老板面前，淡定地说："老板，这几年多得你的关照，让我能够在美国立足。今天的事情是我的错，我会跟警察解释清楚的，绝不连累大家，你不用担心。"

警察很快就赶到了现场，问明情况之后，见司徒美堂直截了当承认自己是凶手，也不愿连累别人，就把他带走了。刑侦结果很快就出来了：打架斗殴致人死亡。按照刑律，司徒美堂将会受到绞刑处置。

不过，美国当时的法律也是有钱能使鬼推磨的，只要能请到好的律师，会钻法律空子，就能对嫌疑犯轻判，甚至让他打赢官司，获得无罪释放。

司徒美堂于 1885 年已经入了洪门组织，并把名字改为"美堂"。洪门是一个讲究义气的地下组织，对受难的兄弟要全力相救。再加上司徒美堂这一拳，打得整个唐人街的人都心潮澎湃，将他奉为"民族英雄"，这样的人怎能不救！

于是，洪门组织便发起募捐，筹集了相当可观的费用，请了一个有名的律师为司徒美堂打官司。最后死罪被免除了，但法官考虑到当时排华的社会氛围，也不敢轻易放过司徒美堂，就判了 10 个月的监禁。

出狱那天，很多洪门兄弟在监狱门口等他出来。司徒美堂看到这些兄弟，不禁热泪盈眶，感激地说："感谢洪门，感谢兄弟，使我司徒某重获新生！今后，我一定为洪门事业竭尽全力，生为洪门之人，死为洪门之鬼！"司徒美堂从心底里感激救他一命的洪门组织，为他今后投身到堂会工作打下了基础。

司徒美堂事件给华人提振了信心，在有理有据的事情上，大家不再一

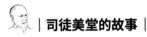 

味躲避，而是积极运用法律武器抗争。比如，有一位叫司徒于沃的同乡，在一座小城开洗衣馆，后来得罪了一个美国流氓，那个流氓就指使一个有色人谋杀他，司徒于沃的死状非常惨烈，但给外人的观感就是自己不慎跌入缸中而死的。案发后，深知内情的华人同乡就筹钱请了个律师打官司，结果终于把那个主谋与凶手绳之以法，为华人出了口恶气。

# 6
# "保鲁磨"号

出狱之后，原来的中餐馆不敢再请司徒美堂了，他只好另谋他业。那几年，他一直做些散工，包括做管家、男保姆等。这样的工作做了5年之久，期间他看尽了白人对华人的欺侮。生活的经历深刻地教育了他，他越发感觉到：只有强大的祖国才能让游子在异国他乡挺起腰杆做人，否则哪怕是腰缠万贯也要低人一等，而且永无出头之日。

1894年，一个偶然的机会，司徒美堂看到美国军舰"保鲁磨"号招人，其中有招厨师的职位。他觉得这样的工作既有高的收入，又能借此到各地旅游长见识，非常符合自己的意愿，便欣然前去应聘。由于在中餐馆当了几年学徒，司徒美堂有丰富的厨房工作经验，还有几道拿手菜，因此一下子就被主管相中了，于是他顺利地应招入伍当了厨师。

在"保鲁磨"号上，司徒美堂一干就是4年。期间，他随着军舰到过不少地方。每到一处，他总会在停泊地到处转转，看看当地的风土人情，这让他大大增长了见识，学到了很多在家乡的私塾中不知道的地理与历史知识。

但这4年里最可贵的收获还是认识了一班兄弟。在军舰的炊事班中，除了班长是白人之外，其余的都是华人，他们与司徒美堂都有相似的经历，而且大部分来自广东，很多还是四邑同乡，这就大大拉近了他们之间的距离。很快，他们就建立了深厚的友谊。司徒美堂还将其中一些人拉进了洪门，成了洪门兄弟。

1898 年春，"保鲁磨"号去法国巴黎执行任务。刚到巴黎就接到上级命令，要求舰长马上返航，赶到菲律宾去跟西班牙军队打仗，争夺殖民地 ①。该船平时执行任务不少，但真正打仗还是头一回。舰长估算了一下，觉得舰上人员有些不足，便想赶回国，在纽约补充兵源。经过几年的接触，他相中了司徒美堂，觉得这个小伙子是个可造之才，便要求他拉上几个得力的厨工一起入伍，不再当厨子了。

司徒美堂一时搞不清舰长的真实意图，便来了个缓兵之计，说："舰长，很感谢您给我的机会。要上战场，这是大事，我要回去跟兄弟们商量一下，才能答复您。"舰长摸着大鼻子，说："好啊，你回去商量一下，尽快答复我。"

临出门时，舰长又加了一句话："小伙子，这可是一次发财的好机会啊！到时在菲律宾能捞上一笔，成家、娶老婆的钱都有了，还能寄一大笔钱回家起房子呢！你不是总想着让你妈过上好日子吗？回去好好想想！"

经过几年的军队锻炼，司徒美堂逐步看清了美国军队的真面目，知道他们打仗并不是像官方标榜的那样为了和平与自由，而是为了争夺利益，个人也能从中捞取利益，发一笔战争财。从这几年的见闻中，他也知道，祖国一直被帝国主义欺负，签了不少不平等条约，而在外国商业的冲击下，家乡农村的经济更是雪上加霜。如果能够趁这次机会挣一笔钱寄回

---

① 1898 年美国为了夺取西班牙在美洲和亚洲的殖民地古巴、波多黎各和菲律宾而发动的战争，史称"美西战争"，是列强重新瓜分殖民地的第一次帝国主义战争。1898 年 2 月，美舰"缅因号"在古巴哈瓦那港爆炸沉没，美国怀疑是西班牙的挑衅，下令封锁古巴港口。4 月，西班牙对美宣战。5 月，美军先突袭了菲律宾的马尼拉湾，全歼西班牙舰队，西班牙在太平洋的制海权落入美军手中。由此可见，司徒美堂离开"保鲁磨"号应在 1898 年 2—4 月间。

去，当然是好事，但他一时拿不准主意，便推说回去跟伙伴商量。

回到宿舍，司徒美堂把舰长的话跟好友说了，又补充说："我想啊，他们去菲律宾跟西班牙打仗，干的肯定不是什么好事，想必也是像在中国那样，到处欺负当地人。我们跟着去当兵，也就成了他们一伙的了。"

一个好友说："舰长说得好听，上战场可是要掉脑袋的。那些白人有好处不自己捞，居然拉我们一起捞，哪有这么好的事。说不定是要找我们垫背，做替死鬼呢！"大家都觉得这个分析很有道理，纷纷点头。

一个好友接着说："在海上漂了这几年，满世界地跑，我也累了，想回陆地歇息。要不一起回唐人街，找个事干，安定下来？"其他人也附和道："好啊，好啊！在海上待了这么久，天天对着这些白人长官，我早就厌烦了。还是回唐人街，做做小本生意惬意。"

经过一番商量之后，他们决定索性在纽约上岸之后就退伍，回唐人街另谋生路。舰长见他们心意已决，知道无法阻止，只能让司徒美堂带着几个兄弟离开了"保鲁磨"号。

司徒美堂上了岸后，在纽约的唐人街住下。纽约当时是世界中心，各色人等云集，让司徒美堂长了不少见识。

在这里，他第一次见到有华人男子娶了个美国女子当老婆。此人叫杨烈，是个卖水果的小贩。大家看到有个美国女子在杨烈的摊档帮忙卖水果，天天如是，就很奇怪，一问才知道，原来他们结成了夫妻。美国政府知道这件事之后，就把美国姑娘拉去问话，法官问道："你为什么要嫁给一个当小贩的中国人啊？"意思是说，你这种行为有辱白人的颜面。

结果，这位美国女子不屑地问法官："嫁谁是我的自由，你能管吗？如果要我离婚，你愿意娶我吗？"一句话把法官堵得无话可说，只好悻悻地

把人放了。但是，这对夫妻从此被美国政府暗中监视。后来，这个华人死了，他自己买的房子却不能交给其他人，必须交给那个美国女子处置。

可见，纽约虽然是个大都市，但排华气氛还是很浓厚，在此谋生并不容易。于是，司徒美堂在此短暂停留之后，便带着几个兄弟转到东海岸华人聚居最多的波士顿生活。在这里，他当起了卖猪肉的摊贩，每天沿街售卖。从此，他的生活重心便一直在此，他的堂会生涯也由此开启。

第三章

# 洪门大佬

# 1

# 抱团取暖

据司徒美堂回忆，他到美国的第五年，也就是 19 岁的时候，在同乡李荣的推荐下读了《扬州十日》《嘉定屠城》。这些反映清朝初期统治集团对汉人镇压的书籍在国内是禁书，他之前从未听说过，现在在美国有机会读到，引起了他对满清腐朽政权的仇恨。

他对李荣说："李大哥，清政府这么可恨，现在又如此无能，我们能不能把它推翻？"李荣顺势答道："当然行啊，洪门就是做这个事情的，宗旨叫作'反清复明'。"

司徒美堂第一次听说这个词，他感到洪门是个很了不起的组织，便问："洪门？这是一个什么组织？"李荣说："这是个帮助穷苦华人的组织，要让大家反清复明，团结互助，都过上好日子。"司徒美堂当即表示也要"反清复明"，并要求李荣介绍他加入洪门组织。自从 1885 年入了洪门以后，他决定把"羡意"改为"美堂"，意为"美国的堂会"，而他确实从此在美国的堂会中大展身手，开启了崭新的人生历程。

华人来到异国他乡，为了保证生存，必须要抱团。一般而言，主要有三种抱团组织：一是宗亲会，二是同乡会，三是洪门组织。

宗亲会是有血缘关系的人员联结的组织。一些势力比较大的宗族会成立自己的宗亲会，小的宗族则以一定的方式形成宗族联盟组织。比较有名的宗族联盟有："龙冈公所"，由开平一带的刘、关、张、赵姓组成，据说四姓曾在三国时桃园结义，他们也秉承这种传统，继续结义，共同谋生；"溯源堂"，由开平、台山一带的雷、方、邝三姓组成，据他们考证，三姓源于同一个始祖，故名"溯源"；谭、谈、许、谢四姓，因为姓氏都是言字旁，于是联合而成"四姓会馆"；古书上有"使薛为司徒"之语①，于是司徒与薛氏成立"凤伦堂"，"凤"取自薛姓的"三凤堂"号，"伦"取自司徒姓的"教伦堂"号。这些姓氏联合的理由其实是很表面的，根据其有限的文化知识编造出来，现在看来甚至有点可笑，但这一行为本身是基于现实考虑——通过联盟，使单薄的宗族力量更好地联合起来，以应付海外生活的不确定性。

不过，姓氏联合的同时，也有相互打压的现象，就如在国内一样，为了争夺有限的生存资源，常常会引发族斗。司徒美堂就曾看到，关姓人要欺负周姓人，其理由竟然是《三国演义》中的周仓是关羽的属下，替他扛大刀，所以关姓就有理由指使周姓。周姓自然不服，于是便引发了宗族的纷争。

再说说同乡会。同乡会是有地缘关系的人员联结的组织，几个重要的华人输出地都在美国建立了多个同乡会组织。比如：1849年，旧金山四邑籍华侨成立了"冈州会馆"，之后台山、开平、恩平以及一部分新会的华侨分裂出来成立"四邑会馆"，后来台山华侨又分裂出来搞"宁阳会馆"，开平、恩平华侨则合为"恩开会馆"，最后新会那部分华侨只得重新回到冈州会馆去。除此之外，其他地域的同乡会也有类似的分合情况出现。从

---

① 这句话应是"使契为司徒"，出自《孟子·滕文公上》："圣人有忧之，使契为司徒，教以人伦：父子有亲，君臣有义，夫妇有别，长幼有序，朋友有信。"意为舜帝让契这个人当司徒，教以人伦。因"契"读作xiè，故被误传为"使薛为司徒"，这说明当时在美华人文化水平并不高。

这些分分合合的情况可以看出，美国华侨的地缘关系也是极为脆弱的。华人为了生存，不断地内耗，后来使得唐人街内逐渐形成不同籍贯人员在不同区域聚居、垄断不同行业、壁垒分明的局面。

但无论是宗亲会还是同乡会，都有一定的准入门槛，覆盖面较窄，其力量相对较弱。只有洪门组织没有这样的限制，只要是华人，只要能遵守门规，皆可入会。因此，在 19 世纪中叶至 20 世纪中叶，大部分出洋的华人除了加入相应的宗族与同乡组织之外，还会加入洪门，据说其比例可能高达 90%。所以，有人说，"凡是有华人的地方，必定有洪门"，这话并非夸张。20 世纪初，梁启超、冯自由等人到美国考察，都注意到洪门组织发展壮大的现象，并记录下一些珍贵的文字，为后来的研究提供了参考。

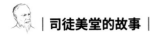 

2
## 洪门组织

　　洪门兴起的时间，有很多种说法，有人说始于顺治时期，有人说在康熙年间，还有人说是在雍正、乾隆统治时。洪门有几大支派，一是天地会，二是三点会，三是三合会，四是哥老会，另外还有添刀会、红布会、江湖会、仁义会等，不一而足。

　　洪门的始祖为洪英，山西平阳府太平县人，崇祯四年（1631）进士。"洪英"之名，兼喻洪武（朱元璋年号）门下的英雄好汉。据说他是史可法手下的幕僚，扬州沦陷，他因事先出城，未罹难。在史可法殉国后，他收集其旧部继续战斗，屡战不利，最终病殁，被洪门奉为始祖。而洪英的门徒蔡德英、方大洪、马超兴、胡帝德、李式开则随郑成功到了台湾，这五人被奉为洪门前五祖。在前五祖之后，又有中五祖，包括吴天成、方惠成、张敬之、杨仗佑和林大江；后五祖，包括吴天佑、洪太岁、姚必达、李式地和林永超。除此之外，还有"武宗"郑成功、"文宗"史可法、"军师"陈近南，这些人的神位都被供奉在洪门各香堂之中，接受会众的礼拜。在明清易代之际形成的洪门组织，其宗旨是"反清复明"，行事遵守三大信条："忠诚救国、义气团结、义侠锄奸"，无论组织后来如何演变分化，最初的宗旨和信条一直是洪门人士恪守的原则。

　　洪门入会仪式非常神秘，洪门人士不会随意对外透露会内的信息。据司徒美堂晚年的秘书司徒丙鹤回忆，因为他不是洪门中人，司徒美堂与他无话不谈，但绝口不提洪门之内的事情。这种现象给洪门研究造成了很大的困难。据一些熟悉洪门往事的人回忆，洪门入会仪式一般在晚上举行，会持续一个通宵，先让入会者礼拜会内神灵，次要求其熟记洪门三大信条、三十六誓、七十二例，以及名为"书仔"的暗语黑话，百问百答绝不能错一个，考核合格方能入会。入会之后，通过斩鸡头、饮血酒的方式与兄弟歃血为盟，誓同生死，整个仪式才告结束。有一种说法是，他们结义时会烧三把半香，第一把香效法羊角哀、左伯桃结成生死知交；第二把香效法桃园三结义，不愿同年同月同日生，但愿同年同月同日死；第三把香效法梁山一百零八将；半把香意谓单雄信誓不投唐，秦琼泣血哭。之所以选在晚上举行仪式，除了因为组织内的人大多属兼职，白天还要从事谋生活动之外（比如后面将会提到的美国堂会，司徒美堂已经是一个小堂会的大佬了，还要每天沿街卖肉），主要是烘托神秘紧张的气氛，通过通宵达旦的考验，既磨炼门人的意志，也显示入门的不容易。而所谓百问百答，只是对条文死记硬背的功夫，对于当代受过正规教育的学生来说并非难事，但在当时，对于没有读过什么书的劳苦大众来说，难度已是很高了。这些，都使得入会成为一件很有"含金量"的事情。

洪门传入美洲，自华人移民始，特别是在太平天国运动失败之后，这些失败者随着移民潮转至海外开展活动。对于确切的传入时间也有很多种说法，但洪门内部把 1848 年作为洪门在美洲开堂的时间，学界一般以此为准。洪门在美洲最初的堂口设在旧金山，叫义兴公司或义兴堂，属于洪门第二部洪顺堂金兰群派别。随着组织的壮大，在义兴堂之下又分设了 20 多个堂口，包括义兴会、致公堂、协胜堂、秉公堂等，其中以致公堂最有实力。这些香堂不断发展，逐渐开始分化，下设若干分堂，如秉公堂之下有 26 个分堂，协胜堂之下有 16 个分堂。按照黄三德在《洪门革命史》中的记述，致公堂共有如下 20 多个分支：

致公堂、保安堂、聚良堂、秉公堂、秉安堂、安益堂、瑞端堂、群贤堂、俊美堂、协英堂、昭义堂、仪美堂、协胜堂、保善堂、协善堂、合胜堂、西安堂、敦睦堂、萃胜堂、松石山房、安平公所、萃英堂、华亭山房、洋文政务司、保良堂、竹林山房。

据传，洪门内要开辟新堂，必须经过申请者所属堂会的盟长同意，并授予写着特定字样的"招军牌"，方能成事。不过这只是形式问题，更重要的是，如此纷繁的分化现象说明，洪门组织看似严密，实则极为松散，只认具有人格魅力的大佬，一旦原有的大佬倒下，下面的人马就会分化；一个孔武有力者一旦打出名气，原来的大佬就不得不承认事实，同意让其拉山头立门户，自成一派。这种状况直接导致洪门之内堂口林立，也埋下了堂斗的隐患。

1854 年，义兴堂被美国警察捣毁，所有堂会物品及文字记录皆被没收，这一堂口就此覆灭，随后致公堂取而代之，并从此成为美洲最重要的洪门香堂。致公堂在最鼎盛时会众达到八九万，其他堂口多则三五千，少则几百，全然不能与之相抗衡。因此"致公"之名也就越来越大，成为后来致公党取名的来源。"致公"一词源于其堂训"致和欲事，公义同谋"，意思是：为人处事要注意中庸和谐，而治理事务则务必公平公正。

由于同出洪门，各堂的格局、规矩大同小异。一般而言，各堂会立盟长、管事、先锋、旗手、五虎将、师爷、洪棍等职位，后来由于披上公司的名义，对外改称总理、书记、财政、外交等名目。各堂有自己的堂所，作为会众集聚、休息的地方。堂内除了供奉五祖、文宗、武宗等门派神灵之外，还会供奉关羽、岳飞等表现精忠、侠义精神的神灵，点"长明灯"，派专人看护，日夜不灭。堂会运营的支出，主要靠物业收租，以及一些公司经营的收入，除此之外，会众也要缴纳一到两元的月费，有些会众还会捐助一些香油钱。

美国洪门虽然没有地缘、血缘的门槛，但往往会有地缘和业缘的自然分化。比如，制雪茄业的主要集中在同德堂，制鞋业的集中在履胜堂，制衣业的集中在锦衣堂，装箱业的集中在公和堂，等等。三邑地区（指南海、番禺、顺德）的有秉安堂、昭义堂、松石堂等；中山地区的有俊英堂；四邑地区（指新会、台山、开平、恩平）的最多，有致公堂、安良堂、秉公堂、协胜堂、合胜堂等十几个——可谓形形色色，异彩纷呈。

海外的洪门堂会往往还有多重功能。比如，堂内会设立一个类似储蓄会的"标会"，大家把每月的余钱放进去，做好登记。会中哪个人员要回乡或是做生意，急需资金周转，就可以向"标会"借钱，借款者除了按期还钱之外，还要出一定的利息。由于标会可以帮助一些初来美国的人在短时间内成家立业，站稳脚跟，利息又比外面便宜，所以很受会众的欢迎。另外，堂会还有扶助老弱的功能，一些会众年老无法工作，就出钱送他回国；会众患了重大疾病，就伸手救助。一些为会务牺牲的会众，还会得到堂会的重金抚恤，每到清明或忌日，还会派人祭扫纪念，以凝聚会众人心。

# 3
# 波士顿致公堂

　　洪门最初是为了反清复明而成立的，到了美国之后，这种宗旨在初期得到了保持。但随着排华运动的愈演愈烈，这种对抗政府的色彩逐渐淡薄，抱团合作、抵御外侮变得更为重要，"义气团结、守望相助"就理所当然地成为他们的主要宗旨。要抱团就必须讲义气，维护团体内兄弟的利益。因此，当司徒美堂打死白人流氓之后，洪门内部都震动了，大家感到这个兄弟是一个很讲义气、敢说敢干的好汉，因此由当地洪门首领牵头，号召门内人士捐助了巨额的资金为他打官司。虽然结果官司未能完全打赢，但保住了司徒美堂的性命，已经是难得的胜利。这应该是美国华人社会第一个为保护同胞而重金打官司的案例，其影响之深远可以想见。

　　自从 1887 年出狱之后，司徒美堂非常感激洪门，但他仍然在旧金山城中打散工过日子，并没有全身心地投入堂务工作中。但他一直坚持为洪门吸收新鲜血液，特别是在"保鲁磨"号工作的 4 年，吸收了一批兄弟入会，这些人在日后成为他开展堂务的左膀右臂。

　　1898 年夏，司徒美堂带着兄弟们辗转来到波士顿，因为人生地不熟，就去投靠当地的四邑会馆。结果上门一报上名字，波士顿的华人都高兴得不得了，表示热烈欢迎。这个消息不胫而走，很快全城华人都知道了。原来，司徒美堂打死白人流氓之事早已传遍美国，华人大都听过这位英雄的名字。

不仅华人们高兴，当地的洪门组织也非常敬重司徒美堂，波士顿致公堂的大佬阮本万、李圣策更是带着几个兄弟亲自登门拜访。这个阮本万也是四邑人，为人做事公道，也擅长与当地白人打交道，在乡人中很有威信，由于波士顿的四邑人很多，就推举他为当地致公堂的大佬。

阮本万对司徒美堂非常敬重，握着他的手说："司徒兄弟，你可是大英雄啊，唐人街谁人不知！今日一见，果然一表人才，是人中豪杰！阮某十分荣幸啊！"

司徒美堂也不客套，直截了当地表达了自己的意愿："司徒某只是一个无名小辈，在纽约无处落脚，现在投靠贵境，还望收留在下。"

阮本万爽快地答应："求之不得啊，兄弟能留在波士顿，绝对是波士顿华人的荣幸！你就尽管住下来，跟着我在致公堂内做事好了。"

司徒美堂说："我是个苦命人，做事做惯了，初到贵境，不能白吃白喝，还请阮大哥安排份工作。"阮本万一时想不到合适的工作，正在发愁呢，身边的人在他耳旁小声说了几句，他恍然大悟，一拍大腿说："我想起来了，我们这里本有个卖肉菜的小贩，现在回唐山了，一两年之内不会回来。要不你先顶下他的工作，当个走街串巷的小贩？"

司徒美堂说："好啊，我这人就喜欢到处游荡的活。还有我的兄弟，也望大哥安排一下。"阮本万为他的几个兄弟一一找到了合适的工作，有的到洗衣馆当杂工，有的到餐馆当厨师。而司徒美堂除了每天推着小车到处卖肉之外，也协助阮本万管理堂务，逐渐成长为堂务骨干。

司徒美堂为人和善，记性也好，哪户人家有什么人，是什么籍贯，喜欢买什么肉菜，他都一一记得，每天贩卖时，预先为买家留着。有些买家要家乡的特产，他就想方设法弄来，价格也很公道；有些买家一时手紧，

付不起钱，他就给顾客赊账，有时拖到年底才结，他也不去催促。通过这样的交往，城中的华人都认识了这位大名鼎鼎的英雄，都愿意为他办事，有什么信息也第一时间告诉他。与华侨的这种友好关系，为他处理致公堂的堂务提供了许多便利。

当时，有一些"出番"之人经常在唐人街上横行霸道，引起很大的民愤。所谓"出番"，指的是投靠了外国势力的华人，他们专为外国人出头欺压华人。司徒美堂专门找机会将这些"出番"之人教训了一顿，博得了华人们的好评。

这件事之后，司徒美堂就想到一个问题：单凭一己之力，只能对付个别的"出番"之人，还有更多的不平之事难以应付。而现有的致公堂，会众散乱，难以组成一个有力的团体，该怎么办呢？

# 4
# 组织安良堂

前面提到，由于没有什么门槛限制，有90%的华人都会加入洪门。这既是洪门发展壮大的好事，同时也带来了管理的难题。最大的难题就在于，这些人员参差不齐，入会动机不一、观念各异，又有明显的利益诉求，使得堂会虽然人数众多，但到关键时刻，真正能调动的力量有限。能调动起来的力量也不一定能齐心协力，而是很容易被堂外势力，特别是美国当地势力收买，导致出现吃里爬外的情况。特别是在以康有为、梁启超为首的保皇党力量的渗透之下，会内的思想分化更为严重，不少人转而主张保住满清统治，与洪门"反清复明"的初心完全背道而驰。美国当地势力也很忌惮这种华人组织，他们看到这个弱点之后，就实施"以华制华"策略，不断挑动堂会之间的争斗。与此同时，会众逐渐老化，组织纪律大不如前，指挥不灵等问题也比较严重。

为了解决管理问题，司徒美堂与阮本万商量了多次，但都没有想出好的解决办法。最大的阻碍就是，总不能把那些不齐心对抗外来势力的会众全部清理出堂，这样不仅会在会内造成冲突，更可能使与致公堂有竞争关系的其他堂会从中得益、趁机坐大。阮本万为人厚道，对司徒美堂也十分信任，把堂内的事务都交给他来处理，但他眼界比较狭窄，往往只看到眼前利益，安于现状，未能从更大的格局上考虑洪门的发展前景。当然，这也不能怪阮本万，当时的华人大多如此。

后来，司徒美堂回忆起这段经历，不无心痛地说：各个堂会的头领其实就是给人玩弄于股掌之中的蟋蟀，人家为了看好戏，随意挑动一下，双方就会为了虚无缥缈的名头打得死去活来，真是令人痛心之极！

司徒美堂终于下定决心，向阮本万提出要组织精干力量在致公堂立一个分堂。他激动地对阮本万说："大哥，这件事我想了很久，思来想去，觉得只有重新立一个分堂，严格挑选入会的兄弟，严明会众纪律，才能真正将堂务搞好，从而有力气去对付那些敌对势力。"

阮本万虽然思想偏于保守，但还是明白事理的，他清楚司徒美堂这一想法的出发点不是为了争权夺利，而是希望能通过组织新堂，形成较为强大的战斗力，实现对抗外来势力、除暴安民的理想。他沉思了一会儿，对司徒美堂说："兄弟，你的想法极合我意，这也是困扰我开展堂务工作的难题。既然你愿意打破这种僵局，那就尽管放手干吧！"

接着，他转过头对李圣策说："圣策，你从今天开始，就跟着美堂兄弟，协助他搞好新堂的工作。"又嘱咐司徒美堂："如果要钱要人，尽管开口，我阮某能做的，一定全力去做。"司徒美堂感激地说："大哥，你真是我的知遇恩人。我生为洪门之人，死为洪门之鬼，请受小弟一拜！"

由于得到致公堂大佬的全力支持，而司徒美堂在堂内又已经有了相当高的地位和威信，所以在短短几天内，他就挑好了几十名武艺高强、富有血性、敢于担当的精英，组成新的堂口，并自任堂主。

这个堂确定的宗旨为"锄强扶弱，除暴安民"，因此便命名为"安良堂"，对外称作"安良工商总会"①。之后，司徒美堂、阮本万、李圣策等人轮流当堂会的主席，一直到20世纪50年代。从此，司徒美堂的命运便与这个安良堂紧紧地联结在一起了。在司徒美堂的带领下，安良堂培养了诸如陈光耀、江昌缨、余茂中、黄起勋、曹喜光、陈光明、谢汝信、赵荫贻、刘孔积等一大批会务骨干，这些人被分派到各地，长年担任各地分堂的盟长，有效加强了安良堂的组织力与行动力。

安良堂成立之后，马上就扬名立万，教训了一个绰号叫"乌屎公"的"出番"，不让他再借着外国势力欺压华人。这一举动一下子就赢得唐人街大众的拥护，家家户户都知道了有一个叫"安良堂"的新堂口，不像以往的堂口那样只会内斗，而是一心为华人着想，与外来势力对抗。

随着安良堂名声的提高，越来越多的华人加入这个堂口，使之成为波士顿仅次于致公堂的第二大堂会。而青年华人的逐渐加入，也让安良堂显示出其他堂口所没有的朝气。随着安良堂势力的扩张，美国东部不少城市也开设了分堂，会众最多时达到两万多人。此时，司徒美堂成了名副其实的洪门大佬。

---

① 关于波士顿安良堂成立的时间，笔者做过一番考证，认为应该在1903年。很多资料说司徒美堂于1894年在波士顿组织安良堂，根据是司徒美堂在回忆录《侨居美国七十年》中这样说过。但1894年至1898年，司徒美堂在"保鲁磨"号上，此前也并未到过波士顿。自1898年从船上辞职后，才经纽约到达波士顿，加入致公堂，结识阮本万等人，此时方有能力在众人的支持下组织安良堂。1903年，梁启超第二次到美国，在纽约、波士顿、华盛顿等地为保皇会作宣传，安良堂很可能在此背景下成立。

# 5
# 堂口纷争

这样一个看似威风八面的洪门大佬并不好当，因为他每时每刻都要面对来自各个香堂之间的争斗。有的争斗有明确的政治目的，但这样的诱因往往是少数，更多的是因为日常琐事。比如地域之间的利益之争，就非常多，特别是广肇帮与客家帮之间的冲突，最为残酷。据说，客家帮的人数虽然不多，但大都是采石场的打石工人，个个孔武有力，非常能打，在与广肇帮的冲突中，他们并不占下风。

据史料记载，美国洪门第一次堂斗发生在 1875 年，当时斗争的双方是瑞胜堂和广德堂。原因其实很简单，就是双方的成员为嫖妓而争风吃醋，在冲突中瑞胜堂一方的人员受伤，由此引发两个堂会之间的交涉，在交涉失败之后开始武斗，最终导致 4 人被杀，9 人受伤。

除了嫖妓之外，其他的琐事也会成为堂斗的由头。比如，一位华人开了一家店铺，生意很好，"出番人"就会在警察或流氓的唆使下前去索要财物，并用各种卑劣的手段搞破坏，让其生意做不下去。"出番人"常用的手段就是挑拨离间，引发涉及利益的堂会出面"讲数"（堂会间的谈判），但这样的"讲数"常常以谈崩而收场，最后引发堂斗。又如，某华人偷渡来美国，被"出番人"知道后，会串通移民局的人，经常前去"借钱"，一不遂心就叫警察去查人。于是被勒索之人可能就会找到堂会解决，而"出番人"也会寻求堂会庇护，一来二去又会酿成堂斗。

让司徒美堂印象最深的是，有一个叫邓少云的留学生，仗着姑父是广东海军将领，在移民局当狗腿子，成为纽约唐人街有名的流氓头子。这个人到处借钱，到处捉人，神憎鬼厌的，搞得华人社会人心惶惶。后来，邓少云被人用斧头劈死，横尸街头，死状惨烈。这样的事本来当命案去查就算了，但有些华人头脑简单，觉得死者是自己的同宗，他的死就是宗族的耻辱，于是向怀疑的对象下战书，对方竟然也回个应战文书，结果就引发了堂斗。据统计，从清末至民初，美国洪门的堂会械斗有六七十次之多，死伤达七八十人，还有种说法是死伤了二百多人。

堂斗之前，那些挑拨的流氓就会来兜售枪支弹药，先行赚一笔钱。而在堂斗过程中，当然会枪声不断，甚至会死人，但警察只是远远地放哨监视，对华人的内斗不管不顾，只要不蔓延到白人居住区就行。有时，事件影响太大，警察为了向上交差，就胡乱捉几个人，栽赃为凶手，拉回牢房审问。唐人街管这种审问叫"问吊"。在司徒美堂记忆中，单是波士顿一地，因问吊而死的华人就有20多个，家属只能在问吊者死后才有权去领尸回来安葬，十分悲惨。有的华人为了避免卷入堂斗纷争，被警察拉去当替死鬼，在报纸上刊登声明，说本人并未入会云云，有的人甚至溜之大吉。

由于堂斗纷争，不免会牵出许多官司，司徒美堂主导的安良堂便出资聘请律师，帮忙解决法律事务。幸运的是，当时为了省钱，他们聘任了一个名不见经传的实习律师，叫富兰克林·德拉诺·罗斯福。这个人就是后来的美国总统，他为安良堂服务了十年之久。

当年司徒美堂跟他合作时，他们常常逐件商量案情，逐件讲价，而罗斯福也比较克己，不会要价太高，两人因此建立了深厚的友谊。透过司徒

美堂的执着、务实、公心，这位美国人更加深入地了解了中国人，也对中国产生了敬意。从这时起，罗斯福认识到，当初订立限制华人的法案是历史的错误，美国人有责任去改正这个错误，而自己为华人社团当律师，做的就是这样有意义的工作。

正是这样的友谊与对华人的认识，后来司徒美堂向他反映有关华人的难题时，无论是亲自拜访还是写信过去，这位美国总统都一一答复，能帮就帮，赢得了华人的好评。在第二次世界大战时期，美国对日宣战后，罗斯福为了争取中国的支持，趁机向国会提交了废除排华法案的国情咨文。虽然仍有不少人反对，但在他耐心的斡旋下，美国终于在 1943 年废除了这一法令，而其他的排华法令也逐步废除，使海外华人的地位大大提高。

# 6
# 残酷的堂斗

安良堂打出的旗号十分鲜明，与保皇党以及外国势力坚决划清界限，因此遭到一些组织的仇视。有一次，司徒美堂去戏院看戏，谁知被敌对堂口的人提前得知，就派了个亡命之徒去行刺。其时，司徒美堂刚好去如厕，一个看霸王戏的人以为能捡个便宜，就坐在他的座位上。结果行刺的人不认识司徒美堂，误以为这个看霸王戏的人就是他，一枪就把他打死了。听到枪声的司徒美堂冲进来一看，戏院中的观众正四处逃窜，而那个被枪杀的人正坐在他的座位上。他一下子就明白了，马上招呼几个同来的兄弟，匆匆离开戏院。

走在路上，旁边的兄弟说："大佬，好险啊，差点就没命了。"司徒美堂习惯性地答道："生为洪门之人，死为洪门之鬼。有什么好怕的！"

兄弟又说："看样子，这次枪杀明显是针对你的。谁那么沙胆（粤语，意为大胆），敢来杀你啊？"司徒美堂面色凝重，压低声音说："还不是打石那些家伙。先不要声张，赶快回堂里，派出兄弟打探一下消息。""另外，把阮老大、圣策几个请过来商议一下。"他又吩咐道。

回到安良堂，阮本万也已赶到，见司徒美堂毫发无损，才放下心来，问道："兄弟，接下来怎么办？"司徒美堂说："要先把事情搞清楚，不能像以前那样冤枉好人，引发仇杀。"阮本万表示赞同："你说得对，我们站在公义的一边，绝不能像那些堂斗一样，滥杀无辜。"

自从那次事件之后，司徒美堂出行愈发小心，常常在身上藏着两把手枪，以备不时之需。连上街都要带枪，可见当时唐人街的混乱，也能看出司徒美堂面临的压力有多大。但是，除了小心防范之外，司徒美堂并没有退缩，凡是敢于来暗杀的，他都拔枪对付，而且每战必胜，一时之间在唐人街产生了很强的震慑力。

在司徒美堂的带领下，安良堂的影响力日益扩大，越来越多有共同志向的兄弟加入进来。安良堂逐渐成为致公堂组织的核心，在致公堂的重大决策中发挥着重要作用。而阮本万、李圣策等人也全力支持司徒美堂，使得致公堂与安良堂形成合力，互壮声势，共同进退，在波士顿及周边的华人事务中发挥非常积极的作用。

安良堂的堂口也越来越多，鼎盛时在美国东西部的很多大城市，如波士顿、芝加哥、旧金山、费城、华盛顿等地发展了11个分堂、8个支堂，会众两万多人，拥有20多座富丽堂皇的"安良大厦"，实力日益雄厚。为了更好地统领堂众，司徒美堂等决定在纽约设立安良总堂。能在纽约立堂口，其实是不容易的。这里各式人等云集，华人也非常多，特别是保皇党、清政府的势力非常大，而各个洪门堂口也将注意力放在此地。由于安良堂已打出较响的名声，又有波士顿致公堂作为后盾，纽约总堂很快就站稳了脚跟，成为安良堂管理的中枢。为了管好堂务，司徒美堂经常奔走在波士顿与纽约之间。

然而，在辛亥革命成功前，司徒美堂并未找到结束堂斗的时机与措施，华人之间仍继续相互伤害，这令他十分忧心。

第四章

## 追随中山

# 1
# 天使岛木屋

1904 年，司徒美堂在黄三德的引见下认识了孙中山。从此，司徒美堂追随中山先生，以洪门身份积极参加革命活动，成为辛亥革命的元老。讲这段历史之前，先要介绍一下孙中山在海外开展革命活动的情况。

孙中山从事革命活动，非常看重华侨的参与，他曾说过一句名言："华侨为革命之母"，高度概括了华侨为中国革命出钱出力、毁家纾难的杰出贡献。在他看来，华侨虽然远离祖国，但有着炽热的爱国之心，是不可多得的革命资源。他长期在海外华人聚居地开展革命宣传活动，收到了极好的成效。

1894 年，29 岁的孙中山在檀香山成立兴中会，将此地作为其宣传革命的基地。后来，他觉得美国本土的华人比檀香山多，必须开拓这个大市场才能赢得更大的胜利。他 1896 年首次到达美国本土，在旧金山、纽约等地展开宣传。但是，以康有为为首的保皇党已先行一步，在美国华人中布局，有了一定基础。更重要的是，此时孙中山未与当地最重要的组织——洪门联系，未能取得他们的信任与支持。于是，第一次在美国本土的宣传效果并不好，每次宣讲只有寥寥几人来听。孙中山在一篇文章中这样写道："劝者谆谆，听者终归貌貌，其欢迎革命主义者，每埠不过数人或十余人而已。"不过，此行吸纳了马锦兴、谭贞谋等十几人入会，也算是在美国打开了局面。

过了 8 年，也就是 1904 年，孙中山打算再次赴美宣传革命。此次，他汲取了上一次的教训，提前向其他人请教如何有效开展宣传。兄长孙眉向他建议说："美国华人社会中，最大的组织是洪门，而洪门最有势力的是致公堂，这个组织一向以反清复明为己任，与兴中会的宗旨不谋而合，若果可以利用，必定能够事半功倍。"

孙中山追问道："但是，洪门组织严密，从不与外来人员交往，我们怎么才能打开缺口呢？"孙眉说："舅父钟水养不就是洪门的叔父吗？如果通过他加入洪门，再寻机在门内获得职位，不就行了？"

听了孙眉的建议，孙中山马上找到钟水养，在他的介绍下，顺利加入檀香山致公堂，并获得"洪棍"职位。顺带说一下，有人说这个职位相当于"元帅"，但其实并没有那么高，只能算是江湖组织中级别较低的首领罢了。但有了这个通行证，孙中山就如得到一把钥匙，拿着它就可以去开启在美开展革命活动这扇大门了。

于是，孙中山从檀香山出发，先来到旧金山。但还在船上时，就被保皇党发现，并告知了清政府在旧金山的总领事何祐。何祐不敢怠慢，马上跟美国海关打招呼，说是有中国乱党分子孙中山要来美国，必须予以阻止。

美国海关也是知道孙中山其人的，只不过对他在檀香山的革命睁只眼、闭只眼。现在清政府提出要求，他们也不好拒绝，又不想用清政府所开出的"乱党分子"为理由，便想了个折中办法，以孙中山的护照是假的为由，将他带到移民局的小木屋关了起来。

这可不是普通的木屋，而是一种监禁设施，设在旧金山港附近一个名为"天使岛"的小岛上，专门用于关禁、审查入境华人。司徒美堂曾回忆说，这种木屋用木头架起，盖上铁皮，夏天热、冬天冷，人被关在里面简直就是活受罪。更要命的是，木屋内放满了几层的折叠床，这些床铺从来没人打扫，又脏又臭。刘伯骥于1918年出版的《美国华侨史》中记下了天使岛真实的一面：

> 岛名天使虽美，但华侨视之有如阎罗殿，谈来多有惧色。"拘留所"在该岛东北角，木料建筑，设备简陋，缺点至多。华人分男女宿舍，每间有一个大厅，布满两层或三层之木床。通常拘押在此单调生活中，有坐困至一二年者，状如老囚。

之所以有这样的木屋，就因为1882年排华法令颁布后，美国当局专门拿它来审查入境的华人，前后关押了20万中国移民。这种审查非常苛刻，有时一问就是几千个问题，细到问你家的房子朝向，家里养了几头牛，你父亲的金牙是在哪里镶的……一条也不能答错。当时的华人已不能随意到美国务工，唯一的通道就是以血亲关系来美投靠父亲。有些华人就向没有血缘关系的人卖"出世纸"，并给买者一整套介绍他家乡情况的资料，那些买了"出世纸"的人在坐船去美国的路上，唯一的任务就是天天死记硬背这些资料，以期顺利通过审查，获得留美资格。一些在木屋中未能通过审核而等待遣返的华人，因为觉得没脸回家，难以跟父母交代，就在木屋中上吊或是割颈自杀。他们临死前在木屋墙壁上留下许多饱含血泪的文字，这些诗句虽然无法与留传青史的诗文相比，却是中华民族在异域受尽欺侮的见证，比如下面这首：

> 木屋拘留几十天，所因墨例致牵连。可惜英雄无用武，只听音来策祖鞭。从今远别此楼中，各位乡亲众欢同。莫道其间皆西式，设成玉砌变如笼。

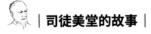

　　诗歌的作者在临死之前还不忘语重心长地提醒同伴们，不要认为西方世界什么都是美好的，应该从它繁华的外表下，看到其黑暗"如笼"的实质。

　　这段黑暗的历史直到 20 世纪 70 年代才被重新发现，并被人们正视与反思。1974 年，在华人社团不遗余力地争取下，加利福尼亚州议会通过议案，成立了"天使岛移民营历史公民委员会"，研究保存"木屋"关押所遗迹。1979 年，天使岛亚裔移民纪念碑揭幕，数百名华人参加了这个历史性的仪式。黑色花岗岩纪念碑上凿着这样一副对联："别井离乡飘流羁木屋，开天辟地创业在金门。"1998 年，美国政府正式将"天使岛移民营"列入"历史古迹"而进行保护，将它作为历史的见证，让后人永远铭记。

# 2
# 移民局官司

孙中山在木屋中待了几天，感到十分烦闷。当时，按美国海关规定，凡对华人旅客所持护照有疑问的，先将其羁留原船候讯，讯后认为不正当的，由原船运回出发地。已经被打过招呼的移民局装模作样地审问了他一番，就判为伪造证件，准备将其遣返檀香山。

当时孙中山无法与陆地上的朋友取得联系，眼看着此次出行很可能就要无功而返了，他心里非常焦急。正在此时，他无意间看到上铺的一个乡人正在阅读一张名为《中西日报》的报纸，报纸上印着"总理伍盘照"的字样。他忽然想起，这个伍盘照是个基督教学者，1895 年自己从香港逃离的时候，有两位基督教的朋友杨襄甫和左斗山，曾写信给伍盘照，请他对自己予以照顾。但那次孙中山先只到了檀香山，信没有用上。想到这里，他马上写了一封信，请求上岛卖报的报童想办法送到中西日报社。

中西日报社在旧金山沙加缅都街，报童很快就把信送到了伍盘照手中。伍盘照打开一看，信上写着："现有十万火急要事待商，请即来木屋相见勿延。"署名是孙中山，他不敢怠慢，马上前往天使岛。孙中山说明了来美国本土的目的，希望伍盘照能伸出援手，并透露了他已加入洪门致公堂的信息。

伍盘照回去之后，马上拜访了致公堂的英文书记唐琼昌。唐琼昌是恩平人，12 岁随父到旧金山，之后在美国读书，从肯特法律学院毕业后，考取了律师执照，成为华人中最早的美国律师之一。他以律师身份为华人服务，也加入了致公堂，成为堂内的重要人物。唐琼昌知道事关重大，马上向总堂大佬黄三德汇报。黄三德是台山人，比司徒美堂早两年来到美国，和他同一年加入洪门，之后一直在旧金山致公堂任职，1897年成为旧金山致公堂的盟长。

黄三德不同于前任盟长，他深明大义，同情孙中山组织的革命活动，加上孙中山已入洪门，帮助兄弟更是理所当然。他当机立断，马上与唐琼昌、伍盘照一起，找到美国律师士特查相助，又拿出5000元为孙中山办了张假的檀香山出世纸，以证明孙中山檀香山护照的真实性。做了这些准备之后，就出面与美国移民局打官司。经过十多天的交涉，终于打赢了官司。

孙中山获释上岸那天，黄三德组织了致公堂的会众，伍盘照组织了基督教的华人会员，一起到码头欢迎他，其场面之盛大，甚至超过了一些清政府官员的到访。孙中山上岸之后，发表了热情洋溢的讲话，希望美国华人同心协力，共赴反清事业。事实上，这是孙中山此行的第一次革命宣讲活动。

# 3
# 重组堂会

　　黄三德把孙中山接来以后，担心有保皇党人前来行刺，于是将他安排在最高档次的英国旅馆下榻，还专门派会众贴身护卫。

　　之后，黄三德又介绍司徒南达、伍于衍、邝华汰等堂内的精英给孙中山认识。几个人经过多日商议，制订了一套开展宣传的"组合拳"。首先，由伍盘照牵头，在中西日报社排版印刷邹容的《革命军》，分别寄往美洲各地，以宣传革命思想。其次，由邝华汰牵头，在斯克托顿街的华人长老会中召开救国会议，号召华侨参与革命、捐助革命。最后收到捐款4000多美元，这笔钱后来就用作孙中山在美国各埠宣传的费用。

　　这里简单介绍一下邝华汰。他也是台山人，1889年入读圣荷西太平洋学院，因信仰基督教而成为以美教会的牧师，后又取得加州大学的国际法博士学位，留在该校当老师，成为教授。他是华侨当中早期追随孙中山的高级知识分子之一。

　　但是，经过一段时间的了解，孙中山发现这样的工作收效不大。原因是致公堂会众虽多，但人员庞杂，连梁启超、徐勤这样的保皇党人也是致公堂成员，一些致公堂的组织和会众也受其影响控制，致使革命工作宣讲不力。为此，孙中山向黄三德建议，要提高致公堂的革命性，就必须重整堂务，重新修订堂会的章程，然后对全美15万洪门致公堂会众重新登记，并借此收取注册费，筹集革命经费。黄三德对这个大胆的提议感到有些顾虑，他主要是担心会众不接受这种做法，会影响到致公堂的威信。但后来在与唐琼昌等人商议之后，出于对革命的支持，他还是同意了孙中山的建议。

之后，孙中山就着手对致公堂进行重组。首先是修订章程，将原来的"反清复明"宗旨改为"驱除鞑虏，恢复中华，创立民国，平均地权"。这样的宗旨就不再是江湖地下团体的造反意愿，而是具有资产阶级革命性质的行动纲领，使致公堂变成一个适应时代要求的革命组织。修订章程还是易事，难的是如何使新章程获得会众的理解与认同，并落到行动上。因此，接下来的工作就是要一个城市、一个城市地宣讲，劝说会众重新注册，服从新章程的规定。对重新登记注册的会众，每人颁发一枚刻有曲尺和圆规的证章，这是洪门致公堂新成员的标志。

考虑到工作难度大，黄三德亲自陪同孙中山开始了这段"注册之旅"。他们于1904年5月24日至6月6日进行了第一阶段的巡讲，先从旧金山出发，到沙加缅度、尾利允等地。这些城镇都在旧金山附近，通过此次行程积累经验，为下一步到美中、美东地区的巡讲做准备。从后来的效果看，此次巡讲并不成功，主要原因如黄三德所说，是此地"华侨风气未开"，致使应者寥寥。黄三德鼓励孙中山不要放弃，建议他继续到美中和美东地区巡讲，说那里的华人风气更开放。

两天后，他们坐上火车，沿着铁路线走访了30多个城市。此次巡讲，因为结识了司徒美堂，孙中山的革命宣传局面得以全面打开。

# 4
# 倾盖如故

司徒美堂与孙中山会面的具体日子已经无法查清楚了，但司徒美堂清晰地记得当时的情景。

其时，司徒美堂已知晓孙中山来美国，并在近期到美东地区巡讲的事。他对孙中山早有耳闻，知道一些他组织革命活动的事，从感性认识上认为此人应该是致公堂、安良堂的同路人，如果可以合作，一定会是一件好事。所以他很希望孙中山快点到波士顿，便交代兄弟，一有孙中山的消息就马上告诉他。

这一天，他正推着小车在街上卖猪肉，一个兄弟跑过来跟司徒美堂说："大佬，听说那个叫孙逸仙的人来波士顿了。"

司徒美堂心中一喜，问："好啊，他在哪里？"当得知孙中山到了正道会陈锦家中时，他想了想，把剩下的肉交给兄弟说："这些肉你拿回去分给兄弟们吧，顺便把小车推回堂里。我现在就去陈锦家，见见这位孙逸仙。"

司徒美堂兴冲冲地赶到陈锦家，一推门就看到黄三德正从楼上下来。黄三德高兴地说："美堂兄弟，你来得正好！来来来，我给你介绍一位大名鼎鼎的革命家。"

司徒美堂应声说："好啊！我就为了这件事而来的。"

黄三德马上带司徒美堂上楼。只见楼上会客厅的正中坐着一个三十来岁的中年男子，此人身穿白色西装，中等身材，两道浓眉，雪亮的眼睛中透着英气，最特别的是，他剪了辫子，留着短发，显得格外精神爽朗。此人正在与陈锦等人闲谈，神采飞扬。

黄三德拉着司徒美堂走到孙中山面前说："孙大哥，这位就是波士顿安良堂的盟长司徒美堂。"

孙中山马上站起来，热情地握着司徒美堂的手说："你就是一拳打死美国流氓的大英雄啊，久仰大名！"

孙中山一开口就说出司徒美堂的往事，让他感到有点不好意思，但见到偶像的喜悦让他冲口说道："哪里哪里，是我司徒美堂久仰孙大哥的大名！今天得见，真是荣幸至极！"

两人一见如故，很快就谈起孙中山来波士顿宣传革命思想的计划，司徒美堂拍着胸口保证："孙大哥放心，这些事就包在我司徒某人身上。我以性命保证，在波士顿没有人有胆动孙大哥一根毫毛！"

听到司徒美堂如此爽直的话，在场的人都笑了。孙中山赞赏地说："看来司徒兄弟是波士顿的地胆①啊！有你在，为兄就万事无忧了。"

司徒美堂说："我真心支持孙大哥，这些都是小事，不足挂齿。"接着，他就把孙中山安排到旅馆住下，并派信得过的兄弟随身护卫。

之后，司徒美堂经常来旅馆请孙中山吃饭。有一天饭后，孙中山问他："住这样的旅馆，一晚要花多少美元？"司徒美堂轻描淡写地答道："这里很便宜的。孙大哥就别管了，钱由安良堂出，你尽管住就好了。"

孙中山正色道："不管钱多钱少，都是兄弟们一分一分赚回来的，如果

---

① 地胆：粤语词汇，指熟悉某地情况的人。地，地区、地方；胆，胆量，有胆量在某个地方四处行动的人，当然是熟悉当地情况的人，意思接近"地头蛇"，但更偏于中性。也可用来指某地有势力的黑道中人。

能把这些钱用到革命活动中，会更有意义。我的意思是，我住到哪个兄弟家，搭个伙就行。"司徒美堂非常认同孙中山的话，点了点头说："如果孙大哥不嫌弃，要不就到我家住？"孙中山当即同意，马上收拾行李，与旅馆结好账，搬到司徒美堂家中。不久之后，他又搬到致公堂居住。司徒美堂做过厨师，此时就主动当起了孙中山的保卫员兼厨师，每天做牛肉番茄汤之类的西餐招待客人。

孙中山在波士顿的几个月，每天白天深入华人社区，宣传革命理想，了解华人生活状况；到了晚上，又回到家里伏案写作，将他的革命思想写成文章，投到报刊上发表，伍盘照的《中西日报》已经成为他主要的宣传阵地。这一年，他辗转于美国各地作革命宣传，都是这样饱含热情，当年侨居纽约的王宠惠的一段回忆，生动地再现了当时的情况："孙逸仙是一个具有感染魔力而且口齿流利的演说家。他能使听众聚精会神地在一次讲演会里连续听足好几个钟头。……他随时都是风尘仆仆，穿着破烂地出现在人们面前，但为了革命运动事业，他却是热心诚挚，永不灰心丧胆。"

闲暇的时候，孙中山就与司徒美堂谈论国家大事，引导他提高认识。司徒美堂问："逸仙先生，你说我们海外的华人怎样才能受到尊重？"

孙中山想了想，郑重地回答他："华人并不是一个个散乱的个体，而是国家母体的一分子。如果国家积弱，受人欺负，作为个体的华人自然也会受到不公正对待。由于海外华人每天要与外国人打交道，这种受欺负的机会就更多了。"

"那么，我们该如何改变这种受人欺负的状况呢？"

"当前最重要的事情就是推翻腐败的满清政府，改革政体，用三权分立的制度来治理国家，做到民治、民主、民享。这样，国家自然能强大起来，海外华人的处境也就会改变了。"

对于孙中山的理论，司徒美堂似懂非懂，但对于国家强才能让华人抬起头的道理，还是能够理解的。他试探性地问："那是不是说，我们要反清，但不是为了复明，而是要建一个像美国这样的新国家？"孙中山拍着他的肩膀说："美堂兄弟，你说得对极了！就是这样。"

孙中山不得不佩服这个只读过 4 年私塾的洪门兄弟，他的话虽然粗浅，但能从洪门兄弟现有的思路出发，把话说到点子上。这次对话也启发了孙中山，让他明白了一个道理：应该更多地从当地华人的角度出发进行引导，帮助他们理解革命思想。

在司徒美堂等人的大力支持下，孙中山在美东地区的宣传取得了突破。大部分洪门会众重新进行了注册，一共筹集到 20 万左右的会费，同时也发展了一些骨干分子，让革命思想逐步在华人中传播开来。基于华侨对革命的大力支持，孙中山后来不无感慨地说："华侨为革命之母。"

很快，孙中山要离开波士顿去纽约了，司徒美堂等人依依不舍地前去送行。孙中山握着司徒美堂的手说："美堂兄弟，希望你以后多在兄弟们中间做革命宣传，让大家理解和支持我们的革命事业。"司徒美堂说："孙大哥，请你放心，我们致公堂全体兄弟坚决支持革命，让更多华人加入革命行列。"

司徒美堂虽然这么说，但实际情况是，交了会费的洪门兄弟并非都能认同或理解孙中山的理论，洪门的封建性仍然顽固地存在着。

# 5
# 洪门筹饷局

孙中山离开后不久，司徒美堂就在纽约设立了安良堂总堂，并出任总理，这是 1905 年的事。到了 1910 年孙中山第三次到美国本土时，司徒美堂的安良堂发展更加壮大，他便邀请孙中山就在纽约宣传，并住在自己家中。

经过几年的革命宣传，美国华人对革命的认识进一步加强，加上清政府的所作所为日益腐朽，人们迫切盼望成立一个像美国那样的民主政府。孙中山看到这种变化，认为时机已经成熟，便建议当时的中国同盟会会员全部加入致公堂，成为致公堂的新鲜血液。在这些新生力量的促进下，以及黄三德、司徒美堂等人的支持下，1911 年 6 月中旬，致公堂成立了"洪门筹饷局"，在各地的唐人街开展大规模的筹款活动。

黄三德专门撰写了《洪门筹饷局缘起》一文，其中写道：

革命军之宗旨，为废灭鞑虏清朝，创立中华民国，实行民生主义，使同胞共享自由平等博爱之幸福。

凡我华人皆应供财出力，以助中华革命大业之速成。

凡事前曾捐助饷者，不论多少，皆得列名为优先国民。他日革命成功，概免军政府条件之约束，而入国籍。

凡事前未曾捐过军饷之人，他日革命成功，须照军政之约束，而入国籍。

凡捐过军饷五元以上者，当照革命军筹饷约章奖励条件办理。

议在金山大埠致公堂总堂，设立一筹饷局由众公举人员办理，由孙大哥委人监督。各埠曾捐助军饷者，皆可派一查数员，随时到来查数。

筹饷局之组织，分为两部，一董事部，一办事部。董事部，以现成办公职员，及捐款千元以上者当之，人员无定额。办事部，总办一人，会计一人，查数一人，劝助委员无定额，随时由董事议定，由总办择人任使，监督一人。

凡局内之事，必须董事议决，然后办事部方能执行。

所收捐款多少，除经费外，一概存入银行，以备孙大哥随时调用，他事不得提支。

议所收捐款，拨一成为筹饷局经费，以支办事人员车票薪水邮电纸笔各费，如有盈余，仍拨归军饷之用。

所有筹饷局经费，须要监督批准，方能动支。

所发捐册，以寄到之日起，限期二个月缴回清算，按名给发执照为证。共捐数五元以上者，另行双倍给发中华民国金币票收执。

当时人们的捐款热情很高，大家都把平时省吃俭用攒下来的钱拿出来，捐给"洪门筹饷局"。有些华侨虽然没什么钱，但在艺术上有造诣，就用自己的特长为革命募捐。比如李是男，他有表演粤剧的才能，就登台表演了许多体现爱国精神、表达反清复明宗旨的粤剧，受到观众的欢迎。再如鹤山籍的著名油画家李铁夫，为了支持孙中山，把自己的画作全数捐出来义卖，筹得的款项全部捐给革命。这些人的行为发挥了非常积极的感召效应，激励了更多的人支持革命。一些下层的华侨，通过艰辛的劳动积累了微薄的存款，但他们义无反顾地将这些钱捐出来。正是在这种巨大热情的支持下，在不到一个月的时间里，就筹到了 20 多万美元。

顺便提一下，与华侨的捐款热情形成鲜明对比的是后来成立的民国政府。在《缘起》中提到的诸多捐款承诺，实质上民国政府并没有真正兑现。他们甚至对华侨的海外利益根本不关心，致使华侨仍然受尽排华法令的欺凌，这也是民国政府失去华侨人心的一次失策行为。

当时身为安良堂法律顾问的罗斯福不解地问司徒美堂："你们中国人平时省吃俭用的，不肯多花一分钱，一有钱就寄回老家，为什么却愿意把钱捐出来呢？"司徒美堂笑着说："罗斯福先生，因为我们中国人认识到一个道理，只有祖国强大了，个人才能有尊严地活着，海外的华人才不会受人欺负。"

罗斯福接着问："但是，孙中山的同盟会进行了多次革命活动，都是小打小闹，你们相信他能成功吗？"司徒美堂坚定地说："中国有个老故事，叫愚公移山，只要一铲一铲地挖，哪怕大山也终有挖完的一天。现在的清政府已是腐败透顶，他的末日不会远了。"罗斯福并不认同司徒美堂的话，但他还是为眼前这个中国人的坚韧所感动。他不知道的是，这些话都是司徒美堂长年累月跟着孙中山，从他身上领悟到的。

就在这一年，孙中山筹划了黄花岗起义，可惜最终由于寡不敌众而失败。孙中山看到发来的电报，久久没有说话。司徒美堂觉得奇怪，便接过电报来看。

司徒美堂问："孙大哥，这次起义为什么不能成功？"

孙中山若有所思地答道："我认为，我们的起义规模还是太小了，只有区区几百人，难以与表面仍然强大的敌人相抗衡。"

"那么，我们要继续发动更大规模的起义吗？"

"是的，只有这样一铲一铲地挖下去，才能挖倒清政府这座大山！"

"我们一定全力支持！"

"是的，我们加大筹饷局的工作力度，争取在一个月内再筹出15万美元。"

司徒美堂着急地说："这样太慢了，国内正等着钱用，远水不能救近火啊。要不这样，先把多伦多、温哥华、维多利亚的4座致公堂大厦押出去，马上就可以换到15万美元了。"

孙中山非常感激地握着司徒美堂的手说："美堂兄弟，真是感谢你！华侨真是革命之母啊！只是，兄弟们会同意吗？"司徒美堂充满信心地说："这事包在我身上，洪门兄弟这点觉悟还是有的。"

果然，在司徒美堂的提议下，会众一致同意典押物业这一建议。很快，15万美元的资金就筹来了。

**6**
# 助选总统

当大家正在筹备着下一场更大规模的起义之时，忽然从报上传来国内辛亥革命成功的消息。

司徒美堂急匆匆地找孙中山，把报纸递给他说："先生，你看！"

孙中山认真地一字一句读完，兴奋地拍着桌子说："终于成功了！"然后又疑惑地问："美堂兄弟，你看，这个'李元洪'到底是谁啊？"

司徒美堂琢磨了很久，也想不起来有"李元洪"这号人。其实，由于"黎"与"李"译音相同，不清楚国内局势的报人便误将"黎元洪"写成"李元洪"了。

司徒美堂说："孙大哥，不管是什么人，当务之急是赶快回国，了解最新情况。"孙中山看了一下周围的人，问："大家觉得如何？"众人便你一言我一语地议论起来，最后一致认为孙中山应该回国，争取把控局势。

当时孙中山虽然筹到了巨款，但一分一毫都寄回国内，自己却是不名一文。为了筹集回国的路费，司徒美堂与阮本万、李圣策、伍钦雄、黎观长四人商量之后，各人倾囊相助，一共凑得450美元。

孙中山感激地说："美堂兄弟，各位兄弟，感谢你们的大力支持！孙某此次回国，一定不负众望，建立一个属于民众的政府。到时，还请各位回国相助啊！"司徒美堂代表大家说："先生言重了。支持革命是每个华人应尽的义务，至于回国相助，自然轮不到我们这些只会耍枪弄刀的粗人了。"

孙中山也不急着强求，抱拳相别，急匆匆踏上了回国之路。

自从孙中山回国之后，司徒美堂密切关注国内局势，当得知清帝已经退位，中华民国将要选举临时大总统时，他非常高兴地对阮本万说："阮大哥，刚看到报上的消息，国内要选总统，这可是破天荒的事情。如果孙大哥能就任中华民国临时大总统，这次中国就有救了！"

阮本万经历的事情更多，考虑问题更充分，他带有疑虑地说："这本来是件好事，但我总感到有点担忧。"司徒美堂不解地问："你快说，有什么担忧？"

阮本万环视了一下周围几个兄弟，然后说："你们想啊，孙大哥的声望虽高，但终归长期在国外，国内人对他了解不多，不一定会选他为总统。"一语惊醒众人，大家不知如何接话了。

司徒美堂沉吟了半晌，说："国内的情况，隔着重洋，我们不容易了解。可能啊，孙大哥有他的难处。要不，我们想想办法，为他做点事情？""筹款寄过去？"有人说。阮本万说："不妥。现在不是要起义，最急的不是用钱。"

司徒美堂一拍脑袋说："对！要帮就帮最急的。"然后，他环视了一圈，把大家的目光都聚拢过来，才神秘地说："最急的是民意！""民意？怎么给啊？"大伙都不解。

阮本万经验丰富，给司徒美堂一点，马上明白过来，说："说得对！我们发动各堂，一起发电报回去，要求孙大哥就任大总统！"司徒美堂高兴地拍着阮本万的臂膀说："阮大哥，我们想到一块了，就是这样，每个堂发一个通电，请孙大哥就任中华民国临时大总统！"

于是，致公堂下属各堂响应号召，雪片似的通电向国内飞去，都是要求孙中山就任临时大总统的，一共有 300 多封。当时一封通电要花几十元，几百封就花了上千元。其他地区的华人看到这种情景，也纷纷效仿，一时之间要求孙中山就任临时大总统的呼声非常高，对国内舆论造成了很大影响。

这里要解释一下，在当时的条件下，最快的通讯方式就是拍电报，而通电就是面向全社会公开发表电报，让所有电报接收机都能收到。这样，各大通讯社、报社就会第一时间收到信息，并在他们的新闻平台上报道。因此，通电影响力巨大。

在洪门兄弟以及广大华侨的大力支持之下，孙中山在国内的声望大幅提高。南京代表皆震惊于其名声，都说中华民国临时大总统非孙中山莫属。1911 年年底，各省代表投票，孙中山以绝对优势当选了中华民国临时大总统，可以说，洪门人士的支持起了很大作用。

第五章

**支持革命**

# 1
# 拒任监印官

1912 年 1 月 1 日，孙中山在南京宣誓就任中华民国临时大总统。他非常感激司徒美堂等洪门兄弟的支持，回了电报表示感谢，授予洪门致公堂最高荣誉奖，并签发了一张褒状，上面写着："忠义维护，躬行法纪，协助同人，播扬遐迩。"同时，邀请司徒美堂回国任总统府监印官。

司徒美堂拿着电报纸，笑着对众人说："孙大哥言重了。像我这样的粗人，没有什么文化，字都认不了几个，哪能去当官？"阮本万不以为然："兄弟，趁这个机会去国内享享福，也是可以的。这边的事，你就不用担心了。"

司徒美堂严肃地说："阮大哥，此言差矣！洪门的规矩是不能做官，我生为洪门之人，死为洪门之鬼，能够功成身退，就非常满足了。"阮本万说："兄弟说得有道理，我们在美国也过得不错嘛，何必要去国内蹚这个浑水呢？"

司徒美堂并没有接话，他知道阮本万这几年在美国积下了一些物业，一家大小也想办法移民到了美国，他一直打着自家的小算盘，只想过好自己的小康生活。而司徒美堂想到的不是自己，而是国家，他对孙中山领导的政府抱着极大的期望，可是自己没文化，不应占着重要的位置，应该让那些读过书的人去帮助孙先生治理国家。于是，他拍了封电报给孙中山，婉拒了回国做官的邀请。其电报是这样说的：

孙总统大鉴：

　　电函悉知，谢谢你肯定华侨对革命的功绩和对洪门致公堂兄弟的关照，以及与吾之重托，我代表美洲洪门兄弟表示感谢你的盛意。吾乃不求做官，只图革命成功，建立民国，中华振兴。赤子报国心切，日后有何吩咐，聆听指拨，侨胞尽力效忠。

弟　司徒美堂奉上

　　简短的语言不仅表达了司徒美堂进步爱国的政治立场，而且体现了他不慕名利、踏实为人的人格操守，也体现了华侨执着追求国家进步、民族富强，不图名利的高风亮节。不过，并非所有人都是司徒美堂这样的想法，致公堂总堂的盟长黄三德就接受了孙中山的邀请，回国担任北京农工商部顾问、粤军总司令顾问、涉英美调查委员会委员等职，后又受聘担任中国铁路总公司顾问。这些都是没有实权的职务，由于他自身水平有限，未能获得同僚的认可，官当得不咸不淡，极没意思。孙中山离任后，黄三德黯然回美，之后还因政见不同，差点跟孙中山反目。对比之下，可以看出司徒美堂与黄三德品行、眼光的高下不同。

# 2

# 结束堂斗

虽然司徒美堂拒绝了任官的邀请，但他十分惦念家乡。出洋已有 32 个年头，从未回过赤坎，他希望趁着辛亥革命胜利之机，回去看看。在回乡之前，他还做了一件一直想做的事——结束堂斗。

前章曾经提到，司徒美堂一直身处堂斗漩涡之中，但他对此非常厌倦，同时感到惋惜。因为堂斗是一种内耗，作为华人就应该一致对外，不要成为外国人的走狗工具。他很早就提出和平结束堂斗的建议，但难以获得堂内会众的一致赞成，堂斗仍然此起彼伏。直到辛亥革命后，大家受到革命的启示，都一下子剪掉了辫子，样子跟"文明人"无异了，精神上也仿佛脱胎换骨一样觉悟了。在司徒美堂的推动下，由冈州公所主席李宝湛牵头，在旧金山举行了一个前所未有的"和平会"，各堂大佬订立和约，不再自相残杀。

在会上，司徒美堂感慨地对大家说："兄弟们！我司徒某从光绪六年来到金山，光绪十一年加入致公堂，到现在已经 32 年了。我从踏上美国土地的那一刻，就被流氓掷马粪，32 年里，我看到了太多白人欺负华人的事情。我们洪门，从在美洲开堂之日起，宗旨就是团结起来，保护兄弟不受外人欺负。可惜，我们受外来势力的影响，出现了很多令人痛心的内斗。今天，我们兄弟齐聚一堂，就是要改变这种不团结的现状，携手共创美好的未来！"

　　说完这段话，司徒美堂举起手中的酒杯，高声说："兄弟们！我们一起干了这杯酒，然后紧紧团结在一起，以后不要再自己人打自己人了！"全场的会众都一起举杯，一饮而尽。接着，他高声呼喊口号："生为洪门之人，死为洪门之鬼！"大伙也跟着齐呼，场内的气氛一下子达到了高潮。

　　在此次"和平会"上，大家一下子放下了心中的积怨与戒备，举起酒杯痛饮，想起大家远赴美国时的相似遭遇，一起创业的经历，转而抱头痛哭。这个情景给司徒美堂留下深刻的印象，多年以后仍然不断提及。

　　从此，耗时日久的堂斗算是告一段落，唐人街恢复了安宁。不过，这次"和平会"主要召集广肇帮会、特别是四邑帮会的兄弟，而其他地域的帮会没有参加，这也为后来近二十年的发展留下了隐患。洪门内部的纷争，一直到1931年"九一八"事变爆发才真正结束，此是后话。

# 3
# 回乡娶亲

堂内开完和平会，堂斗之事告一段落。司徒美堂打算回国一趟，看看辛亥革命之后，国内有何新气象，也看看日思夜想的母亲。于是，他怀着兴奋的心情踏上了回国的征程。

这是他离家 32 年来第一次回国[①]。1880 年，他离开赤坎时还是一个未成年的孩子，如今已快到知天命之年了，时间真是像流水一般无情啊！他就像泛于大海上的一叶小舟，记忆中的故园早已模糊……轮船缓缓地前进，站在夹板上，微微的海风吹拂着他的脸庞。香港越来越近了，拔地而起的幢幢高楼，让他感到陌生而又欣喜。此时的司徒美堂算是在美国闯出了一番事业之后衣锦还乡，自然不用再委屈于拥挤的下等舱，所吃的食物也能大大方方地在船上餐厅里点用，无须再吃自带的腌制品了。两种景况的强烈对比，让他生出无限的感慨。不知何时，眼中热泪夺眶而出，模糊了维多利亚港的美景。他赶紧用手帕擦干，匆匆回舱收拾行李。

阔别多年才回乡，按照中国人的传统，他要做的第一件事，是赶到父亲的坟头上一炷香，表达游子的思念之情。第二件事，就是遵照母亲之命，与家乡一位名叫方春女的女孩成婚。这一年，司徒美堂 46 岁，方春

---

① 树煦在《司徒美堂先生六次回国》一文中回忆说，司徒美堂第一次回国在 1911 年，但并无证据可以证明。但据笔者考察，他当年的活动非常多，尤其是支持孙中山在美国的宣传和发动各地致公堂通电拥护孙中山就任大总统，耗费了不少心力，似乎无暇归国；国内动荡，也不宜回国，因此把时间推定为堂务相对清闲、国内暂时和平的 1912 年。

女20岁。漂泊多年，历尽艰辛，终于完成人生大事，了却母亲心愿，司徒美堂心潮澎湃，又五味杂陈，这种复杂的心情自是旁人难以体会的。新娘子身材高大，体力过人，家里的农活皆由她一力完成。据说，她一个人能把70斤重的运水车推到两公里之外的地里，顶得上一个男性劳力。这是一个合格的儿媳，肯定能帮母亲打理好这个家，司徒美堂感到很放心。

但接下来，在家乡的所见所闻让他极为失望。首先，家乡的土匪依然猖獗，常常半夜三更冲入村民家中，将所有的财物全部掠走，使那些人家顷刻间家破人亡。有时将某人绑架，然后向他家人发出巨额赎票，若不能及时给钱，就将"标心"杀害。那这些人为什么不报警？报不报警都一样，报了警可能还会被警察敲竹杠，结果什么都解决不了，反而遭受更大的损失。在这种情况下，一些华侨为了保护自己的财产，便兴起建碉楼的风气，把四四方方的楼修得高高的，直上直下，在较高楼层的四个角上设置枪孔与瞭望口，用外国进口的铁条加固门洞和窗口。这样的碉楼一般建在村前和村后，派人在楼上日夜守卫，一旦发现土匪进村，马上发出警报，全村人便带上金银细软躲进碉楼之中。待土匪退去，才又各回各家，继续耕织劳作。为了加强战斗力，村里还会购买洋枪洋炮，组织乡勇勤加训练。这样的社会氛围，让人惶惶不可终日，自然没有幸福可言，与国外的生活环境相比，简直是天壤之别。

其次，家乡最兴盛的行业就是赌博。由于华侨不断寄侨汇回家，使得部分青年人养成了游手好闲的恶习，每天到赌场试几手成为他们最重要的娱乐活动。部分家庭还会因为赌博而欠下巨款，导致家破人亡。最可恶的是，政府虽然明令禁止赌博，但在实际执行中往往睁只眼、闭只眼，只要赌场交足了"管理费"，就能明目张胆地开张大吉，而守在门口的警察还变相地成了赌场安全的"活招牌"。

还有各种乡绅要员，明明就是恶霸，天天鱼肉乡里，可是到县城疏通一番，领个"蓝皮本本"，转眼就能当上"光荣"的国民党员，成为新生国家的主人翁。这样的主人翁欺压起乡民来，更是变本加厉，还有了堂而皇之的理由，使农村陷入新的混乱之中。

"这到底是什么政党啊？还不如我们安良堂！"此时的司徒美堂对政党这种事物厌恶之极，感觉跟孙中山当年描述的建国景象相去甚远。他正想写信给孙中山，反映发生在基层的情况，要求进行整治，却忽然看到报纸上说，孙中山辞去临时大总统之职，袁世凯就任大总统。当时，司徒美堂一下子如跌入冰窖之中，久久未能回过神来。身边又没有可以交流的同道人，一时间，他感到非常烦躁。经过多方打探，他终于大致了解了当时孙中山的处境，感到极为失望，决定从此不再过问政治。

偏僻的乡村是远离政治的最好处所。司徒美堂在家乡住了一年多，妻子方春女怀胎十月，诞下一子，让他异常高兴。他沉吟很久，为儿子起名为"司徒柱"，希望他长大后能成为国家的建设支柱。为了让母子有一个较好的生活环境，他决定举家离开混乱的乡下，迁至香港。从此，方春女就带着儿子住在香港，与司徒美堂分隔重洋。直至晚年，司徒美堂回国在京任职，才又将方春女接到身边，陪伴他走完人生最后一段路。

在香港小住一段日子，把家人安顿好之后，司徒美堂又回到美国，继续他的堂会生涯。

# 4

# 筹建致公党

虽然对中国当时的状况感到失望，但司徒美堂是一个有韧性的人，回到美国之后，他继续寻求安良堂与华人的发展之路。

在孙中山发起讨袁运动后，司徒美堂与唐琼昌等人一起发动筹款，支持孙中山。司徒美堂对唐琼昌说："兄弟，这个袁世凯可恶至极，夺取了民国大总统的职位，竟然还不满足，还要倒行逆施，打起了当皇帝的主意。当时，孙大哥真是看走眼了。"唐琼昌说："我们不能放任袁世凯称帝，必须组织兄弟们制造舆论，反对复辟。"

司徒美堂建议说："兄弟，你是我堂中精通英文的律师，要不，你写封信给美国总统，让他也对袁世凯施加压力？"唐琼昌高兴得一拍司徒美堂的肩膀，说："司徒兄，你这个点子不错，我马上就写！"于是，他们以唐琼昌的名义向当时的美国总统威尔逊发函，要求美国不要承认袁世凯的帝制，免得使辛亥革命的成果付诸东流。这一函电在当时产生了积极的影响。

但是，经过此次斗争之后，司徒美堂发觉，洪门在海外的力量虽然大，却往往因为鞭长莫及而难以对国内形势产生直接影响。此前，致公堂的几次改组实践也都不如意。一次是由他主导的成立新的堂口，但随着成员的增多与老化，新堂很快变得与其他堂口无异。另一次是孙中山的改造，这次的力度虽然大，但自外而内，雷声大雨点小，未能从根本上改变致公堂的封建性与江湖气。为此，他与黄三德进行了多次交流，而此时的黄三德已经有了新的想法。

他试探性地问："美堂兄弟，我有个大胆的想法，不知是否可行？"司徒美堂说："黄大哥，你尽管说来听听。"

黄三德不紧不慢地说："我在国内任职的时间虽然不长，但待过的部门不少，接触了广泛的人员，也算大致了解了一些政治运作的情况。现在国内的政治全由政党把持，通过政党在国会上选举，获得支持，只有这样才能使华侨的声音转变成政治的话语权。所以，我的想法是，在致公堂的基础上，组建致公党，进而到国内参选，影响政局。你看这个想法如何？"

司徒美堂听到此论，大吃一惊。因为他从来没有想过，一个拜五祖、讲义气的团体，竟然要摇身一变，成为具有现代气息的政党。在他看来，这个弯是不是转得太猛了一点。他沉吟再三，迟疑地问："大哥，你觉得我们能搞政党吗？下面的兄弟会答应吗？"

黄三德安慰道："我也考虑了很久，觉得应该没问题。你想想，兄弟们在美国长期生活，或多或少受到美国民主选举的熏陶，他们再怎样江湖气，也比国内的同胞先进，你说是不是？"

司徒美堂低头不语，他想起在家乡看到的所谓国民党员，以及乱哄哄的乡议会，感到这样去组党还不如搞堂会。但既然大哥都开口说了，又不好反对，就说："那么，我们就试试吧。"黄三德并没有理会司徒美堂的态度变化，高兴地说："好啊，我们尽快把这件大事干成，也不枉堂内兄弟对我们的信任！"

5

## 失败的尝试

其实在当时，与黄三德一样有组党想法的洪门兄弟并不少。如加拿大维多利亚致公堂就向孙中山提出，要在国内"组织一完全政党"，并希望得到孙中山的支持。但孙中山出于各种考虑，包括洪门身上所具有的封建性过于浓厚，认为时机尚未成熟等，并不赞成这一提议，让洪门兄弟产生一些误解。

其时，袁世凯已经倒台，北洋军阀轮番把持政局。黄三德着手向北洋政府提出申请，要求组建一个以洪门兄弟为基础的政党。此时的中国政坛十分混乱，社会动荡、民生凋敝，北洋政府不希望再有一个外来的政党添乱，于是对黄三德的申请置之不理。经过多次申请之后，黄三德对北洋政府的幻想破灭了，他决定绕过国内政府，另行组党。

若果在侨居地建党，当然不难通过，但毕竟远在海外，在当时的交通与通讯条件下，难以真正对国内产生影响。必须寻找一个既不受北洋政府控制，又与国内距离不远的地方建党。当时，香港由英国人管理，因为人文、地缘等原因，成为华南地区重要的对外交流通道，于是香港就成为黄三德建党的首选基地。

1920 年，黄三德向致公堂同仁提出了自己的构想：依托香港组织一个具有海外背景、又与国内紧密联系的华侨政党。这一想法受到堂内一些人的质疑，主要原因是香港本身有洪门势力，海外的洪门组织是否能与他们达成一致，还是一个未知数；而且由于远隔重洋，即使组织起来，可能也会受人利用，弄不好就是为他人作嫁衣裳。

当时黄三德建党的决心十分坚定，他力排众议，主张可以大胆一试。由于他在堂内的崇高威信，最终得到大家的支持。经过一段时间的筹划之后，他派司徒美堂从美国来到香港，与军阀陈炯明以及当地洪门联系，着手组建政党。这是司徒美堂第二次回国，本来他以为国内局势渐趋稳定，香港应该很安全，没想到一上岸，就有一些来路不明的人围上来翻他的行李，打着检查的旗号，把他带回来的东西抢走了不少，这让他感到十分气愤。而且，由于当时港英政府控制下的香港对革命非常敏感，严禁华人在境内搞小动作，更不允许有政治团体独立建党，加上司徒美堂对黄三德的建党想法并不认同，于是他就向黄三德敷衍说，香港在现有制度下不适宜建党。

值得一提的是，司徒美堂在香港与陈炯明有了一些初步的接触。陈炯明是广东汕尾人，一直在广东从政，并参加孙中山组织的革命起义，中华民国成立后曾有另组政党的举动，被孙中山严厉批评，后来不支持孙中山的北伐，与孙中山决裂。对于这个背叛孙大哥的旧人，司徒美堂本来就没有多少好感，在接触之后，又有了一些不愉快的经历。之后陈炯明成了中国致公党党魁，直到他病逝，司徒美堂也再未与他合作。

## 6
## 划清界限

　　虽然在香港的尝试失败了，但黄三德并没有气馁，决定退而求其次，先在美国组党，再向国内渗透。

　　1923 年，在黄三德、陈炯明等人的筹划下，五洲洪门第三次恳亲大会在旧金山召开。召开时间选在双十节这一天，其政治意味十分明显，就是要追随辛亥先烈的精神，把革命进行到底，使之成为改造民国的新纪元。会前，在黄三德等人的主导下，撰写了一篇名为《缘起》的文章，介绍组织政党的宗旨：

　　我洪门为复国而起，为保国而存，为富强国而力图进取。肩斯重任，宏济巨难，舍我洪门，其谁与归？我洪门人士，其奋兴乎！务使此次恳亲大会计划成功，进行顺利，则令中华民国真正共和之实现。自我洪门五祖以来，世世相传之骏业，永垂不朽矣。

　　文辞典雅，气势恢宏，爱国热情洋溢于字里行间，读之令人动容！大会上，与会洪门人士讨论了原有的致公堂章程，对其宗旨进行了修订，明确要"拥护真正共和，发扬民族精神，扩大人类友爱，促进世界和平"，同时又规定要"本堂态度处常则竭力以为民生，处变则效忠以纾国难""本堂会务对内为联卫共济，对外为国际运动"。大会还通过了《中国致公党党纲草案》。

　　会议最后决定，在致公堂总堂所在地旧金山成立中国致公党筹备委员会总会，以此筹划把堂会改组为政党的工作。在黄三德等人的支持下，中国致公党筹备委员会总会积极开展工作，经过两年筹备，到1925年已基本完成筹备工作，并于当年8月发出《通告全体洪门人士书》，通知全体洪门人士，将于10月10日召开五洲洪门第四次恳亲大会，此次大会实际上就是中国致公党的第一次代表大会。这次会议决定以洪门致公堂为基础成立中国致公党，颁布《中国致公党党纲》，选举陈炯明为总理，唐继尧为副总理。

为什么司徒美堂没有在党内任职呢？因为他基本没有参与整个建党活动，而只是作为旁观者，与致公党划清界限，专心搞好他的安良堂，仍然寄希望于用堂会这个工具为华人谋福利。司徒美堂的态度代表了洪门大部分人的立场，这使得致公堂仍然存在党堂不分、以堂代党的情况。

到了1931年，中国致公党召开第二次代表大会的时候，美国唐人街的堂会堂斗之风再次掀起，司徒美堂领导的安良堂也受到牵连，成为漩涡中的焦点。有一种说法是，司徒美堂为了避免更激烈的争斗，返回香港探亲回避，也顺便参加了这次代表大会。但笔者搜集和对比了多方资料，认为他并未参加此次会议（参见第九章第二节《改堂为党》）。

经过多年的实践，洪门上下开始认识到，从现阶段的状况来看，仍然不能以党代堂，只能通过一项妥协的决定，承认党堂并存的现状，实施"存堂保党"，党、堂分家，以党领导堂。这一决定得到司徒美堂的认可。在香港举行的致公党第二次代表大会决定将原设在旧金山的致公党总部迁到香港，据伍觉天回忆，"旧金山原址则称中国致公党美洲总部，以司徒美堂任主席"[1]，但并未有实质的工作开展，仍然是以堂会的方式进行。

可以说，司徒美堂并非中国致公党的创始人，没有参与中国致公党的创建活动；其晚年有限的几次参与致公党活动，也只是以"朋友"的身份，从未说自己是前辈或成员，这是司徒美堂实事求是的地方。

然而接下来，有一件更重要的事情等着司徒美堂去做。他把自己的后半生全部奉献给了这件关乎中华民族前途命运的大事，因此名垂青史。

---

① 伍觉天：《司徒美堂与中国致公党》；北京市文史委、广东省政协文史委：《回忆司徒美堂老人》，北京：中国文史出版社，1988年，第164页。

第六章

**支援祖国**

# 1
# 支持蔡廷锴

1934 年年初，福建人民政府失败后，抗日名将蔡廷锴[①]被迫出洋游历。1934 年春天，司徒美堂接到陈铭枢[②]从香港发来的电报："蔡欲来美，能否发动侨团保护，免被敌人暗害？"司徒美堂立马回电表示："热烈欢迎蔡将军来美，保证他的安全，一切无误，请放心！"

其实，司徒美堂与蔡廷锴早已是挚友。

1931 年，日寇入侵东北的消息传来，热血沸腾的美洲华侨纷纷走上街头，痛斥蒋介石亡国灭种的不抵抗政策，要求积极抗日。1932 年 1 月 28 日，日本人悍然进攻我淞沪守军，"淞沪抗战"爆发。驻守在上海的国民革命军第十九路军在爱国将领蔡廷锴和蒋光鼐的领导下，抱着"尺地寸草，不能放弃"的信念，坚决抗击日军。美洲华侨得知消息后，纷纷走上街头，声援抗战。旧金山、芝加哥等地的唐人街锣鼓喧天，热烈庆祝。为表彰十九路军的英勇精神，美洲华侨还特制了一块"精神救国"的金匾准备送给蔡廷锴将军。十九路军在冬季与日军对垒，身着单衣，装备不足，

---

[①] 蔡廷锴（1892—1968）：字贤初，广东罗定人，民革创始人之一。"九·一八"事变爆发后，蔡廷锴率十九路军驻防上海，在"一·二八"事变中奋起抗击，致使日军侵占上海的阴谋泡汤，深得全国人民和海外华侨、港澳同胞的拥护与爱戴，被誉为"抗日民族英雄"。1933 年 11 月，蔡廷锴与李济深等人在福建发动抗日反蒋的"福建事变"，成立中华共和国人民革命政府，蔡任中央委员、军事委员会委员、人民革命军第一方面军总司令兼十九路军总指挥。两个月后，福建人民政府失败，蔡廷锴出洋游历，所到之处，积极宣传抗日救国，深受海外华侨和外国友人的欢迎。

[②] 陈铭枢（1889—1965）：字真如，广东合浦（今属广西）人，民主革命家，民革创始人之一。曾参与"一·二八"抗战和"福建事变"，1933 年年底去香港，继续从事反蒋爱国活动。

消息传遍全国和世界各地，各地募捐的衣服和药品源源不断运往上海。旅居世界各地的华侨纷纷捐款捐物，司徒美堂也立即投入这场抗日救亡运动当中，他领导洪门、联合侨团组织成立了"纽约华侨抗日救国会"，发动华侨募捐，准备将所筹款项汇到国内，以供抗日之用。

司徒美堂的行动非常迅速，因为他不能接受我堂堂中华亡于蕞尔小国之手，何况十九路军将士多为粤籍子弟。2月初，他就在安良堂主持召开了干事会议，作出三项决议：以致公堂的名义呼吁美洲华侨支持坚守上海的十九路军，成立洪门筹饷机构，组织青年华侨航空救国。在中华公所的组织下，司徒美堂在他自己创办的华文学校召开了紧急动员大会，会上宣读了《商报》上登载的淞沪抗战的消息，华侨群体为之沸腾。

动员大会的效果非常显著。那段时间，纽约唐人街上，到处可见华人宣传、声援的队伍；几乎天天有人拍电报到国内，支持上海的中国军队；各侨团纷纷派专职人员办理募捐事务；致公堂组织学生走上街头宣传抗日、组织募捐。就这样，他们募集了一批一批的物资和款项，并陆续通过中国银行汇给南京政府转十九路军。也有些华侨直接把款项汇给上海的十九路军司令部，还有人请广东的亲人直接把款项送到上海。

可是没想到，华侨辛辛苦苦筹集来的捐款大部分被南京政府扣押，或者被四大家族以及国民党腐败官员中饱私囊了。据后来统计，十九路军收到的款项不及华侨捐款的二十分之一！以司徒美堂为首的华侨们发现这个情况后非常生气，于是他们改变策略，再在银行汇递捐款时，就注明要上海"十九路军蔡廷锴将军亲收"。据统计，1932年2月至7月，美洲华侨共为淞沪抗战捐款折合大洋232.6万余元，约占世界各地华侨捐款总数的58%！鉴于美洲华侨的巨大贡献，后来十九路军撤离上海时，军指挥部特意托人向美洲华侨团体赠送 2000 枚纪念章，有些五邑华侨还把获赠的纪念章保留到了现在。

3 月 6 日，按照救国会之前的部署，在中华公所的支持下，"美东华侨航空救国大会"在纽约召开。黄兴的夫人徐宗汉应邀在会上发表了演讲，司徒美堂则代表美洲致公堂参加了会议。会上通过了三项决议：一是立即组织华侨救国义勇团，回国参战；二是洪门致公堂捐赠飞机两架；三是继续号召华侨捐款，筹办航空学校。救国大会召开以后，美洲华侨掀起了轰轰烈烈的航空救国运动：各地相继成立了华侨航空救国会，捐赠飞机，输送空军人才回国参战——这些人才回国后在广州空军华侨班和杭州中央军校特别班接受训练，然后被编入航空部队作战。其中，有不少美洲洪门子弟，他们大多有一定的技术特长，从人力方面给了国内抗战事业以大力支持。

由于蔡廷锴领导的十九路军英勇作战，日军三易其帅、多次增兵，嚣张气焰受到了沉重打击。1932 年 3 月，淞沪抗战停火的消息传到海外，司徒美堂决定亲自回国，把华侨所捐的款项和物资带回上海慰问十九路军，同时到第一线了解抗战的情况。他发动了几位华侨组成慰问团，先给蔡廷锴将军汇去一笔劳军款，并告知慰问团即将回国的消息。4 月中旬，慰问团代表回到上海，住在四川路横浜桥南粤旅馆。十九路军的官兵大多是广东人，蔡廷锴将军也是广东人，而在上海做生意的广东人大多住在横浜桥一带，所以南粤旅馆成了十九路军与广东乡亲来往的联络站。"一·二八"淞沪抗战爆发后，很多海外侨胞都通过广东老乡把捐款通过南粤宾馆转给十九路军。所以，每当节假日，就有不少十九路军的官兵来旅馆做客。从广东老乡店主和来做客的官兵处，慰问团了解了淞沪抗战的相关情况。

很快，司徒美堂与十九路军取得了联系。蔡廷锴将军当即派车把他们接到了真如的范庄军部。两位神交已久的朋友一见如故，慰问团成员也就此在军部住了下来。5月16日，"一·二八"淞沪抗战阵亡将士追悼大会在军部召开，司徒美堂代表美洲华侨敬献了花圈。会上，当何香凝讲话时，司徒美堂和蔡廷锴泪流满面，十分悲痛。后来，十九路军的烈士都魂归故里，长眠于广州水荫路上郁郁葱葱的烈士陵园中，灰白色的花岗岩纪念碑上，镌刻着宋子文题写的"碧血丹心"四个大字，这是人民对他们的礼赞。会后，何香凝会见了司徒美堂，勉励他继续为祖国抗日出力。临行前，司徒美堂前去跟蔡廷锴告别，蔡正因自己将被调往福建"剿共"而心情抑郁。司徒美堂劝慰他说，日后如有困难，可到美国找侨胞寻求帮助。

淞沪抗战为中国赢得了巨大声誉，蔡廷锴被国内外同胞誉为"民族英雄"，可是，他也因此成为了国民政府的眼中钉肉中刺。不久，蔡廷锴就接到了调防福建的命令。到福建后，他高举抗日大旗，建立抗日政权，组织反对蒋介石的人民革命政府，推举李济深为主席，自己担任革命军总司令。致公堂美洲总部获悉后，于1933年12月23日致电表示：致公党和美洲华侨愿意拥护新政权，因为"得道多助，独夫必诛，以天下之所顺，攻亲戚之所叛，义旗所指，万方景从"。蔡廷锴此举引起了南京国民政府的愤怒，蒋介石不断派遣空军轰炸福州。在危难之际，他想起司徒美堂临走时说过的话，于是决定解甲出洋，寻求新的出路。

所以，此次蔡廷锴前往美洲考察[①]，宣传抗日，受到美洲华侨的热烈欢迎，司徒美堂甚至说他是"'有史以来'中国官员在美国最受华侨欢迎的

---

① 1934年年初，"福建事变"失败后，蔡廷锴于1月中旬取道汕头前往香港，并于4月中旬与谭启秀等人前往美国考察，宣传抗日。

一人"①。据蔡廷锴本人回忆，1934 年 8 月 28 日他抵达纽约的那天，一百多
位侨胞登船迎接，三架飞机在空中盘旋欢迎，在码头迎接的侨胞达三千余
人。当地的美国人深受感染，也纷纷前来参与欢迎仪式。蔡将军和前来欢
迎的侨胞乘坐的汽车达三百余辆，车队游经九条街道，到达唐人街时，满
街都是欢迎的队伍。第二天，华侨们簇拥着蔡将军举行巡游。当队伍到达
司徒美堂的安良堂时，人们用富有广东风味的"舞狮"表演来表达对这位
抗日爱国将领的热爱之情。国内外的报纸都报道了这次巡游，都说这是华
侨史上未曾有过的盛况。

为了保证蔡将军的人身安全，司徒美堂在接到陈铭枢电报之后，就立
即向美国各大城市的安良堂布置好了安保任务。在得知南京政府下令驻美
大使馆、领事馆破坏欢迎活动后，他马上在《纽约五洲公报》上登出严正
声明，警告在美国的国民党特务："谁敢动蔡将军一根毫毛，就当场把凶手
捣成肉酱！"可是，蔡廷锴的广受欢迎完全出乎国内外反动分子的意外，
引起了他们的极大恐慌。美国学者邝治中评价说："这样热烈的欢迎，在
当地的国民党看来，只是清楚地说明了大家不满于蒋介石和南京政府的政
策。②"于是，在美国的国民党特务收买凶手准备刺杀蔡将军，美国侦探部
也出动了十几辆机器脚踏车亦步亦趋地监视他。为了保护这位抗日将领，
司徒美堂一直跟在蔡廷锴身边。自 1934 年 8 月 28 日起，直到 1935 年 4 月
蔡离美返港，大半年中，司徒美堂陪同蔡廷锴游遍美国十余座大城市，二
人所到之处，社团、商会轮流邀请，有些城市参加迎接仪式的华侨达几万

① 司徒美堂：《旅居美国七十年》；北京市文史委、广东省政协文史委：《回忆司徒美堂老人》，北京：中国文史出版社，1988 年，第 32 页。
② 邝治中：《纽约唐人街》，上海：上海译文出版社，1982 年，第 110 页。

人，许多当地的美国人也加入欢迎队伍中。后来，蔡廷锴每每谈到旅美华侨对国内抵抗日寇的支持，都会盛赞司徒美堂的爱国热情。

蔡廷锴的美国之行，在美洲华侨社会中产生了重要影响。他对各大城市的访问，也是一次效果显著的抗日救国宣传，极大地激发了美洲侨胞的爱国热情，促进了华侨社会的团结，同时为后来的全美华侨抗日救国运动打下了坚实的思想基础。蔡廷锴访美的成功，司徒美堂功不可没。

司徒美堂和蔡廷锴的友谊，与为民族生存而斗争的伟大事业相始终。1941年，司徒美堂途径桂林前往重庆时，特意去看望了蔡廷锴。在极端艰苦的条件下，蔡廷锴用自己种的南瓜为这位老朋友炮制了一桌洗尘宴，这件事成为司徒美堂最难忘的回忆之一。1950年以后，司徒美堂住在北京北池子83号期间，蔡廷锴曾多次去探访老友。每次前去，他都对司徒美堂嘘寒问暖，关照有加，而且四处巡查，看看温度是否合适，空气新鲜与否，并嘱咐身边的人照顾好老先生。1955年春，亲友们在颐和园介寿堂为司徒美堂庆祝九十寿诞，蔡廷锴也前往祝寿。蔡称司徒为"美堂伯"，司徒呼蔡曰"贤初"，在保家卫国的战斗中结成的友谊十分令人感动。

## 2

# 保护陶行知

1936 年 11 月 9 日，爱国人士陶行知来到纽约，得到了司徒美堂的热情接待。

日本帝国主义在占领了我国东三省后，又策动"华北自治"，企图进一步占领华北五省，而蒋介石依然采取对日退让、对内"剿共"的政策。为了救亡图存，北平的学生在 1935 年 12 月 9 日和 16 日举行了两次大规模的游行，高呼"停止内战，一致抗日！"这就是著名的"一二·九"运动，随后，抗日救亡的怒潮席卷全国。在这种形势下，全国学生救国联合会（简称"全国学联"）和全国各界救国联合会（简称"救国会"）于 1936 年 5 月底在上海先后成立。救国会是第一个全国性的知识分子抗日救亡组织，著名教育家和爱国者陶行知先生是其发起人之一，在救国会成立后，他当选为常务委员。7 月，陶行知赴伦敦参加世界新教育会议，之后和陆璀[①]、钱俊瑞[②]一起参加在比利时布鲁塞尔召开的世界和平大会。会上，全国学联和救国会委托陶、陆二人以"国民外交使节"的身份赴英、美等二十八个国家和地区宣传抗日救国主张，促进海外侨胞参与抗日救亡运

---

[①]　陆璀（1914—2015）：浙江吴兴人。1932 年考入清华大学社会系，1936 年任全国学生救国联合会宣传部部长，1936 年和 1938 年代表全国学联先后出席第一、二次世界青年大会。

[②]　钱俊瑞（1908—1985）：经济学家，江苏省无锡人。1934 年加入左联，次年加入中国共产党。抗日战争前，在中国共产党领导下，成立了"左翼文化总同盟""上海文化界救国会"；抗战爆发后，又成立了"全国救国联合会"，并在会中任领导。此次是代表中国反法西斯侵略委员会副主席宋庆龄出席世界和平大会。

动，同时争取国际上的支持。在这种情况下，他们来到了纽约，希望推动全美华侨抗日救国会的成立。

陶行知的到来受到了纽约中国留学生和爱国华侨的热烈欢迎，而司徒美堂领导的洪门致公堂是欢迎队伍中特别的一员。之所以特别，是因为纽约的不少华侨社团受到国民党影响，对陶行知一行人的到来态度冷淡，只有司徒美堂领导下的洪门致公堂和中共领导下的衣馆联合会表示友好。长期旅居美国的辛亥老人、《先锋报》的负责人陈其瑗[1]先生陪同陶、陆二人去拜访了司徒美堂。对于第一次见到这位老人的情形，陆璀印象很深刻：

从陈其瑗先生的介绍中，我们了解到，司徒美堂先生是一位富于爱国精神和主持正义的老人。果然，老人十分热情亲切地接待并宴请了我们。虽然我们彼此讲的方言不同，因而在对话时，还要经过陈其瑗先生的翻译，但初次见面，司徒老人那种和蔼可亲、笑容可掬的神态和他的爱国热忱，就给我留下了深刻难忘的印象。不久，陶先生和我再一次去拜访他，向他进一步阐述救国会和全国学联关于团结御侮、抗日救亡的主张，他都表示完全同意和十分赞赏。[2]

可是，11月23日，震惊中外的"七君子"案就发生了：蒋介石悍然逮捕了以沈钧儒为首的七位救国会领袖。陶行知惊闻此事后，立即拜会了杜威和孟禄等人，并动员了爱因斯坦、罗格等世界知名学者共16人，联名致电蒋介石，表示不安和"严重关注"。与此同时，陶行知又和陆璀、陈东原等33人在旅美侨胞中发起救援"七君子"的运动，并联合发表

---

① 陈其瑗（1887—1968）：字伯玉，广东广州人。毕业于北京大学。抗日战争时期，在海外积极支援抗战。抗战胜利后，参与中国国民党革命委员会创建工作，是民革创始人之一。

② 陆璀：《支持抗日救亡运动的司徒美堂先生》；北京市文史委、广东省政协文史委，《回忆司徒美堂老人》，第174页。

《旅美华侨告海外同胞书》，揭露南京政府镇压国内抗日救亡运动的倒行逆施，要求释放七君子，并团结人民对日抗战。签名的华侨、留学生达三百余人，司徒美堂也满腔正义地签了名。

陶行知在美国的活动激怒了蒋介石，虽然明知鞭长莫及，他还是命令通缉陶行知。此时，张学良、杨虎城在西安发动兵谏，要求国民党停止内战，与共产党团结抗日，并在通电中要求释放被捕的爱国领袖。"西安事变"的消息传到美国，陶行知的活动再次陷入困境。一些受国民党影响和控制较深的团体对陶越发冷淡，甚至有人对他们进行恐吓。这时候，司徒美堂再次向陶行知伸出援助之手：邀请陶、陆二人加入洪门致公堂，表示出对二人的极大信任和支持。"陶先生和我考虑到，要在华侨中开展抗日救亡工作，必须在华侨中有一个依靠的力量；而洪门致公堂正是以忠诚爱国、义气团结和互助互济为宗旨的侨团，而且它的组织遍布全美洲各地，它的领袖之一司徒美堂先生又正是一位大义凛然的爱国老人。因此，陶先生和我就欣然同意了。1937 年 2 月，陶先生和我经过一个相当隆重的仪式，加入了洪门致公堂。从此，司徒老人对我们就更亲如一家了。"[1] 此后，老人家干脆邀请陶行知住到自己家里，于是陶行知从纽约克拉尔蒙大街 14 号搬到了莫特大街 20 号。陶行知在日记中这样记载："1937 年 2 月 19 日，访司徒美堂。……2 月 22 日，我现在每天的生活是看书，写演讲稿，会朋友，一共有 35 篇演讲稿要预备写起来。"[2] 从日志的记录来看，在司徒美堂的保护下，陶行知能够全心全意地开展工作了。司徒美堂对这位朋友的到

---

① 陆璀：《支持抗日救亡运动的司徒美堂先生》；北京市文史委、广东省政协文史委，《回忆司徒美堂老人》，第 175 页。

② 陶行知：《陶行知日志》，南京：江苏教育出版社，1991 年。

来非常高兴，并十分欣赏陶行知的人格："陶行知住在纽约我的家里，天天畅谈救国之道。他是一个富有情趣、精力不疲的大教育家，他什么都能干，言论万分通俗，善于比喻，妇孺皆晓。"①

司徒美堂之所以这样评价陶行知，背后还有一个有趣的故事。陶行知虽是一介书生，却很擅长做家务，洗衣做饭样样在行。司徒问他这么勤快的手脚是跟谁学的，陶行知就念了一首自创的《手脑相长歌》来回答他："人生两个宝，双手与大脑。用脑不用手，快要被打倒。用手不用脑，饭也吃不饱。手脑都会用，才算是开天辟地的大好佬。"这首歌通俗易懂，朗朗上口，司徒美堂听了大加赞赏，很快就学会了。他还教育后辈，要做手脑勤快的大好佬，不要做好吃懒做的"大食懒"。其实，这首歌是陶行知发表于1932年9月的《消息》月刊上的一篇题为《从教育上谋国难的出路——手脑并用》里的一首原创诗歌，他认为当下国民教育只有两条路可走——教劳心者劳力，教劳力者劳心，并用这首通俗易懂的歌劝大家手脑并用。由于这首歌很好地体现了陶行知的教育思想，通俗浅显利于传播，引得赵元任、贺绿汀先后为之谱曲，后来作为陶行知创办的育才学校的校歌而广为流传。

由于蒋介石政府对爱国运动的镇压，救国会和全国学联的工作被迫转入地下，陶、陆二人也不能回国，于是他们决定在美洲各地进行抗日救国宣传。这时候，司徒美堂再次伸出援手，他慷慨地为二人解决了路费，并关照美洲各地的致公堂予以接待和资助，还要保证他们的安全。在司徒老人的帮助下，陶、陆二人从美东活动到美西，在华盛顿、波士顿、底特

---

① 司徒美堂：《旅美生活七十年》；北京市文史委、广东省政协文史委：《回忆司徒美堂老人》，北京：中国文史出版社，1988年，第34页。

律、芝加哥、旧金山等地，都受到了当地致公堂组织的热烈欢迎和悉心接待。各地致公堂联合华侨行动起来，组织抗日救国群众团体，发动侨胞为国内抗战捐款捐物、购买公债，陶行知也利用一切机会不辞辛劳地做好宣传工作。在加拿大卡尔加里，陶行知一下午做了三场演讲，晚上还接着会见致公堂领袖及热心华侨，第二天一早又赶往另一个小镇演讲——他几乎每天都是这样度过的。

1937 年 8 月，陶行知在洛杉矶完成宣传工作后，准备前往墨西哥。司徒美堂得知消息后，担心亲日分子会暗算他，马上通知墨西哥各埠致公堂，保护陶行知。在美期间，陶行知四次到加拿大，一次赴墨西哥，还去过爱尔兰、英国，但均以美国纽约司徒美堂领导的致公堂为根据地。他的安全始终没出问题，也主要得益于司徒美堂的竭力关照。

珍珠港战争爆发之前，美国在中国的抗日问题上以中立国自居，他们一方面支援中国抗战，一方面纵容资本家把军火和废铁卖给日本。1937 年 9 月，结束对墨西哥的访问后，陶行知回美国时路过休斯敦，在加尔维斯顿见到了为日本提供战争物资的"铁山"。于是他在休斯敦和新奥尔良等地发表了呼吁美国人民抵制向日本运送战略物资的演讲，并组织人员写了两篇相关的调查报告。12 月 6 日，由陶行知代拟电文，以杜威的名义，邀请印度圣雄甘地、法国作家罗曼·罗兰、英国哲学家罗素等人一起发表了建议全世界人民"拒绝购买日货，拒绝出售日货，拒运战争物资去日本，停止在各方面与日本合作，不支持日本的侵略政策"的《杜威宣言》。宣言在全世界引起重大反响，对美国政府决定禁运战略物资到日本起了很重要的作用。在陶行知的影响下，旅美侨胞发起了"不供给运动"，坚决抵制美国提供钢铁、汽油等战略物资给日本。这场运动减少了日军侵华的军火原料来源，削弱了日本军国主义的军事力量，有力地支援了祖国抗战。

在访问考察中，陶行知了解到：美洲的洪门组织在华侨中号召力很强，但因华侨组织过多，党派复杂，门户观念深，经常会发生自相残杀的堂斗。他深知内斗的危害，于是在各华侨团体之间奔走调解，促使他们团结起来支持国内抗战。这一主张得到了司徒美堂的大力支持，在他们的共同努力下，墨西哥的各洪门组织之间消除了长期以来的隔阂，大多数美洲华侨都认识到了团结抗战的重要性。

1938年6月12日，陶行知出席纽约致公堂茶话会，辞别美洲各华侨团体，圆满地结束了他的美国之行。陶行知在美洲的宣传活动成效卓著：全美华侨统一义捐救国总会成立了，而且募捐到数千万美元的资金，他本人将演讲的报酬全部捐出，寄回国内用于抗日运动。在复杂的形势下，司徒美堂尽最大的努力，以无私的精神保护了陶行知，对抗日救亡运动做出了可贵的贡献，其拳拳爱国之心令人感佩。

后来，这对志同道合的老朋友还见过几次面，他们的友谊始终没有随着时光的流逝和空间的阻隔而淡化，反而愈来愈深厚。1941年12月，太平洋战争爆发后，香港沦陷，司徒美堂和儿子司徒柱辗转来到重庆。在中央饭店刚刚住下，陶行知即来拜访，并向司徒美堂引见了周恩来和邓颖超。1946年4月，司徒美堂第五次回国，到上海参加"全球洪门恳亲大会"，又见到了当时任民盟秘书长的陶行知。老友见面，相谈甚欢，陶行知还陪他出席了中共和上海民主人士在来喜饭店举行的欢迎茶会。

当年8月，司徒美堂再次来到上海。民盟于7月23日下午开会，陶行知提出"洪门领袖司徒美堂先生已经到上海，过去曾和司徒先生见过面，谈得极好，我们应该招待一次，说明我们的主张和看法"。于是大家推选陶行知作为主人，出面招待以司徒美堂为首的海外华侨代表团，并定于 7 月 25 日在民社党党部举行会谈。结果在会谈当天早晨，陶行知因过度操劳而高血压发作，引起脑溢血，晕倒后再也没有醒过来。在当天下午的会场上，司徒美堂听到老友去世的消息后悲痛不已。吴晗在 1947 年 5 月 24 日的文章中曾回忆当时的情况："当我们流着眼泪告诉出这个噩耗（陶行知先生于当日 12 时半逝世）时，他们一个个都哭了。最后，司徒先生进来了，高大的身躯，满头白发，一听见这个消息，笑容立刻从他脸上消失，失望地叫出——哎呀哎呀！接着我看见在他脸上有两条泪痕，这可敬的老人颓然坐下，有好半天没有说话。"[①] 7 月 26 日上午，陶行知遗体告别仪式在上海殡仪馆举行，司徒美堂在朋友的搀扶下老泪纵横地来到现场，与这位曾经并肩战斗的老朋友、伟大的人民教育家告别。陶行知虽然去世了，但是，在他的介绍下，司徒美堂结识了周恩来，了解了共产党，并终身支持共产党的进步事业——这是司徒美堂对老朋友最好的纪念。

① 陶诚：《记先父陶行知与司徒美堂的友谊》；北京市文史委、广东省政协文史委：《回忆司徒美堂老人》，北京：中国文史出版社，1988 年，第 189 页。

**3**

# 营救杨虎城

1936 年 12 月 12 日，张学良和杨虎城因不满蒋介石"攘外必先安内"的政策，毅然发动"兵谏"，扣留蒋介石，要求他停止内战，联共抗日。12 月 25 日，在中共中央和周恩来的调解下，事变以蒋介石接受张、杨的主张而和平解决。事后，张学良遭蒋扣押，而杨虎城以派往欧美考察的名义被解除兵权。

1937 年夏天，杨虎城携夫人谢葆贞、幼子杨拯中及随行人员杨明轩等人，乘坐"胡佛总统"号到美国考察，先后在檀香山、旧金山、芝加哥、华盛顿等地完成访问后，即将前往纽约。得知杨虎城将军要来纽约，司徒美堂立即以美洲致公堂主事人的身份布置了接待工作。他动员当地华侨热烈欢迎杨将军，并在唐人街中国大酒楼举行了盛大的招待宴会。此后，杨虎城常常去拜访司徒美堂，跟他讲西安事变的始末，讲中国红军的英勇，讲抗日民族统一战线的建立……司徒美堂与杨虎城十分投缘："我对杨的印象极为深刻，他是一位英勇豪迈、热爱祖国的好军人。我离开祖国太久，情况不明，经他一讲，洞见大势。我们似乎是'好汉惜好汉'，结成莫逆之交。"①

有一天晚上，杨虎城突然来到司徒美堂家中，对他说："西安事变时，

---

① 司徒美堂：《旅居美国七十年》；北京市文史委、广东省政协文史委：《回忆司徒美堂老人》，北京：中国文史出版社，1988 年，第 33 页。

我赞同中共倡议释放蒋介石，使他安然返回金陵。不料他恩将仇报，不但在南京幽禁了张汉卿，现在我来美国，又密派特务对我监视，竟然想向我下毒手，目前我的安全受到了严重的威胁！"司徒美堂听说后非常生气，大声说："岂有此理？实在欺人太甚！不过，这事请将军放心！你的安全由我负责通知安良堂的兄弟加意保护。以后碰到什么困难，可以随时到这里找我。将军的安危，包在老夫身上。"

在司徒美堂的关照下，杨虎城在纽约度过了一段安全的日子。但是很快，杨虎城在美国居留的签证到期了，不得不离开纽约前往伦敦。临走时，司徒美堂亲自到码头相送。杨虎城听说致公堂的机关报《纽约五洲公报》经费紧张，慷慨捐助了1000美元，勉励该报大力宣传抗日救国主张，之后登船而去。不久，司徒美堂收到了杨虎城从伦敦写来的一封信，约他抗战胜利后回国相见。此后，他们就断了联系。出于对朋友的关心，司徒美堂在此后数年间多方打听杨虎城的消息，得知抗日战争爆发后不久，杨虎城即回国效命，不久就遭到蒋介石的扣押。

全国解放前夕，杨虎城被特务暗杀于重庆。1951年春，杨虎城将军的追悼会在北京举行。此时司徒美堂正在国内，他亲往现场祭奠。在哀乐声中，面对着将军英武的遗像，想起在纽约同吃同住的日子，这位七旬老人不禁涕泗滂沱。三年多前，他亲历了陶行知的去世；如今，又一位曾在异国他乡与他结下深厚友谊的爱国志士离开了，祖国才刚刚解放，他们却没能享受胜利的果实，这实在令司徒美堂伤感。可是，正因为有这些志士抛洒热血，才换来了今天的美好生活，活着的人只有加倍珍惜这来之不易的幸福，满怀希望地活下去，才对得起他们的牺牲。

第七章

**筹款抗日**

# 1

# 筹饷总会

七七事变后，全面抗战爆发，世界各地的华侨掀起了抗日救亡运动的热潮。旧金山华侨发起了"一碗饭运动"①，以陈嘉庚为首的南洋华侨发起了"卖花捐"②，新西兰华侨每人每周将收入的十分之一捐出来支援抗战。为了方便开展工作，各地还纷纷成立救国组织和捐款机构。1943年9月，邝炳舜③等人组织召开了"全美华侨抗日救国筹饷机关代表大会"，参加会议的救国组织达36个，这次大会被称为是"集全美华侨于一堂，步调之一致，意志之集中，与范围之广泛，洵为美国华侨百年来破天荒之义举，空前之大团结与大合作"。④除了集体捐款，各地侨领也率先垂范，带头义捐。美国致公堂领袖阮本万捐款30万美元，芝加哥华侨抗日救国后援会委员长梅友卓捐款10万美元，旧金山旅美华侨抗日统一义捐救国总会主席邝炳舜1938年一次就捐出10万美元劳军费……

---

① 一碗饭运动：1938年6月17日，旧金山华侨在唐人街举行了一场街头活动，活动用发售餐券的形式募捐赈济，每个认购者可以拿着餐券到指定餐厅吃一碗炒饭，而除炒饭成本以外的饭钱则用于赈济灾民、支援抗战。这就是著名的"一碗饭运动"。1941年，宋庆龄在香港重新演绎"一碗饭"精神，号召香港各界资助抗战，救济同胞。

② 卖花捐：南洋华侨酬赈祖国难民总会发起的一种爱国义捐活动，通过组织华侨学校师生到街头卖花的方式筹集救国经费。开平华侨司徒赞曾亲自带领华侨师生走上街头卖花，活动得到了世界各地华侨的支持。

③ 邝炳舜（1896—1947）：广东台山人，1918年赴美国斯坦福大学留学，后辍学在银行界任职。中国抗战爆发后，他积极投身抗日救国运动。1937年，出任旅美华侨统一义捐救国总会主席。曾于1938年台儿庄大捷时捐款10万美元慰劳前方将士，又于1941年捐国币10万元劳军。1943年，他还到美国各埠募集资金开办中国飞机制造厂，任总经理。

④ 蔡仁龙、郭梁：《华侨抗日救国史料选辑》，北京：中国华侨历史学会，1987年，第596—597页。

在组织筹饷机构和带头捐款方面，司徒美堂都堪称楷模。早在 1932 年 3 月，他就和致公堂同仁在旧金山成立了 "美洲华侨抗日救国会后援总会"，在当年 11 月的全体职员大会上将 10 万元巨款汇给上海广肇公所，请其转交朱庆澜将军，作为东北抗日义勇军军费。七七事变爆发后，他更是意识到祖国到了生死存亡的紧要关头，海外华侨应该团结起来奋发救国，而救国最好的方式就是从财力上支援祖国抗战。1939 年 10 月 13 日，司徒美堂联合 54 个华侨团体成立了 "纽约华侨抗日救国筹饷总会"，并出任常务委员。他跟洪门的另一领袖阮本万一起，"本着国民救国之职，在美奔走，呼吁捐输，呼吁国内民主团结"。为了集中精力发动华侨募捐，他毅然辞去所有公私职务，专职负责筹饷总会的工作达五年之久。五年间，他每天上午十点开始工作，经常忙到深夜十二点，每天工作十三四个小时；而且往来奔走于美国、加拿大、古巴、巴西、秘鲁等国之间，宣传抗日，号召募捐，完全将个人安危置之度外。在他的发动下，美洲华侨踊跃为抗日战争捐款捐物，认购美国政府发行的战时公债，形成了一股热潮。他曾回忆说："当时募捐的名目有如下各种：额捐（每人每月额捐 15 美元）、飞机捐、散捐、餐馆的自由捐、公债票。抗战期间，纽约每个华侨平均额捐了 670 美元到 1000 美元，另外公债和杂捐不在内。额捐款项在 1400 万美元上下。"[1] 五年间，筹饷总会共筹募款项 5400 多万美元，全部捐给了国内抗战。据统计，当时美洲华侨约有 20 万人，在 1931 年至 1945 年间，共成立捐献机构 95 个，为抗战捐款 6900 万美元，认购战时公债 4.8 亿美元，捐献飞机 30 余架，车辆数百台，这主要是司徒美堂领导的筹饷总会的功劳。

---

① 司徒美堂：《旅居美国七十年》；北京市文史委、广东省政协文史委：《回忆司徒美堂老人》，北京：中国文史出版社，1988 年，第 35 页。

　　除了筹饷外，司徒美堂还领导筹饷总会开展国际援华宣传工作。该会规定，每周对外宣传一次，邀请对中国问题有专门研究的专家学者做一次演讲，或者派出职员向国际友人通告中国抗战的进展。到 1941 年夏，筹饷总会共组织对外宣传活动 180 余次，听众达 10 余万人。这些活动和募捐互为补充，极大地支援了国内抗战。司徒美堂全身心投入抗日救国活动的精神，得到了《华商报》社论的高度评价："'九·一八'事变发生以后，（司徒美堂）即为主张抗日最坚决的一人。"

　　在司徒美堂等侨领的感召下，华侨中收入微薄的工人、教师、店员等，也纷纷节衣缩食，本着"有钱出钱，有力出力"的宗旨，倾其所有捐出爱心。台山一位姓叶的女华侨，典当了全部首饰，把多年积蓄连同典当所得亲自送到抗日救国会。另一位年逾古稀的伍姓台山老华侨，重新回到洗衣馆工作，每月领了工资全部捐给祖国。除了捐款，广大华侨还为祖国捐献了大批战时物资。1938 年，纽约华侨衣馆联合会捐赠了 1 辆吉普车给毛泽东主席和朱德总司令，4 辆救护车供前线医院使用，还将一大批药品交给在香港的"保卫中国大同盟"，由宋庆龄转交给八路军和新四军。1940 年 1 月 19 日，《新华日报》报道了司徒美堂等号召十万美洲洪门人士完成 500 万元"飞机捐"的事迹。据统计，全面抗战前三年，美洲华侨捐献的物资折合国币达 250 万元。

　　"司徒美堂既是华侨抗日救国运动的领导者，又是毁家纾难的带头人，为了祖国的抗战，他几乎献出了自己所有的财物。虽然他并非富商巨贾，但根据《美国华侨年鉴》的记载，他是美国纽约地区捐款最多的 17 个华侨之一。他领导的安良堂，是纽约华侨社团中捐输最多的一个。"①

---

① 张运华:《五邑华侨与中国民族民主革命》，北京：中国华侨出版社，2011 年，第 143 页。

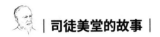

# 2
# 爱国旗帜

抗战中的广州是国民政府军与海外联络的要地，还是中国赖以接受英美等国对华抗战物资援助的输入口岸，所以成为日军的重点控制区。抗战前期，随着华北、华中沿海口岸的沦陷，广州作为抗战物资转运中心的作用更加突出。1938 年 8 月 31 日，日军派出 6 架飞机从上川岛和下川岛附近的航空母舰上起飞，在白云机场上空投下大量炸弹，企图破坏国民政府空军基地。消息传到美国，广东侨胞们听到家乡遭到轰炸的消息，群情激愤。司徒美堂立即联络纽约各侨团，组织游行示威，抗议日军侵华罪行。随后，全美援华委员会在美国各地 40 多座城市同时发起了示威游行。早在 7 月 17 日，司徒美堂就曾带领示威侨众直接到日本驻纽约领事馆前抗议，并和华侨代表一道将抗议书交到领事馆。纽约进步侨团华侨衣馆联合会召开抗日宣传大会，邀请他参加，他欣然应允，拄着拐杖登上五楼的会场参加会议。在司徒美堂为首的纽约华侨的影响下，全美再次掀起抗日救国的热潮。

洪门致公堂在美洲华侨中枝繁叶茂，但长期以来，美洲洪门堂号林立、互不团结。值此中华民族危亡之际，为了"统一内部之指挥，齐一战时之步骤，增加一切力量并以此力量与我全国四万万五千万兄弟姐妹同一集合"，作为致公堂元老的司徒美堂以"一心抗战、团结爱国"为旗帜，于 1939 年号召全美洲洪门致公堂所属 10 余国 223 处机关齐集墨西哥城，成立"全美洲洪门总干部"，司徒美堂任监督，吕超然为部长，将10万洪门兄弟团结起来共同支援国内抗战。

在10月11日的成立大会上，司徒美堂发布了倡议书：

我旅美侨胞，过去尝有见仁见智之殊，而自抗战以来，亦能感于兄弟阋墙外御其侮之箴言，输财出力，精诚团结。此种为民族为国家之正气，愿我同侨永葆勿坠。抑更有当为我洪门兄弟告者，我洪门之共同目的，原在为民族求独立，为国家争生存。在昔赞助孙总理勠力革命，缔造民国，劳绩昭著，在人耳目。深望我洪门兄弟，念以往之荣光，思当前之天职，一德一心，共赴国难。

在倡议书中，他充分肯定了美洲华侨过去的功绩，对侨胞的未来充满希望，并把这种功绩和希望提高到民族独立和国家生存的高度上，激发华侨团结抗战的热情。从这个角度来讲，司徒美堂作为令人景仰的著名侨领可谓实至名归。全美洲洪门总干部的成立，结束了美洲洪门长期内斗的历史，开启了华侨大团结的新局面，是美洲华侨民族意识大大提高的重要标志。在美洲洪门团结爱国形象的感召下，菲律宾、马来西亚等地的洪门也纷纷响应，他们决定消除隔膜，团结合作，为祖国抗日而战斗！

美洲华侨为祖国抗战做出了重大贡献，这与司徒美堂的带动和领导有密切关系。他领导的安良堂是纽约华侨社团中为国捐款最多的一个，他本人也是纽约华侨中为祖国捐款最多的人之一。司徒美堂及其领导的"筹饷总会"还与宋庆龄在香港领导的"保卫中国大同盟"进行秘密联系，将美洲华侨的部分捐款用来资助中共领导的八路军、新四军抗日。因此，重庆《新华日报》这样评价司徒美堂："抗战以来，他领导旅美侨胞作热烈捐献活动，成绩斐然。"

**3**

# 皖南事变

1940 年 10 月，蒋介石指使何应钦、白崇禧致电朱德、叶挺等人，强令黄河以南的八路军、新四军一月之内渡过黄河。为顾全大局，朱德等人答应将皖南新四军部队开赴长江以北。1941 年 1 月 4 日，皖南新四军 9000 余人到达皖南泾县时，遭到国民党 8 万人的突然袭击。新四军大部分士兵壮烈牺牲，军长叶挺被俘，副军长项英、参谋长周子昆遇难。皖南事变的爆发，不仅使新四军损失惨重，而且意味着抗日民族统一战线面临分裂的危险。

在皖南事变的消息传到美国之前，1 月 6 日，司徒美堂就曾从国共两党对新四军驻防问题的分歧上预感到，祖国将有爆发内战的危险。据唐闻生回忆，抗战期间，她父亲唐明照[①]担任《美洲华侨日报》第一任社长，和司徒美堂结下了深厚的友谊，并在他的邀请下加入了致公堂。"据我父亲回忆说，'皖南事变'以后，他代表《美洲华侨日报》，和致公堂办的《纽约公报》的总编辑吕超然先生，以及在旧金山办的《世界日报》的总编辑李大明先生一起，又联合了致公堂在美洲的其他报纸，包括加拿大的

---

① 唐明照（1910—1998）：广东恩平圣堂镇人，著名外交家，中国首任联合国副秘书长。1931 年加入中国共产党。1937 年毕业于美国加州大学伯克利分校历史系，同年参加创办纽约华侨衣馆联合会。1939 年起任美共中国局书记达十年之久，其间于 1940 年创办《美洲华侨日报》并任社长、总编辑。1950 年后历任外交部专员，抗美援朝总会联络部副部长等，1972 年 4 月由中国政府举荐出任联合国副秘书长。

《大汉公报》和古巴的《开明公报》，一共十家报纸，共同发表了《十报宣言》。《十报宣言》提出：反对分裂，反对内战，反对破坏抗战，号召全国人民团结起来，一致抗战，奋斗到底，直到最后的胜利。"①

关于美洲华侨华人联合发表《十报宣言》的具体时间，这里要做一点说明。据唐明照的说法，宣言发表于1941年"皖南事变"后；但据司徒美堂的秘书司徒丙鹤回忆，宣言发表于1945年抗战胜利前。查阅加拿大《大汉公报》1945年2月10日刊登的《美洲华侨报界对国事主张》，发现其主张的内容和落款的十家华文报纸皆与《十报宣言》一致。而且《十报宣言》以"国民党蒋介石先生，共产党毛泽东先生，民主政团同盟张澜先生，左舜生先生，张君劢先生，章伯钧先生，沈钧儒先生，梁漱溟先生，保卫中国同盟宋庆龄先生，暨海内外各报馆转全国同胞公鉴"开篇，说明美洲洪门致公堂认识到国内主要有共产党、国民党，以及包括民主政团同盟、保卫中国同盟在内的第三方面，这也符合抗战后期的国内政局。结合以上因素，可以认定美洲《十报宣言》的发表时间是抗战胜利前夕，即1945年。

1月8日，司徒美堂和阮本万、吕超然三人以驻纽约全美洪门总干事的身份，代表全美十万洪门同胞分别致电蒋介石和毛泽东，呼吁国共两党消除摩擦，以民族大义为重，"相忍为国，团结抗战"，并陈述厉害：

若因国共摩擦而分崩离析，则前方慷慨英勇之将士不独头颅枉掷、宝血空流；且后方海外侨胞踊跃捐输、牺牲一切，亦属枉费血汗，结果仍沦为无国之民。言念及此，谁不痛心？……盖我全中国抗战，我

---

① 参见纪录片《根在五邑》第七集《司徒美堂》。

四万万五千万同胞人人需要出财出力，甚至出命，团结一致，以争取整个国族之生存。万不容任何党派各自为战，各自为政；更不容任何党派互相倾轧，贻误战机，以致亡国。今为我整个国族争取生存计，美堂等敢以血诚向我国的两党呼号，敦请公等速行负责，解决两党纠纷，放弃前嫌；重修兄弟之好，携手抗战；先使河山光复，领土完整；即使将来之神州禹城，楚弓楚得。无论何党获主中原，我海外侨胞亦皆附从。……谨秉我洪门三百年"国家至上、民族至上"之老革命团体精神，以代表我全美洲十万洪门侨胞，特向公等作刍荛之献，如蒙采纳，国家幸甚，民族幸甚！①

动之以情、晓之以理，既有责问，又有恳求，表达了海外侨胞希望两党团结抗日的心声，其拳拳爱国之心，殷殷劝谏之意令人动容。在他看来，国内应该取消党治，团结各党各派共组抗战政府；而且不管是什么党派，谁能团结抗战，以民族利益为重，就拥护谁。这是他崇高的民族国家观念，其目光的远大与爱国的忠诚，足令反动分裂势力汗颜。

毛泽东对这份函电十分重视，于 3 月 14 日复电表明态度：

奉读一月八日代电，关心祖国，呼吁团结，敬佩无已。中国今日决不能同时进行既对外又对内之两个战争，必须完全取消国民党当局的反共计划，并驱逐亲日派，团结全力，以与日寇相搏斗，抗日始有胜利可期。……中国共产党始终以民族利益为重，坚持抗日民族统一战线政策迄未稍变，唯对于亲日派及反共派危害抗战之滔天罪行，不得不谋所以制裁之道，业向当局政府提出时局善后办法及临时办法各十二条，尚祈公等一

① 杨力：《中国抗战大后方中国党派文献资料选编》（上），重庆：重庆出版社，2016 年，第 252 页。

致主张，予以赞助，以期迅速见之实行，团结幸甚，抗战幸甚。①

回电具体说明了共产党与国民党商量时局善后的办法，并肯定了洪门致公堂的爱国之心，希望司徒美堂以其在华侨中的威望为事变的公正解决做出努力。

蒋介石在收到司徒美堂的电报后，也想争取美洲致公堂的支持，于是便邀请他以华侨参政员的名义回国参加第三届国民参政会。全面抗战爆发后，国民政府在抗日问题上比较积极，对内政策也表现出进步倾向。为了集思广益，团结全国力量进行抗战，国民政府于1938年成立了国民参政会，希望组织各党派参加会议，为政府提供咨询意见。在接到蒋介石的复电后，司徒美堂考虑到：如果参加国民参政会，可以敦促国共两党合作；另一方面，可以接通侨汇，解救苦难中的侨眷；而且还能顺道联络南洋、香港及国内的洪门兄弟共同抗战，可谓一举数得。于是，这位75岁的老人于1941年10月11日再次踏上回国的邮轮——这是他一生中第四次回国，距离上一次已经有九年之久。

---

① 中央档案馆：《皖南事变资料选辑》，北京：中共中央党校出版社，1982年。

**4**

# 逃离香港

1941 年 12 月 2 日，横渡太平洋的司徒美堂取道菲律宾回到了香港。亲朋好友、在港洪门兄弟和国民党海外部负责人都亲去迎接，并且为他接风洗尘。在洪门兄弟举行的欢迎会上，他们一起在一位洪门兄弟黄堂的照相馆合了影。当时他的儿子司徒柱正在香港，但是为了方便会见客人，他带着原配夫人方春女和孙子司徒光住进了胜斯酒店。这段日子是他一生中难得的闲暇时光，每天跟前来拜访的客人聊聊天，请亲朋好友吃吃饭，与家人共享天伦之乐……然而，这样安稳的日子没有持续多久，几天之后，就发生了日军偷袭珍珠港的事件。

在此之前，司徒美堂出席了很多宴会。当时在香港的中共地下组织负责人不方便公开出面，决定由司徒美堂多年前在美国结识的老朋友宋庆龄代表共产党宴请他。参加宴会的除了主人和司徒父子，还有何香凝[①]和廖梦醒[②]。宋庆龄详细地介绍了国内抗日的情况，使得司徒美堂开始在感情上倾向于共产党。国民党也希望借司徒之力扩大在美洲华侨中的影响，他们

---

① 何香凝（1878—1972）：广东南海人。廖仲恺夫人。1903 年东渡日本求学，与廖仲恺一起结识孙中山，决心献身民主革命。1908 年加入中国同盟会；1925 年发起成立国民党红十字会，与宋庆龄一起任会长。"九·一八"事变后，投身于抗日救亡运动。上海沦陷后曾迁居香港，继续从事抗日活动。1945 年抗战胜利后，坚决反对蒋介石的卖国、独裁、内战政策。1948 年 5 月，何香凝和各民主党派、无党派民主人士一起发表声明，响应中共"五一号召"，声明接受中国共产党的领导。

② 廖梦醒（1904—1988）：广东归善人（今惠州惠阳）。廖仲恺、何香凝的长女，廖承志的姐姐。早年追随孙中山投身反帝反封建运动。1924 年加入国民党，1931 加入中国共产党。抗战时参加中国妇女抗敌后援会及保卫中国同盟，任宋庆龄秘书，负责宋与中共方面周恩来的联络工作。

明面上对他进行各种拉拢，暗地里却派特务监视他的行踪。

12月8日，日军偷袭美国在太平洋的海军基地珍珠港，同时进攻英、美、荷等国在太平洋及亚洲的殖民地，挑起了太平洋战争。8日，日军15000人从沙头角、深圳、福田分三路进攻九龙；12日，九龙沦陷，日军兵临城下，香港的形势日益紧迫。香港总督杨慕琦通过在洪门中的同学找到司徒美堂，请他出面发动洪门兄弟协助维持港九治安，并拨出一些枪支转发给他们。果然，司徒美堂出面后，一夜之间召集了5700多人，分派到铜锣湾、筲箕湾、中坝、西坝和上坝等地维持秩序。24日，香港英军宣布投降。25日，日军入城，因港府并未事先通知洪门兄弟，导致他们继续抵抗，最后伤亡惨重。

香港沦陷后，司徒美堂即迁往秘密住所，方春女每天帮他打听外面的消息并送去食物。一天早上，他外出散步时，突然被几个日本兵和汉奸劫持到日军司令部。原来，日本人深知司徒美堂在致公党和香港帮会中的名声和地位，想请他出面担任香港地方维持会会长，借以维护占领秩序，奴化国人。他们在黄堂的照相馆中搜查出了那张洪门兄弟欢迎会上合影的底片，知道了司徒美堂的相貌，也了解了他的情况，于是就四处侦察，派人抓捕。

日军驻香港司令官井崎[①]亲自出面，想说服司徒美堂组织香港地方治安维持委员会，并说这是"为了香港人民，也是对司徒美堂先生的信任和尊敬"。面对威逼利诱，司徒美堂完全不为所动，他说："我已年逾古稀，不想在入土前背黑锅，那样犹如贞妇白头失守，半生之清苦俱非。所以我

---

① 井崎：一说矢崎。

决意不当什么维持会长。"井崎说："现在大日本皇军所向披靡，无论中国还是英美两强都无人能挡其锋，先生这个维持会长是做也得做，不做也得做！"司徒美堂回答："如今国破家亡，我早已经活够了，如果你们要用强，我就从楼上跳下去！"井崎见其软硬不吃，就威胁他："你是住在司令部还是想回家？"他凛然答道："如果住在你们这里，外边出了什么事我可不负责！全香港的人这时恐怕都知道我被你们抓走了！"井崎一方面担心触怒洪门，导致事态扩大，另一方面也想再寻机会拉拢司徒美堂，便连忙说："请不要误会。"当晚，井崎以强迫司徒美堂答应三四日之内收齐洪门兄弟手中的武器上缴为条件，派车送他回了寓所。

其实，12 月 8 日日军进犯港九当天，中共中央南方局书记周恩来已经给八路军驻香港办事处负责人廖承志①发去特急电报，要求他们与广东党组织一起，一定要想尽一切办法将在港文化人和民主人士营救到解放区，司徒美堂也在被救之列。廖承志立即与香港工委、粤南省委和广东人民抗日游击队（东江纵队前身）等机构展开营救工作。由于司徒美堂是引人注目的知名人士，且年岁较大，行动不便，中共对他离港时将要经过的路线、沿途食宿、武装警戒等一一做了细致研究，决定派熟悉途经地段情况、机智灵活的同志护送，并与东江游击队取得联系，由他们做接应工作。

一切就绪后，中共便派一位地工人员躲开日本宪兵、国民党特务的严密监视，秘密联系上司徒美堂。当得知来者是宋庆龄派来营救他的，司徒

---

① 廖承志：1938 年 1 月，中共中央和周恩来派廖承志前往香港，在皇后大道中 18 号设立八路军办事处，由他任主任，并作为八路军、新四军代表参与领导南方各省的工作，同时为八路军和新四军筹集资金和物资。办事处是秘密的，对外的公开招牌是粤华公司，经营茶叶生意，廖承志的公开身份是老板。所以，司徒美堂到达香港后，廖承志并未出席宋庆龄的欢迎宴会。

美堂立即表示：绝不辜负孙先生的栽培和孙夫人的期望，做一个堂堂正正的中国人，绝不被日寇所利用！对中共营救他出港进入内地的计划，他完全赞同。

3天后，井崎派人给司徒美堂送来一张"委任状"，他借口向来没有被别人"委任"过，说改为"聘请"尚可考虑，来人只好把委任状拿回去和井崎商量。当晚，中共地工人员通知司徒美堂与司徒柱化装离港，为了安全起见，特意让司徒美堂换上他很少穿的长皮袍，让司徒柱换上短布衣，扮做仆人，与地工人员一起抬着"滑竿"，连夜"由向导引路，从香港铜锣湾下乘小船绕道而行，又改搭宽敞精致的大船过夜。翌晨再乘小船，躲进船舱，藏匿舱板下。待敌哨兵换岗时，趁机飞快偷渡，驶入深阔的海峡，至九龙红磡登岸"。到九龙后，他们徒步翻山越岭，感于沿途同胞守望相助之义、安慰与共之诚，经深水埗、何东村到大埔，与等候在那里的渔船接上了头。刚上渔船不久，他们就遭到了土匪的枪火追击，幸亏船上的游击队员奋力划桨，才终于安全到达澳头（即南澳），与前来迎接的中共东江游击队员汇合。

游击队战士将他们送到游击队大队部休息了三天，待大家体力恢复之后，又护送他们前往韶关。因铁路线不通，当时从澳头到韶关要先走水路经惠州到老隆①，然后乘汽车到韶关，之后才能乘上火车。惠州是东江地

---

① 老隆：广东省河源市龙川县的一个镇，坐落在东江上游，三面环山，西临东江。1941年"皖南事变"后，国民党顽固派对文化界知名人士和爱国民主人士的迫害进一步加剧。许多文化名人和爱国民主人士辗转来到香港，而此时日军、汉奸、特务正到处搜查抗日文化人士和爱国民主人士。12月下旬，八路军驻香港办事处负责人连贯、廖承志和中共南方工作委员会副书记张文彬等人在周恩来的指示下开始部署营救工作。他们先设法与文化、民主人士取得联系，撤退转移工作分水陆两路同时进行。除少数人取道五邑、广州的西线撤离外，大部分人先被秘密护送到港九游击基地，再转移到惠州、老隆、韶关，最后到达大后方。

区政治、经济的中心，是通往内地的必经之路，情况复杂，军警密布。中共在那里建立了源吉行秘密联络站，廖承志和连贯①曾检查并布置过该站的各项工作。老隆、韶关由于地处东江游击队的活动范围之外，又是国统区，中共曾派连贯和乔冠华分别组建老隆、韶关的秘密联络站。联络站设在一些商行中，这些商行在广东、广西、湖南等地均有商号，他们有汽车经常往来于老隆、韶关和桂林之间。国民党军官经常利用商行的汽车为自己运送货物和家属，所以他们对商行的汽车大开方便之门。就这样，司徒美堂父子在中共地下党与东江游击队的帮助下，顺利地通过了惠州、老隆、韶关，并由韶关乘火车到达桂林，终于逃离日寇的虎口。

之前，司徒美堂从香港逃走后音信全无，美洲洪门人士很为他担忧，阮本万却肯定地说："我与美堂相交多年，不死则逃，决无降理。"直至接到从韶关曲江发来的电报，兄弟们才放下心来。脱险之后，司徒美堂感动地说："在我最危难的时刻，共产党向我伸出了关怀的双手，这可谓患难之交，我将终生不忘！"他以75岁高龄，扶杖出逃几百里，在危难之中，仍然忠于祖国，视民族利益高于一切，绝不做侵略者的帮凶，誓死不愿做亡国奴，堪为当代中国人学习的榜样。对于他的高风亮节，何香凝称赞说："太平洋战争期间，先生行抵香港，被日本侵略军当局拘捕，拒绝伪职，化装逃走，表现出了高度的民族气节！"

---

① 连贯（1906—1991）：原名连学史，广东梅州人。中共党员早年深受孙中山影响，积极参加革命活动。1936年抗战前夕，他被中共派往香港担任全国各界救国联合会华南区总部秘书，并任中共党组书记。后任中共南方工委委员、中共港九工委委员，负责南方统战和侨务工作。抗战爆发后，任八路军驻香港办事处中共党支部书记兼华侨工委委员。他利用香港的特殊环境和条件，组织国内外爱国人士参加抗日救国活动。1941年12月，太平洋战争爆发，日军占领了九龙、香港。按中共中央的指示，他和廖承志、张文彬、乔冠华一起冒着生命危险，安排800多名文化界人士离开香港，经大鹏湾，进入东江抗日游击区，再转移到抗日民主根据地或安全的地方，为革命保存了大批民族精英，受到党中央的嘉奖。

# 5
# 来到重庆

1942年年初，历经艰险的司徒美堂终于到达桂林，李济深[①]特地为他接风洗尘。稍事休息后，父子俩于3月9日从桂林乘飞机来到山城重庆。当他走下飞机时，国府要员吴铁城、陈果夫、陈立夫、许世英、陈庆云等人列队欢迎。随后，他下榻于枣子岚垭中央饭店。

司徒美堂到渝的消息轰动了山城，驻渝各报记者争相采访，《中央日报》《新华日报》等纷纷报道。3月10日，《新华日报》发表短评《欢迎司徒美堂先生》，这样评价他的到来："旅美侨胞领袖司徒美堂先生，以七十高龄，远涉重洋，冒险返国，复经香港之变，旅途劳瘁可知。昨日由港脱险抵渝，我们诚不胜其欢迎之情。"作为抗日民族统一战线的重要组成部分，中国共产党对司徒美堂的到来非常重视。中共和八路军驻重庆办事处代表周恩来、董必武、邓颖超等前往探望；蒋介石为了拉拢司徒美堂，使

---

① 李济深（1885—1959）：李济深于1940年9月至1943年11月担任桂林办公厅主任期间，积极开展抗日民主活动，尽力保护共产党人和民主人士，支持他们开展抗日民主运动。"皖南事变"后，放走了国民党黑名单上的邹韬奋、陶行知、田汉、夏衍等人，照顾被软禁在桂林的叶挺将军和被捕下狱的廖承志。香港沦陷前后，大批民主进步人士陆续从香港返回桂林，也得到他的热情接待和妥善安置。

美洲华侨的力量为己所用，也亲自宴请他。另外，国内洪门人士陈其尤<sup>①</sup>、黄鼎臣<sup>②</sup>，各民主党派人士陶行知、徐宗汉和爱国抗日将领冯玉祥等人也纷纷登门拜访。

司徒美堂到重庆的第二天，周恩来和邓颖超就来到中央饭店拜访，这是司徒美堂第一次和中央领导人近距离接触。由于司徒美堂只会讲四邑话，所以由司徒柱担任翻译，双方进行了一个多小时的谈话。周恩来诚恳地对司徒说："听说先生不怕日军的威胁，拒绝同日寇合作，我们非常钦佩，愿意与先生这样的人共商抗战大计。"

临走时，周恩来说改日还要为司徒先生举行正式的欢迎大会，并派人送来了近期的《新华日报》。《新华日报》1938年在武汉创刊，武汉沦陷后迁到重庆，是抗日战争和解放战争时期共产党在国民党统治区公开出版的唯一一份机关报。迁至重庆后，新华日报社隶属中共中央南方局，周恩来兼任董事长。由于《新华日报》主要宣传中国共产党的政治主张，反对国民党当局的独裁专制和特务统治，所以遭到国民党痛恨。"皖南事变"后，国民党顽固派掀起反共高潮，企图孤立《新华日报》，不许重庆新闻界人士接触该报，还派特务跟踪进步记者。就在司徒美堂到达重庆的前一个月，国民党顽固派还派出过一个连的宪兵扣押了一班车的《新华日报》。

---

① 陈其尤（1892—1970）：广东省海丰县人，中国近代民主革命家。早年加入同盟会，1931年加入中国致公党。抗战期间任国民政府驻香港特派员，1941年移居重庆。1947年在致公党三大上被选为中央副主席。1949年作为致公党首席代表出席在北京召开的人民政协第一届全体会议。1952年和1956年，在致公党五大和六大上两次当选为中央委员会主席。1970年病逝于北京，终年78岁。

② 黄鼎臣（1901—1995）：广东省海丰县人。1927年参加革命工作，抗战期间曾在中共南方局周恩来等人领导下，开展统一战线工作和民主革命活动。1940年底，被重庆新华日报社聘为医药卫生顾问。1946年加入致公党，同年在致公党三大上被选为中央常委兼组训部长。1949年参与筹备新政协工作，并作为中国致公党代表之一参加人民政协第一届全体会议。

虽然在周恩来的努力下，报纸被要回来了，但是国民党顽固派对这份日报的态度并没有因此而改变。第二天，国民党海外部部长刘维炽①来访，他看见桌上的《新华日报》，惊讶地说："这是共产党的报纸嘛！"司徒说："这报纸很好，说的都是实话。"刘维炽代表蒋的意见，劝他不要看《新华日报》，讲话不要太老实，又劝他加入国民党，可以安排为国府委员。司徒婉辞谢绝："本人追随孙中山先生革命，是为了爱祖国爱民族，不是为了要做官，也不懂得做官呢！"

五天后，八路军驻重庆办事处通知司徒美堂出席欢迎大会。当司徒父子来到办事处门口时，周恩来等人已经在那里恭候多时了。欢迎会是在办事处院内大棚下召开的，到会的有陶行知等进步人士100多人，中共南方局的主要领导周恩来、董必武、邓颖超都出席了。周恩来首先致辞，他盛赞司徒美堂是一位爱国者，称赞他为侨胞排忧解难、扶危济困等行为，还介绍了延安解放区和祖国各地抗日民主根据地坚持抗战、团结进步的情况。因为司徒美堂从小就去了美国，只会讲英语和开平话，不会说、也听不懂国语，司徒柱就坐在他身后，把周恩来的话一句一句翻译给他听。他连连表示："不敢当，不敢当！"司徒美堂在会上发表了"坚持抗战，反对投降"的演讲，他首先感谢这次欢迎会的召开，接着说自己这次回国，了解到许多抗日救国的真实情况，回到美国后，一定要把这些情况向侨胞宣传。最后他感慨地说："爱国、救国，人人有责。今后我要站在广大人民一边，为国尽力！"会后，他们拍了合影以作纪念，这张珍贵的照片至今都

---

① 刘维炽（1892—1955）：字季生，广东台山人。早年赴檀香山，曾就学于夏威夷大学。期间加入中国同盟会，并任《檀香山自由报》记者。回国后历任广州市政厅总务科长、广州市财政局长、铁道部业务司司长、实业部常务次长等职。1941年4月任国民党中央党部海外部部长。

挂在重庆八路军办事处旧址里，供游人参观。

会后，他感慨地对亲友们说："这次受到周恩来的盛情款待，感受至深。我觉得他们待人真诚，尊重海外侨胞。"但是在重庆期间，司徒美堂对共产党的态度并不明确。他曾回忆说，周恩来作为重庆的共产党代表"邀请我参观在延安的共产党指挥部。当时，我对此犹豫不决。通过那次会见，虽然使我确信，共产党人正在与日本侵略者浴血奋战，国民党对他们的造谣中伤都是谎言，但我仍然对共产党的方针、政策持保留态度。"①

之所以对共产党持保留态度，是因为洪门与国民党向来渊源很深。早在辛亥革命期间，以司徒美堂为首的洪门就与孙中山来往密切。抗战爆发后，国民党内很多官员都主张继续与美洲洪门组织交好。1940 年，国民政府设立了上海统一委员会，在上海的办事处设立了文化、教育、国民外交等工作小组。其中国民外交小组的任务是："利用民众与各国旅沪人士之固有友谊，加紧联系，博取国际同情，协助政府外交。"其中所说的与国民党有固有友谊的人士就包括司徒美堂这样的侨领。

国民党知道共产党为司徒美堂举行了欢迎会，也很想拉拢他。蒋介石提出让司徒美堂加入国民党，并给他一个中央政府的职位，却被他断然拒绝。他说："谁打日本，谁就爱国，谁能拯救中华民族出水火之中，我就拥护谁，我是洪门致公堂的人，不参加其他党派。"1942 年 10 月 22 日至 31 日，第三届国民参政会在重庆隆重召开。次日，戴笠和杜月笙受蒋之命找司徒美堂谈话，希望把洪门致公堂拉到国民党这边。司徒表示，如今国难当头，要以团结为重，只要国人万众一心，不分党派，不搞分裂，他

① 司徒美堂:《我的生活经历》;北京市文史委、广东省政协文史委:《回忆司徒美堂老人》,北京:中国文史出版社,1988 年,第 61 页。

也愿意与国民党合作，大家一起抗战到底。国民政府财政部长孔祥熙也去找过他，希望一起组建一家为海外华人服务的银行，却没有得到他的积极回应。

在重庆，司徒美堂常常和陶行知、黄宗汉等人一起聊天，大家都尊称他为"美老"。黄宗汉还很贴心地送给美老一根刻有"万众一心"四个字的手杖，这是一件代表着革命友谊的礼物，他一直很喜欢（后来司徒美堂去世后，这根手杖伴随他入殓）。他还见到了另一位老朋友，时任国民政府军事委员会副委员长的冯玉祥将军，抗战期间冯流亡美国，也曾得到他的照顾。二人谈起抗日问题，都寄希望于八路军和新四军。当时，致公党中央干事会成员陈其尤也在重庆。他经常跟同乡兼同学黄鼎臣谈起美老，赞扬他的为人和爱国精神。当美老来到重庆后，他们就经常请这位老前辈吃饭，渐渐成了朋友。司徒美堂向他们介绍美洲华侨的情况，还说："华侨非常关心祖国的抗战，愿意为抗战出钱出力，然而重庆的现状却使人感到忧虑：政治上不民主，民族不团结，这是最可忧的。他又说，日本并不可怕，就怕我们自己一盘散沙。"①

在重庆期间，司徒美堂始终心系海外侨胞，他通过媒体将自己在国内目睹的抗战真相向他们做了很多宣传，使不明真相的华侨得以了解当时的国内局势。1942 年 5 月 30 日，他在《新华日报》上发表了《司徒美堂致旅美侨胞书》和《司徒美堂致洪门兄弟书》，这两封书在宣传国内抗战形势的同时，号召大家团结起来为抗战出力，"深望我洪门兄弟，念以往之光荣，思当前之天职，一德一心，共赴国难"。当天，《新华日报》发出短

---

① 黄鼎臣：《心向祖国的司徒美堂先生》；北京市文史委、广东省政协文史委：《回忆司徒美堂老人》，北京：中国文史出版社，1988 年，第 139 页。

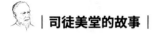 

评："旅美侨胞、洪门兄弟在司徒美堂先生等侨领领导之下，数十年来，对民族解放事业，素具热忱帮助。抗战以来，呼吁团结，输财输力，更不遗余力，老成谋国，劳绩昭著。"

1943 年 2 月，司徒美堂决定返回美国。临走前，他去向蒋介石辞行，蒋介石对其恭敬有加，与宋美龄一起搀扶着他走出蒋宅第三道门——据说这是蒋、宋二人第一次送客出三道门，足见其对司徒美堂和洪门致公堂的重视。蒋介石委之以"宣慰美洲华侨"的使者，请他回到美国多多宣传。周恩来亲自为他送行，并嘱咐他将祖国抗日的情况告知旅美华侨。这次重庆之行，司徒美堂耳闻目睹了国内的抗战实况，对共产党及其领导的八路军、新四军的抗日事迹有了具体了解，也逐渐认识了国民党的用心，并从此认清了自己前进的方向。

第八章

**救侨护侨**

# 1

# 以侨救侨

此次归国，司徒美堂不仅关注国共合作抗日问题，也同时关注归国难侨的安置、侨眷生存，以及华侨回国投资问题，体现出其可贵的民族大局观。

"爸爸去金山，快快要寄银。全家靠住你，有银就寄回。"这首近代流传在江门五邑民间的歌谣，反映了侨属寄望侨汇、望眼欲穿的情形，也体现了侨汇在当地民众心中的重要地位。近代以来，由于中国农村破产，很多农民无法维持生计，沿海各省就有不少人跑到海外去谋生。这些华侨在国外靠出卖劳动力为生，备尝艰辛的他们省吃俭用，把攒下来的血汗钱寄给国内的亲人，这些钱就是侨汇。

侨眷对侨汇的依赖度很高，在四邑地区，侨汇简直就是海外和故乡之间的输血管。据《台山工商杂志》记载："（台山）侨眷在经济上有相当优势，集资经营工商农渔诸业皆无不可。今竟无一自给，一钱一米，时时仰给于外洋，子孙世代相率糊其口于异域。一旦外洋之路穷，或国际发生事变，吾邑之危机立至，其患当不止于米荒，恐将无所，坐以待毙。"[1]

抗战期间，海外华侨们把辛苦赚来的美金，一部分托中国银行寄给国内的侨眷作生活费，另一部分捐作国内抗战经费，所以侨汇也成了抗战经费的主要来源。为了聚集金融力量进行抗战，国民政府于 1937 年 8 月设

---

[1]　磐石：《应注意建设舆论之我见》，《台山工商杂志》，1937 年，第 1 期。

立了中央银行、中国银行、交通银行和中国农民银行四行联合办事总处，简称"四联总处"。四联总处指导各银行机构主动揽收侨汇业务，汇入中央银行以补充外汇储备；同时也出台了一些便利侨汇的政策。

自从1938年广州沦陷后，各地侨汇就逐渐中断了，侨眷的生活受到严重影响。四邑侨眷大多依赖美国和加拿大的侨汇而生存，可是南洋各地相继沦陷，国内外的侨汇收解管道被破坏，中国银行的侨汇业务大量汇集于南北美洲，尤其是中国银行纽约分行。另外，国内广东四邑的银行纷纷停业，侨眷的生存因此受到极大威胁。据开平海外归侨协会常务委员谭舜兴等称，当时有英美两国的侨眷说，有款项从纽约中国银行寄回，但是两个月后他们仍未收到侨汇。之所以发生这种情况，有多方面的原因。第一，太平洋战争的爆发，导致中美邮递业务中断，中国银行纽约分行1941年11月至1942年2月发出的汇款通知书，有很多到四五月份仍被原封退回；第二，中美之间的邮递大多取道印度转至重庆，由于文字不同，很多汇款通知书被印度扣留；第三，由于日军扫荡侨乡，导致很多侨眷变更住址，也使得侨汇无法解付；再有，因四邑侨乡经常被日军扫荡，导致邮汇局在运送钞券、解付汇款时常常遭遇危险。1942年，中行曾向四联总处提出，四大银行的国内各支行必须尽早疏通侨汇，从而保障侨胞利益。

另外，由于中国银行将美元折算成国内货币，然后转到重庆。本来这一道折算已经让美元贬了值，再由重庆总行转桂林分行、韶关支行，等寄到台山办事处，又被盘剥了四次。之后再通知侨眷凭通知书去领，所以侨眷收到侨汇快则半年、慢则一两年，许多侨眷因此饿死。还有通货膨胀带来的危害，即使一部分四邑侨眷能苟延残喘地活着收到侨汇，也会因米价暴涨而买不起粮食："本来可以买米三千斤的，已经买不到一百斤"①，最后的结果还是饿死。司徒美堂曾回忆过两件他亲身经历的事情：一件是鹤山侨眷何友安跟他讲的，何的父亲从美国费城给他寄了一笔钱，被积压了11个月后损失了97%；另一个例子是台山七十多岁的华侨梅霞乃，在回国前把卖掉美国餐馆所得的10万美元从中国银行汇回家，等他回到上海时，拿到手的钱已经不到1000美元了，一年多之后活活气死。据统计，四邑侨眷饿死病死的总计约有20万人。寄回来用于抗战的那部分侨汇，也常常被政府私吞，成为四大家族在花旗银行的私蓄。广大侨眷饱受侵吞盘剥之苦，而国民党华侨事务委员会对此却视若无睹。

太平洋战争爆发后，南洋诸国被日军占领，南洋华侨流离失所，130多万华侨难民被迫放弃多年经营的产业回到国内避难。归国的难民没有住所和食物，只能等待政府的救济。司徒美堂知道情况后，马上表示："美堂为侨胞一分子，对此不能漠视。"于是，他提出"以侨救侨"的主张，起草建议书，呈报给国民政府农林部。具体建议包括：成立华侨垦殖合作社，负责救灾工作；尽量收容侨胞难民；募集资金，贷款给难民；拨荒地给难民，督促其从速开垦；从业难民认股，等等，这些都堪称救侨良策。

司徒美堂于1942年3月到达重庆后，小住一阵即回广东老家探亲，直到10月24日国民参政会开幕后第三天才返回重庆。在广东的几个月，他见到了许多亲戚朋友，了解了家乡四邑地区的严重灾情，深感痛心。在回到重庆后第三天，他就接受了《新华日报》记者的采访，发表了关于救侨护侨的谈话，呼吁政府拨款救济四邑侨眷。他说："这一次我回到广东

① 司徒美堂：《祖国与华侨》，香港《文汇报》，1956年8月。

台山、开平四邑一带，拜访了几十年不见的家乡父老，亲眼看到了家乡原野上，到处是满目疮痍的景象。许多人受着饥荒，挨着饿。我不能不说一句，这是捧着金碗在讨饭吃。哪里有把钱放在国家银行里，却一面还在挨饿的事呢？"

在国民参政会上，司徒美堂针对侨汇中断、侨眷生活困难的问题作了提案。考虑到战争年代政府也很困难，他建议可以允许侨眷暂时向政府借贷度日，贷款由他回美国后募捐偿还。他说："自然国家的开支是困难的，所以这笔款，是暂借性质。会后我去美洲，即可由在美洲的粤侨募集归还国家。假若国家目前过分困难的话，那我想向广东省政府方面去设法，将来仍以同样的办法付还粤省府。人总是不能忘本的啊，国要救，家要救，乡也要救啊！"①既体察国家的难处，又同情乡亲的疾苦，这些都足见司徒美堂的一片苦心啊！

在会上，他还谈到了引进华侨投资的问题。国民党曾经号召华侨向国内投资，但华侨看到国内政局不稳，国民政府的财政状况堪忧，工商业没有保障，所以大多对此持观望态度。司徒美堂认为只有政府保护华侨的合法权益不受侵犯，华侨才会愿意回国投资。"当年孙总理说过：'华侨是革命之母'，这句话是经过中国近百年历史考验的，谁也不能在这句话上投上丝毫的玷辱。华侨是不愿意把资金在外国去做'空中楼阁'的，而是愿意把资金移回祖国，在自由祖国的原野上去开花结果。现在的问题是怎样移，移作什么用，怎样耕耘，怎样灌溉，准备开什么花，结什么果……华侨可绝不是'财神爷'啊！星洲南洋是陷落了，现在所谓华侨资金内移问

---

① 司徒美堂:《司徒美堂谈救侨》,《新华日报》, 1942 年 10 月 27 日。

题，主要是美洲和非洲的华侨。只要有正当合理的保证，华侨是能够满足国人这种理想和企望的。"[1]"华侨是革命之母"是孙中山对华侨为推翻满清王朝中所作贡献的高度肯定，他在组建南京临时政府和广东革命政府时都提出过"保护华侨"的政策措施。司徒美堂重提此话，促进国民政府完善侨务政策，是对孙中山保护海外华侨侨务思想的贯彻。

为了保护华侨利益——简化侨汇办理的手续，使侨眷不再受到重重盘剥，同时吸引华侨资本回国，在国民参政会议结束后，司徒美堂立即展开了以侨救侨的工作：和美洲侨胞取得联系，并且加入了华侨兴业银行。关于华侨兴业银行的成立，据其创始人之一荆有岩回忆，1940 年，他和闽籍华侨朋友联名借用武汉纱厂的 21 万美元外汇作为华侨外汇资金，申请建立华侨兴业银行，获得批准后取得了开业执照，成立了国内第一家华侨银行[2]。司徒美堂来到重庆后，欣然加入华侨兴业银行，并受董事会邀请出任首席常任董事。为了方便随时处理业务，他干脆从中央饭店搬到银行下榻。司徒老人和侨务界的联系非常紧密，经常和归侨及侨界人士聚会，成为了银行的一面旗帜。他经常说，如果华侨兴业银行能很快将侨汇送达侨眷之手，海外华侨得到家属回信后，心情一定非常快慰；如果收不到回信或者家属收到的侨汇数目不对，他们就会伤心痛苦，因此我们要把银行办成广大侨胞满意的华侨银行。银行初创时资本只有 400 万元，到 1943 年增加到 800 万元，而且在昆明、贵阳、成都、韶关等地设立了分行和办事处，这些都有司徒美堂的功劳。兴业银行的开办，在纷飞的战火中接通了

---

① 张兴汉：《司徒美堂先生在抗战中》；北京市文史委、广东省政协文史委：《回忆司徒美堂老人》，北京：中国文史出版社，1988 年，第 229 页。

② 荆有岩：《司徒美堂先生和华侨兴业银行》；中国致公党中央委员会：《司徒美堂》，北京：中国致公出版社，2003 年，第 352 页。

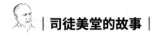

侨汇，解除了侨眷的疾苦，为后来华侨归国投资、输财抗战起到了至关重要的作用。

想侨民之所想、急侨民之所急，司徒美堂不仅是华侨的楷模，还是难侨、侨眷的贴心人。他此次回国开展的救侨护侨工作，对抗战期间动员华侨从经济上支援祖国，从而保证抗战的胜利起到了不可估量的作用。据国民政府军事委员会军政部长何应钦在国民参政会上的报告，1939 年国民政府全年的战争费用是 18 亿元，而根据国民政府侨务委员会提供的数字，当年华侨捐款和汇款达到了 13.3 亿元。据统计，1937 年至 1941 年，国民政府总收入为 226 亿元，华侨汇款达 53 亿元，难怪有人将华侨称为"抗日长城"了。

# **2**

# 宣慰华侨

司徒美堂刚到重庆时，曾在刘维炽的陪同下拜访过蒋介石。1943 年 2 月，他决定返回美国。临行前蒋介石特意设宴招待，请他回去后到全美各地募捐，并说所需费用由国民政府承担。蒋介石还给了美老很多亲笔签名的照片，让他转赠给捐赠大额款项的华侨。国民政府财政部长孔祥熙前来探望，希望美老出面组织一个代表孔氏利益、同时服务于海外华侨的中国银行，美老未置可否。周恩来也来送行，他请美老把抗日的真相和重要性告知旅美华侨，以便华侨更好地为国内抗战做贡献，美老非常高兴地答应了。1942 年 3 月 10 日的《新华日报》这样评价他："司徒美堂先生旅美六十一年，而对祖国的热爱，不仅没有淡薄起来，反而与日俱增。"

司徒美堂经印度飞回美国后，不顾年迈，先后奔赴十多个美洲国家，在古巴、秘鲁、巴西、巴拿马、加拿大等国深入华侨社会各阶层和各团体，广泛接触洪门人士，宣传祖国抗战形势，报道抗日民主根据地和中国共产党领导八路军、新四军英勇抗战的真实情况，并为抗战募集资金。"在宣慰中，司徒美堂一方面传达了蒋介石的慰问，一方面客观地介绍了国内抗战的形势，特别是共产党、八路军、新四军的抗日业绩，给予高度赞扬，使海外华侨对共产党有了正确全面的认识。"[①] 他把自己的真实看法告诉美洲华侨："忠于抗战事业，而且创造了抗战办法，展开了抗战局面的

---

① 赵宏：《洪门》，北京：团结出版社，2006 年，第 285 页。

是共产党而非国民党。那么凡是爱国的人，就决不该反共，反共的人实际上也一定反对抗战。"[1] 美老的宣讲进一步激发了广大华侨抗日救国的热情，也提高了他本人在美洲华侨心目中的威信。

美老这样辛辛苦苦辗转各地宣慰华侨、为祖国募捐，他的工作不仅没有得到国民政府的肯定，反而遭到他们的破坏。1943 年，在旧金山市筹饷局"七·七"纪念大会上，国民党 CC 派[2] 的萧吉珊[3] 赴美，想要控制旅美侨团募捐所得款项，并迫使旅美侨团接受国民党领导，遭到了华侨的激烈反对。在会上，萧吉珊念了"孙中山遗嘱"，并大讲"一个政党，一个政府，一个主义，一个领袖"，与会华侨纷纷表示听不下去。致公党负责人司徒俊葱站起来质问萧吉珊："这里是不分党派，不论姓氏，不问男女，不限乡邑的救国筹饷会，为什么要念'遗嘱'？为什么讲你的一个主义？要搞这些名堂，请回到你们的党部再讲。你在侮辱各党派侨胞，我表示抗议！"又有一位侨胞站起来说："既然你说国民党天下第一，领导抗战，夸功逞能，那好，美国这里的抗日捐款请你们国民党党员掏腰包吧，我们退出筹饷局！"很多侨胞纷纷退席，萧吉珊也悻悻而去。

此次宣慰，一共花去费用三万多美元。1946 年美老第五次回国时，因

---

① 司徒美堂：《回忆当年，欢呼今朝》；中国致公党中央委员会：《司徒美堂》，北京：中国致公出版社，2003 年，第 124 页。

② CC 派：指的是国民党内部以陈果夫和陈立夫为首的特务机构。陈氏兄弟深为蒋介石器重，替蒋介石负责党内外特务工作。二陈为蒋氏出谋划策，建立 CC 派控制党权，规划中统局清除反对势力，开创出"蒋家天下陈家党"的局面。

③ 萧吉珊（1893—1956）：广东潮阳人。1927 年"宁汉分裂"时背离武汉国民政府投奔南京的蒋介石。其父萧日初，其兄萧眉珊、萧介珊均在新马泰一带经商，萧介珊还是泰国侨领，故萧吉珊一入南京便成为蒋介石麾下的海外工作重臣。他长期从事侨务工作，1935 年升任国民党中央执行委员，并兼任国民党中央海外党务计划委员会副主任、代主任，1937 年抗日战争爆发后重返国民党中央直到大陆解放。

付不起在上海的房费，他曾和朱树楠一起去南京向蒋介石讨债，因为蒋介石当年说过宣慰所需费用全部由国民政府承担的话。司徒美堂说："宣慰侨胞的旅行路费三万美金用的是致公堂的公款，你得还上！"可是蒋介石不愿面对他，让吴铁城出面应付。吴铁城以司徒美堂在美国不听安排、自行组党为由拒绝还款："政府的钱不能给异党去用。"美老闻言大怒，又是拍桌子，又是摔茶杯，大骂蒋介石不守信用。

　　司徒美堂在赴美宣慰之前，曾出任华侨兴业银行重庆总行的首席常任董事。所以在出发前，银行的总经理荆有岩曾跟他商量为银行增加华侨资本的办法，约定国内的侨行由国内资金营运，司徒此去在国外增募的资金暂时存在海外，等抗战结束后再转回国内投入航运建设事业。为了方便工作，他们在司徒出国之前已经准备好了华侨兴业银行增资认股的一切手续。美老表示，此行的主要目的是宣慰华侨，为抗战筹募经费，银行的事务只能业余兼办。1944 年春，他从旧金山发回函电称，在北美洲号召侨胞为华侨兴业银行增资募股的工作已卓有成效，侨胞填写的认股书达 70 余万美元，已收现款 7 万美元，用华侨兴业银行的户头存在纽约花旗银行。虽然 1949 年华侨兴业银行在重庆宣告结束，但美老的爱侨护侨之心于此可见一斑。

# 3
# 废除排华法案

华人在美国有两百多年的历史，有记载的第一批华人于 1785 到达美国。1848 年开始的加州淘金热以及 1863 年至 1869 年横贯美洲大陆的铁路建设，吸引了大批华人赴美。当时，华工以最低的报酬做最艰苦的工作，却饱受歧视。美国于 1875 年、1882 年和 1892 年先后通过了《佩奇法案》《排华法案》和《盖瑞法案》，不断加强对华人在美权利的严苛限制，直到 1943 年 12 月罗斯福签署《马格努森法案》，执行 60 年之久的《排华法案》才得以终止，华人在美国的权利和地位才有所改观。

在助力废除《排华法案》的过程中，有两位华人——王清福和司徒美堂起到了重要作用，值得我们铭记。华人维权先驱王清福，被称为美国华人里的马丁·路德·金，他穷其一生引领美国华人争取平等地位，为废除《排华法案》进行了不屈不挠的抗争。他 1847 年出生于山东即墨的一个富裕家庭。13 岁时到美国留学，1874 年拿到了美国公民证书。1869 年，当横贯北美大陆的铁路竣工后，美国社会进行了"华人问题"大讨论。《纽约论坛报》发表了一篇长文，全方位地论述了华工威胁论：华工将替代美国劳工；大量的华工进入美国，将改变美国的人种结构和政治生态；华人是不诚实、无信仰的异教徒，而且带有各种疾病。为了改变华人的处境，王清福不顾个人安危，奔走美国各地进行集会和演讲，有理有据地驳斥这些煽动种族仇恨的谎言。1882 年 5 月 8 日，美国总统亚瑟签署了《排华法案》，规定十年内禁止华工来美国，禁止在美华人加入美国籍。十年后，《排华法案》被延长，并增加了更为苛刻的条例，其中最让华人不能接受的是，要求所有在美华人重新申请身份证明，并且在出门时必须随身携带；被查到没有身份证的华人，将被送去做一年的苦工，然后遣返中国。王清福积极组织华人反对这个《吉里法案》，并和李三平等人于1892年成立了"华人平等权利联盟"。在美国华人最困难的时期，王清福投入毕生精力为在美华人争取权益，他的这种抗争精神为后来的美国华人树立了榜样。

另一位就是司徒美堂了。罗斯福出任美国总统之前，曾任安良堂的法律顾问达十年之久，与司徒美堂结下了深厚的友谊。1940年，当罗斯福第三次出任美国总统后，司徒美堂觉得这是个好机会，于是写信给总统，要求废除《排华法案》。罗斯福对老朋友提出的问题非常重视，于当年10月咨文国会，提请废除《排华法案》。在给国会的信件中，他说："限制华人法案，是历史之错误。"在事情即将得到解决的情况下，珍珠港事件爆发了，美国被卷入战火中，废除《排华法案》的事情只能延期。

在纷飞的战火中，大家似乎都忘了这件事，只有司徒美堂还在为此而辗转难眠，他想在有生之年看到一个圆满的结局。1943年，他再次给罗斯福写信，重提三年前的要求。10月11日，罗斯福再次向国会提案，文字诚恳，态度坚决："现在提请国会审议批准一项法案，许可中国人移居我国，并允许这里的中国居民成为美国公民。国家和个人一样，也会犯错误。我们要有足够的勇气承认过去的错误，并加以改正。通过废除排华法，我们就可以改正一项历史性的错误，并清除日本人的歪曲宣传。有待国会制定的这项立法将使中国移民限额每年大约100名，没有理由担心，

如此数量的移民会造成失业，或加剧求职的竞争。……"

珍珠港事件的爆发，使得国际局势发生了微妙的变化；中国人在抗日战争中的表现也改变了美国人对中国和华人的印象；1943年宋美龄访美，游说美国支持中国抗战，其雄辩的风采使美国朝野为之倾倒；再加上司徒美堂的敦促，这些因素的共同作用，使得《排华法案》最终被废除。当年5月，美国国会就《排华法案》举行听证会，之后便通过废除实行了61年《排华法案》的决议案，12月17日由总统罗斯福签署生效。中国人从此在美国可以享有与其他国家移民同样的待遇，司徒美堂的心结终于解开了。他按捺不住雀跃的心情，代表洪门人士和美洲侨胞写信给罗斯福表示衷心的感谢：

总统阁下：

您好！

首先，让我代表美洲洪门兄弟和侨胞向您表示感谢！您为美洲华侨办了一件大喜事，废除了排华法，我们子孙后代永远不会忘记您！……

我们洪门前辈在国内追求自由，反抗专制，反对种族歧视，不满遭受清帝的迫害，逃亡海外。但是，他们到了美国，同样受到一些不合理的种族歧视和迫害。您是一位正直无私、心胸豁达的人，当我们遭受到不平等的种族歧视时，挺身而出，替我们辩护，担当我们的法律顾问，保护我们的合法权益。我们洪门兄弟十分感谢您！

您当选总统后，仍然不忘故旧，维护华侨合法权益，亲手把阻碍中美人民的枷锁——《排华法案》彻底废除。但愿在您的关照下，我们子孙后代跟贵国人民和睦相处，同舟共济，废除不合理的种族歧视，为共同建设美利坚合众国而努力奋斗。

谨致

崇高的敬意

您的朋友司徒美堂敬上

罗斯福收到信后，淡然地说："此为顺潮流而动，合乎人道而已。"

由于几十年如一日地工作，罗斯福的健康状况越来越差。1945 年 4 月 12 日，这位四次当选总统的美国掌舵人因突发脑溢血而猝死，享年 63 岁。他的去世，震动了全世界，司徒美堂惊闻老友离开的噩耗，心情久久不能平静。他觉得自己能够遇到这样一位伟大的人物并与之成为朋友，是多么幸运的事；可是这位伟大的朋友离开得太早了，都没来得及看到世界和平的到来，又是多么遗憾的事。他常常对亲友提起这位朋友，并满怀深情地说："罗斯福总统对华侨的友谊永远不能忘记！"

罗斯福的去世也让中国人民感到哀伤，为了纪念他对中国抗战的支持与肯定，1945 年 5 月，重庆设立了"国立罗斯福图书馆"，十年后更名为"重庆市图书馆"，2007 年仍以"罗斯福图书馆旧址"对外开放。1945 年至 1949 年，天津市和平区的和平路也曾被冠以"罗斯福路"之名。

第九章

# 重整党派

## 1
# 洪门恳亲

　　司徒美堂回到美国后，经过一段时间的准备，于 1945 年 3 月在旧金山召开了世界洪门恳亲大会。洪门恳亲是一个极古老的会议，从洪门建立开始，就一直不定期举行。几百年来洪门分分合合，曲折发展，恳亲大会直到今天还在定期召开。

　　1904 年，孙中山为了发动美洲华侨支援国内革命，在檀香山加入洪门国安会馆。随后，他着手整顿美洲洪门致公堂，以旧金山致公堂为总堂，各埠分设支堂，实行洪门会众注册和缴纳注册费制度。1911 年，在孙中山的敦促下，美洲同盟会和美洲致公堂实现联合。南京临时政府成立以后，黄三德等人多次回国向孙中山提出海外洪门在国内立案的要求。1916 年 12 月，政府正式批准美洲致公堂为文明社团。

　　1918 年 4 月 1 日，美洲致公总堂在三藩市举行"五洲洪门第一次恳亲大会"。会议确定美洲致公堂的宗旨是"拥护真正共和，联络侨情结合团体，振兴实业教育"；确定美洲致公总堂为洪门总机关；统一全南北美洲致公堂的英文名称。1920 年 6 月，美东纽约致公堂举行恳亲大会，不知道这是不是五洲洪门第二次恳亲大会。

　　1923 年 10 月 10 日，致公总堂发起全美各致公分堂在旧金山召开"五洲洪门第三次恳亲大会"。此次大会议决"改致公堂为致公党"①，公认旧金

---

① 陈其尤：《中国致公党之历史及其现实使命》，《公论》创刊号，1947 年第 1 期。

山致公堂为海外组党筹备总机关，上海致公堂为海内组党筹备总机关，并决定在上海建立五祖祠作为国内联络总机关。据此，洪门组党分旧金山和上海两个筹备处，分别向海外和海内开展筹备工作。

1925年10月10日，五洲洪门第四次恳亲大会在旧金山召开。来自美洲各地和中国香港、澳门、上海等地的洪门组织代表参加了会议。大会的主要内容是：决定以洪门致公堂为基础组织华侨政党，定名为中国致公党；通过《中国致公党党纲》；选举陈炯明和唐继尧为党的正副总理。

抗战后期，国内掀起要求团结抗日、反对专制独裁、实行民主政治的民主宪政运动，海外华侨也纷纷响应。1945年2月，司徒美堂联合美国《五洲公报》、加拿大《大汉公报》《洪钟时报》、古巴《开明公报》、秘鲁《公言报》等十家爱国华侨报纸，发表《美洲华侨报界对国是主张》的联合宣言：提出结束"国民党的一党专政，还政国民。同时，国民政府召集各党各报领袖，组织政治会议，产生联合政府"的政治主张——这就是著名的《十报宣言》。随后，"世界洪门恳亲大会"于3月12日在旧金山举行。因抗战期间致公党总部搬到香港，并一度停止活动，所以此次恳亲大会倡议恢复致公党组织，决议将组织命名为"中国洪门致公党美洲总部"，司徒美堂当选为全美总部主席，成为举足轻重的美洲侨领。另外，总部明确提出团结抗日的口号，加强之前设立的筹饷局机构，继续筹款支援祖国抗日，并表示要"以华侨资本和人力参加复兴中国的建设"。"世界洪门恳亲大会"后来还举行过几次，其中第三次、第四次大会分别于1992年和2015年在美国和中国台湾举行。

抗战胜利后的1946年，司徒美堂又率领美洲各地的致公党代表回到上海，7月底，中国洪门全球恳亲大会在上海召开。据司徒美堂的秘书司徒丙鹤回忆，当时的场景有浓厚的帮会色彩："礼堂门口挂有'义气待兄弟，忠心报国家'的对联。场内正中高悬象征仁、义、礼、智、信的绿、白、紫、红、黑的洪门旗帜一方；还有巨幅横额，上书'洪门是我们的家庭，要情同骨肉，亲如兄弟'和'我们要行侠仗义，除暴安良'。"① 由这段描述，大致可窥见洪门组织的典型开会仪式。到会的有三百余人，代表美洲洪门的司徒美堂在主席团成员十五人之列，但因刚回到国内，对复杂的局势尚不明了，是以他称病并未出席大会。会上，主席程壮的致辞主张发扬洪门"有功不居，有利不取"的精神，郑子良的发言则特意提到海外洪门领袖司徒美堂万里归来参会的炽热情怀。大会通过了成立"中央执行委员会"各机构的决议，司徒美堂当选为主席，赵昱和朱家兆任副主席。不久之后，中央执行委员会取消主席制，司徒美堂和赵昱、朱家兆改任执行委员。此次恳亲大会还决定于 8 月 1 日正式成立"中国洪门民治党"。恳亲大会的消息传到海外，美洲各国和菲律宾的洪门报刊都刊登了相关新闻。

另有"美洲洪门恳亲大会"，每两年举行一次，在美洲各国轮流举行。新中国成立后，改为"美国洪门致公总堂恳亲大会"。从美国洪门致公总堂第二十五届恳亲大会召开于 2006 年来推，第一届大会应该在 1958 年召开，但笔者目前没有找到切实可信的相关资料。第二十五届恳亲大会在费城召开，会上强调致公堂坚持忠诚祖国，热爱侨居国的原则，积极促进所在国与中国的关系，主张反对"台独"，支持祖国统一，洪门还将建立世界性的联谊组织，再创洪门辉煌。2014 年美国洪门致公总堂第二十九届恳

---

① 司徒丙鹤：《司徒美堂与美洲洪门致公堂》；北京市文史委、广东省政协文史委：《回忆司徒美堂老人》，北京：中国文史出版社，1988 年，第 79 页。

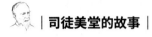

亲大会在费城召开，洪门致公总堂总理梅荦生、陈竞石在致辞中强调：将继续为侨社的安定繁荣努力，同时坚持一个中国原则，希望两岸早日和平统一。2018 年美国洪门致公总堂第三十一届恳亲大会在芝加哥召开，重申致公堂的宗旨。

从以上情况可见：20 世纪以来，洪门恳亲的名目繁多，举行时间地点不定，各阶段的任务也不同，但有一个共同的宗旨：促进祖国发展；而司徒美堂在 20 至 40 年代的洪门恳亲中起到了举足轻重的作用。

## 2
# 改堂为党

　　洪门团体很多，派系林立，分合无时，极为复杂。其中势力最大的一派就是致公堂。美国致公堂的总部设在旧金山，纽约、芝加哥、波士顿、洛杉矶等埠都设有分堂。致公堂作为秘密帮会，其江湖气息很浓。早在辛亥革命前，孙中山在海外的活动就为其改堂奠定了思想基础。同时，越来越多的华侨意识到：美洲致公堂大力支持的辛亥革命虽然推翻了清政府的统治，但孙中山的革命宗旨并未彻底实现，中国还处在半殖民地半封建社会，国内民不聊生，华侨仍遭歧视。只有华侨建立政党，通过干预国家政治，才能保护华侨和侨眷的利益，致公堂的发展也才有光明的前景。1911年南京临时政府成立之后，美洲洪门致公堂就曾要求在国内注册成为合法团体以便参政。加拿大维多利亚致公总堂也多次致电孙中山，要求在国内组织政党。但考虑到当时的历史条件和洪门组织的复杂情况，孙中山对此事持保留态度，只主张逐渐归并，而不赞成其独立组党。

　　要求立案组党的主张虽然没有被采纳，但适应了当时国内政党兴起的历史潮流。所以 1923 年 10 月 10 日在旧金山召开的五洲洪门第三次恳亲大会上，改堂为党就成了主要议题。关于政党的名称，当时有两种意见：民治党和致公党，分别意谓民主政治和致力为公，都鲜明地昭示了致公堂的宗旨。因主张新政党为致公党的代表居多，所以大会授权旧金山致公总堂负责改致公堂为致公党的筹备工作。这次恳亲大会实际上也是第一次正式筹备组党会议。

1925 年 8 月筹备委员会总会又发出《通告全体洪门人士书》，就有关建党的具体事项，通告了全体洪门人士。10 月 10 日在旧金山召开的五洲洪门第四次恳亲大会，通过了改致公堂为致公党的决议；通过了《中国致公党党纲》；选举陈炯明、唐继尧为正副总理；暂在香港设立中央党部；通知世界五大洲的致公堂改名为致公党。此次恳亲大会也是中国致公党的第一次代表大会。

但值得注意的是，从 1923 年的代表名单和 1925 年的代表合影中，并没有发现司徒美堂出席这两次会议的相关信息。而据窦爱芝的《中国民主党派史》记载，1921 年司徒美堂曾从美国回到香港进行组党活动，结果不尽如意，他回到美国后又继续酝酿组党事宜[①]，也并未提及他参加这两次会议。已故的原致公党中央副主席伍觉天在《司徒美堂与中国致公党》这篇回忆文章中则提到：司徒美堂在 1923 年的恳亲大会上曾极力主张新的政党命名为致公党，但文中会议的召开地点在加拿大维多利亚，会议名称为世界洪门恳亲大会，记忆有误的可能性比较大，不能算是确凿的证据。[②]所以"司徒美堂是中国致公党创始人"这个说法可能尚需斟酌，但是他对致公堂、致公党前途的关心是毋庸置疑的。

第一次代表大会的召开，宣告了中国致公党的成立，标志着华侨政治力量的新崛起。但是"初建时的致公党实际上是海外各地洪门侨团的一个联合组织。虽然号称有四十万的党员，实际上这些成员仍隶属于五大洲的

---

① 窦爱芝：《中国民主党派史》，南开大学出版社，1992 年，第 320 页。事实上，司徒美堂曾于 1920 年回香港商议组党事宜，具体参见第五章第五节《失败的尝试》。

② 伍觉天：《司徒美堂与中国致公党》；北京市文史委、广东省政协文史委：《回忆司徒美堂老人》，北京：中国文史出版社，1988 年，第 163 页。

洪门团体"①，这样一来，就形成了党堂不分的二元并存格局，即新政党体内有旧会党的遗存，这种情况对于致公党的发展无疑是不利的。直到1931年10月第二次代表大会召开，才逐渐去除掉旧会党的痕迹，致公党才真正成为一个现代政党。

第二次代表大会在香港召开时，据说致公党已经拥有了遍布五大洲的三百多个支部和近二十万党员。这次会议决定组党存堂，党领导堂。据加拿大《大汉公报》1932年6月8日的一则报道，代表美洲致公堂出席会议的是司徒俊葱，"二大"组建的致公党中央党部领导人合影中有司徒俊葱而无司徒美堂。但据司徒美堂自述，"民国二十年（1931）在港组织中央党部时，美堂已亲自出席，加以签字赞同"②。伍觉天在《司徒美堂与中国致公党》一文中认同这一说法，说"这次代表大会，司徒美堂也亲自参加了。会议决定党堂分家，以党领导堂，并把原设在旧金山的致公党总部迁到香港，仍以陈炯明为总理。旧金山原址则称中国致公党美洲总部，以司徒美堂任主席"。但客观地说，无论他是否参加了"一大"、"二大"，他在致公党中的影响，尤其是在此后的长期抗战中发挥的作用是无可替代的，他作为受人敬重的海内外知名侨领的身份并不会因此而受到影响。

随着1933年陈炯明在香港的逝世，致公党香港总部渐渐失去作用。直到抗战爆发，香港总部通电全国各支部，号召党员积极投身抗日救国运动，同时宣布总部停止活动。但在此期间，司徒美堂依然在美洲各地奔走呼号，于1939年10月11日组织成立了全美洲洪门总干部，他本人出任监

---

① 黄鼎臣：《回忆三大，继往开来》，《致公通讯》，1990年第7期。
② 司徒美堂：《拥护中国共产党召开新政协的声明》；北京市文史委、广东省政协文史委：《回忆司徒美堂老人》，北京：中国文史出版社，1988年，第87页。

督。从开展活动的情况来看，总干部与香港中央党部是同源同根、宗旨一致、互相关联而又独立并行的两个组织。

1942年，司徒美堂作为华侨参政员出席重庆国民参政会会议期间，一位中共南方局的人曾向他建议："中国致公党是华侨爱国力量的一个有基础的组织，恢复致公党的活动，对华侨活动具有一定的影响。"司徒美堂觉得他说得很有道理，一回到美国就积极筹划。1945年3月，在司徒美堂倡导下于纽约举行的世界洪门恳亲大会，决定改洪门致公堂为中国洪门致公党，司徒美堂当选该党全美总部主席。但是要注意，这个"中国洪门致公党"并非"中国致公党"，二者有联系，但并不是一回事。而且这次改组并没有多大实际意义。党内的会场中还是供着五祖神位，挂着洪门旗帜；由于堂口太多，成员素质参差不齐、思想认识不一，部分地区甚至保留致公堂而拒绝参加党的活动——中国洪门致公党不过是一个换了招牌的封建帮会组织。

1947年5月1日，在中共南方局的帮助下，中国致公党在香港举行了第三次代表大会。大会讨论修改了《中国致公党政纲》和《中国致公党章程》，发表了《宣言》和《告海外同胞书》，并一致决议加入中国共产党领导的人民民主统一战线。"三大"的召开，标志着致公党由一个旧民主主义政党转变为富有生命力的新民主主义的进步政党。在这次大会后，党堂才正式分离。

1948年10月离港返美前夕，司徒美堂发表了著名的《拥护中国共产党"召开新政治协商会议"的声明》。在声明中，他表示：

陈其尤同志等所继续组织之中国致公党，……美堂以洪门老人地位，深表同情，并竭力赞助。当随处呼吁洪门兄弟，予以声援，俾将洪门忠诚救国之精神发扬光大。美堂复郑重声明：中国致公党之民主工作，乃洪门兄弟之良好楷模，必须团结并进，以争取中国革命之彻底成功。

由此可见，司徒老人主动把自己的身份回归为"洪门老人"、华侨领袖，把自己工作的重点定位于团结海外华侨上。

1950年年初，致公党中央从香港迁到广州。1950年4月，第四次代表大会在广州召开，确认以中国人民政治协商会议的共同纲领为致公党的政治纲领。1952年在广州召开的"五大"上，陈其尤当选为中央委员会主席。次年，致公党中央机关迁往北京。此后，分别于1956年、1979年、1983年、1988年、1992年、1997年、2002年、2007年、2012年和2017年先后召开了"六大"至"十五大"，可以看出，改革开放以后，致公党基本是五年开一次代表大会，是一个发展非常稳定的民主党派。

由以上的分析可以得出如下结论：致公党和洪门致公党是两个不同的组织。致公党成立于1925年，是国内的政党，是有组织有纪律、定期举行代表大会的现代民主政党，直到今天依然活跃；洪门致公党成立于1945年，是一个面向海外华侨的组织，有比较浓厚的帮会气息，主要依靠司徒美堂等少数领导的个人威信来维持，后期发展不稳定。但二者同宗同源，声气相求。他们都与洪门有千丝万缕的联系；都受到美洲华侨的支持和影响；都是为参政议政、支持祖国建设和发展而成立的。就司徒美堂个人来说，二三十年代他在致公党的成立与发展中起了一定作用，四十年代以后的工作重心则转向洪门致公党。

## 3
# 第五次回国

抗战胜利后，出于对国内政治的关心，洪门致公党决定：让司徒美堂率领美洲各地代表回上海，召开恳亲大会，寻找机会组织华侨政党，以便参与国内民主政治建设。回国之前，洪门致公党分别致电中共、民盟和蒋介石，呼吁反对内战，力争民主，中共和民盟都复电表示赞同，并欢迎他归来。毛泽东在 1945 年 12 月 28 日的复电中表示："反对内战，力争民主，不胜钦佩""尚祈贵党与全美侨胞，一致主张，促其实现。民族前途，实深利赖。"对他的主张表示赞同，并对中国洪门致公党和侨胞促进和平民主寄予厚望。

1946 年 4 月，司徒美堂和朱家兆、甄显炽、吕超然等十人一行从纽约回到上海。这是司徒美堂第五次回国，之前分别于 1912 年、1920 年、1932 年和 1941 年回来过四次，最后一次是 1949 年，之后便一直定居国内直到去世。这批曾经为辛亥革命和抗日战争做出过极大贡献的老华侨做梦也没有想到，如今外患虽除，国内的局势却异常复杂。

在民盟举行的招待会上，司徒美堂表示，希望各党派和衷共济，使国家保存元气，以进行战后建设。在同《联合晚报》记者的谈话中，他再次呼吁"国共两党首先无条件停战"。

可是，国民党的态度却完全出乎他的意料。司徒美堂以为，洪门过去支持过辛亥革命，在抗日战争中也出钱出力，有过贡献；而且洪门人士在海外华侨中所占比重很大，国内各阶层中也有不少洪门，他们此次回国一定会得到蒋介石的热情招待。刚回来时，他们住在上海云南中路的扬子饭店，结果不到一个月就付不起房费了，只好搬到四川路横浜桥脚的福德里暂居。司徒美堂想起 1943 年 2 月他返美之前蒋介石曾说过，宣慰华侨的费用全部由国民政府承担，于是决定到南京去找蒋介石兑现。6 月 21 日，在吴铁城的陪同下，他见到了蒋介石。

蒋介石似乎完全忘了这位老人在抗战中为国家、为南京政府所做的一切，态度与上一次嘱托司徒回美宣慰华侨时的恭敬判若两人。为什么会有这样的变化？据 1946 年 6 月 17 日的《申报》报道，司徒美堂前一天在上海接受记者访问时说："此次回国，不特欲一瞻胜利风光，亦欲谋洪门之加强。""洪门过去为民族为国家皆有极大贡献，牺牲无数头颅，耗费无数金钱，助成辛亥奇功。而民国建立之后，功成身退，不再与闻国事。此次复兴洪门，即欲团结弟兄，共负建设重任，增加生产力量，使人民均得安居乐业。"但是，他对国内党派之间的争斗也颇为忧心："方今最要之图，即为各党各派真诚合作。务须停止内战，早求和平实现，为民族利益，俾新中国早日建成。中国八年苦斗之后，固已不畏列强瓜分我国。而最可怕者，乃中国人竟欲瓜分中国也！实令海外华侨不胜忧虑。"司徒美堂此番通过媒体表明他回国组党的初衷，引起了蒋介石的不安和不满。蒋介石自己不愿应付，派吴铁城与之周旋。吴铁城以司徒美堂在美不听指挥，自行组党为由，拒绝还款，而且还说："政府的钱不能给异党去用。……你们组党，可以到美洲去搞，为什么要回来？"无礼且无赖的态度气得这位一腔赤诚的侨领拍桌子、摔茶杯，差一点就要动手打人。但是，军统分子王铁民、杨庆山等人却友好地前来拜访，并与司徒美堂称兄道弟，处得极为熟络。

其次是上海的洪门人士和其他势力的态度耐人寻味。洪顺堂、群义堂的广东籍洪门兄弟对这位大佬十分恭敬，建议他实施"青洪合流"，与杜月笙平分上海码头。对于司徒美堂组党一事，蒋介石一方面暗中指使吴铁城拖延阻挠，同时授意陈立夫派员暗中活动：欲使洪门和青帮联合为一家，让杜月笙出来掌权。所以，曾在重庆和司徒见过面的杜月笙，对待这位洪门大佬的态度也很微妙。此时，司徒雷登的秘书陶履中也来探听虚实……局势错综复杂，恳亲大会迟迟无法召开，这让司徒美堂心急如焚。

好在共产党这方面始终很友好，让这位赤诚爱国的老人感到一丝温暖，看到一线希望。在拜访蒋介石之后的第三天，司徒美堂在南京梅园新村30号拜会了老朋友周恩来。周恩来和董必武与他进行了亲切的交谈，向他介绍了抗战胜利后祖国的形势、解放区的情况等。之后，周恩来又两次代表中共前往司徒美堂的寓所探望。7月25日，司徒美堂出席了中共代表陆定一和上海民主人士马叙伦、黄炎培、郭沫若、梁漱溟等人在来喜饭店举行的欢迎茶会。早在40年代初，周恩来就倾心结交司徒美堂，在重庆与他结下了深厚的友谊；如今又一如既往地在生活上关心他，在政治上信任他，不厌其烦地向他介绍国内形势，宣讲共产党的政策。多次的交往使司徒美堂被周恩来的远见卓识和超凡脱俗的人格力量所折服，从他身上，这位满怀热情的爱国侨领看到了共产党的未来和祖国的希望。在周恩来的影响下，司徒美堂的思想逐渐发生了变化，他说："不站在蒋介石那一边，必然是站在中国人民这一边；要打倒蒋介石，拯救祖国，就必须拥护真正爱国爱民的共产党，中间路线是没有的。"

# 4

# 洪门民治党

蒋介石授意下的青帮吞并洪门的计划虽未成功，但中统①特务组织的陈立夫、陈果夫却因此得以把手伸向洪门恳亲大会。在各派势力纷争之际，陈立夫和陈果夫派出大批 CC 特务，同时收买了一些中间分子，打入洪门内部，借机控制洪门组织。

1946 年 6 月 21 日，上海《申报》以"海内外大埠头洪门致公党筹备改堂组党"为题报道司徒美堂等人回国组织华侨政党之事，指出：洪门致公堂组党的目的，在于团结洪门兄弟帮助国家建设；组党之后仍应信奉洪门"忠诚救国、义气团结、义侠锄奸"三大信条；全力为全国民众谋福利，绝对不受任何党派利用。报道还透露：该党成立之后，最高负责人将为"中国洪门致公党总部主席"司徒美堂，上海方面的负责人为现任"中国致公总堂总理"赵昱；定于 7 月 25 日举行大会。

7 月 25 日，全球洪门恳亲大会预备会在上海贵州路湖社大礼堂举行。会议听取了陈壮的筹备情况报告和赵昱、杨天孚、郑子良等人的发言。主席团成员之一郑子良的发言透露了大会冷落的局面，他表示：司徒美堂满怀热情万里归来，而各地代表却未能踊跃参会，甚为歉疚。

---

① 中统：中国国民党中央执行委员会调查统计局，简称"中统"。"中统"是国民党 CC 系领导人陈果夫、陈立夫所控制的全国性特务组织，与"军统"并称国民党两大特务组织。"中统"的作战对象除了中共，还包括汪伪等蒋介石的敌对政治力量。

此次恳亲大会于 1946 年 7 月 28 日开幕，8 月 2 日闭幕。由于中统已有大批 CC 分子打入洪门内部，并且早已有所布置，8 月 1 日，大会突然决定成立中国洪门民治党。虽然司徒美堂已对国民党毫无好感，对此表示坚决反对，认为致公党的招牌不能丢，但响应者无几。最终，大会通过成立了党的中央执行委员会及下属各部机构。

这次会议也就成了中国洪门民治党的第一次代表大会。大会通过了政纲和宣言。政纲的"总纲"指出：本党以"内谋民众利益，臻国家于富强；外谋全人类幸福，进世界于大同"[1] 为最高目的。政治上实行地方自治，推行民主政治；军事上，整编全国军队为国防军，国防军官兵一律不得参加党派之争及干涉行政；经济上尽量发展国营企业，奖励侨胞回国支援建设。大会宣言称，本党"改定名称为'中国洪门民治党'，简称'民治党'。其含义在一方面发扬洪门本身过去奋斗之光荣历史，一方面在促进中华民国走上民有民治民享之坦途。'周虽旧邦，其命维新'，本党自此改组定名后，决心以新的态度，奋起新的精神，担负新的任务，以与各党各派通力合作，建设新的中华民国"。

民治党一大选举司徒美堂为主席，赵昱、朱家兆为副主席。跟随司徒美堂回来的杨天孚和谢志如分别被选为组织部长和财务委员会主任委员，朱家兆兼任考核委员会主任委员。不久之后，又取消了主席制，司徒、赵、朱三人改任执行委员，杨、谢二人不再担任职务，工作委员会一律取消。通过人事改组，民治党内部已完全被 CC 派控制。8 月 13 日，洪门民治党中央执行委员会向海外洪门团体发出快邮代电，通报了会议情况，说

① 中国第二历史档案馆：《国民党统治时期的小党派》，北京：档案出版社，1992 年，第 354 页。

明此次会议的召开是"为民族争生存，为国家争正义"，号召各洪门团体
勠力同心，致力于民治党的发展。收到消息后，美洲各国和菲律宾的洪门
报刊都刊登了大会的新闻，很多洪门组织发回贺电，并把当地致公堂或致
公党改称民治党。

民治党成立后，在海格路五祖祠正式办公。9月1日，民治党在上海
康乐酒楼举行第一次记者招待会。司徒美堂致辞和赵昱发言后，张书城代
表民治党发表对时局的五项主张：第一，国内军事冲突即应停止，从速在
和平统一原则之下解决一切政治军事问题；第二，赞成改组政府，切实革
新政治，不应斤斤计较于名额分配问题；第三，军队整编应由各党派推
选代表组织整编委员会开展工作；第四，争执地区可划分若干"政治实验
区"，由政府派人暂行治理；第五，任何党派都应保持国家领土主权之完
整。①

民治党的政纲和对时局的主张，看似公允，实则是在要害问题上帮
蒋介石说话。所谓"不应斤斤计较于名额分配问题"，实则是要求共产党
和民主党派放弃参与民主宪政，听命于蒋的独裁统治；所谓"争执地区"，
指的就是解放区；所谓"军队整编"，就是要共产党交出军队。总之，民
治党表面上打扮成中间派的模样，实际上却是国民党的政治帮凶，想要借
混乱的政治局面蒙蔽海内外洪门人士及社会各界。

尽管民治党的这些政治主张与司徒美堂的组党初衷已是大相径庭，但
他对蒋介石还是残存一丝希望。9月下旬，司徒美堂偕赵昱、杨天孚、张
书城前往南京面见蒋介石，提出运用华侨资本协助政府推进建国工作的建

---

① 《申报》，1946年9月2日。

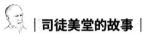 

议，同时以民治党中央执行委员会的名义"上国民政府电"：要求国内和平统一，保障华侨回国投资，从速召开国民大会，制定宪法实行民主。然而，残酷的现实很快让司徒美堂醒悟过来。

# 5

# 悄然去港

　　自从 1946 年 4 月回到上海，司徒美堂就一直在各种势力的包围之中，民治党的成立也有悖于他的初衷，这使得他渐渐萌生了离开的想法。人事制度改革后，他不再是民治党的主席，党内派系之间的斗争，更令他头疼。以司徒美堂为首的一派，主要力量在美洲；以赵昱为首的一派，势力主要在南洋，两派各怀心思，明争暗斗。

　　1946 年 10 月 11 日下午 2 时，国民党军侵占晋察冀解放区首府张家口的消息传来，两个小时后，蒋介石宣布将于 11 月 12 日召开国民大会。本来按照政协决议，国民大会应由各党派组成的联合政府召集，可如今国民党政府单方面宣布召开所谓国民大会，这完全违背了司徒美堂早年提出的政治协商会议应该由各党各派一律平等参加的主张。12 月 2 日，《民主报》刊登了民盟主席张澜对时局发表的谈话，表达了民主党派和无党派民主人士中的大多数都拒绝参加一党国大的共同态度。此前，司徒美堂曾两次致电蒋介石，请准派中国洪门致公党代表 100 名参加国民大会，国民党当局一直虚与委蛇。民治党成立后，国民党当局不肯给他们国大代表名额，只给了司徒美堂一个代表席位。司徒美堂决定拒绝参加国民大会。据说，蒋介石曾派江征卿和杜月笙带着 3000 美元前去游说他，可是司徒美堂态度很坚决。于是江、杜二人转而恐吓他，说："蒋叫你当，你就要当，他不是好惹的人！"司徒美堂向来吃软不吃硬，马上拍案而起："我说不当就不当，司徒美堂的为人你们也知道，我难道就是好惹的吗？"

美国大使司徒雷登[①]得知此事后，也前来劝和，他在秘书陶履中的陪同下约司徒美堂到南京美国大使馆吃饭。据司徒丙鹤回忆，二人见面后，司徒雷登说，他在中国住了五六十年，父母的坟地也在杭州，他爱恋中国，是半个中国人，"我今天用半个中国人的身份欢迎你这个半个美国人身份的司徒美堂，我们谈谈心。"司徒美堂一开口就说："我是在美国生活了六十几年，但我是一个中国农民，逃荒到美国求生。所以我不是半个美国人，而是一个地地道道、完完全全的中国人。我只爱恋中国，只愿意把骨头埋在中国。"司徒雷登出生在中国，年少时曾回美国读书，1904 年回到杭州后就一直在中国生活和工作。他在中国长期致力于传教、办教育，1947 年出任驻华大使后，竭力促成国共合作，改善中美关系。按照当时的情况，他约见司徒美堂未见得是有什么险恶用心。只是司徒老人年轻时在美国饱受欺凌和歧视，对美国人的态度有较强的主观性；而作为秘书的司徒丙鹤，在多年后的回忆恐怕也难保客观。

但不管怎样，目之所见，耳之所闻的种种件件，使得司徒美堂越发坚定了拒当伪国大代表的立场。为了不再被各种势力纠缠，他安排朱家兆、杨天孚、谢志如等九位代表先行返美，自己则暂居上海，寻找机会离开。

1947 年 2 月，民生共进党、中国国民自由党与中国洪门民治党共同发起成立"中间党联盟"。司徒美堂表示反对，赵昱则代表民治党成为中间

---

① 司徒雷登（John Leighton Stuart，1876–1962）：美国传教士、外交官，燕京大学创始人。出生于浙江杭州，1904 年开始在中国传教，历任南京金陵神学院希腊文教授、燕京大学校长等职。1946 年出任美国驻华大使，1949 年返回美国。1949 年 8 月，新华社播发了毛泽东的《别了，司徒雷登》，说他是"美国侵略政策彻底失败的象征"。1962 年病逝于美国华盛顿，2008 年，骨灰被安放于杭州半山安贤园。

党联盟的发起人。张书城故意从中挑唆，恶化两派矛盾，扬言："司徒美堂受民盟分子包围，破坏民治党参加中间党联盟，甚为荒谬；您民治党只有常委而无主席，司徒美堂以主席名义登报殊为不合……倘执迷不悟，即将开除其党籍，通令海内外。"这种言论和作为，更让司徒老人对民治党心灰意冷。

4 月中旬，上海的洪门和青帮等帮会人士一起为司徒美堂庆祝 81 岁寿诞。寿宴设在上海宁波同乡会持续两日。在长长的寿序中，有宋子文、孔祥熙、陈立夫、吴铁城等国府要员及社会贤达的签名，蒋介石还特地送来一块"延年益寿"的匾额，可见国民党此时还想借司徒之名拉拢人。可惜不久之后，国共和谈即全面破裂。中共代表团从国民党统治区全部撤离，民主人士纷纷离沪去港。

心灰意冷的司徒美堂觉得是该离开的时候了。9 月 6 日，在经过深思熟虑和充分准备后，他在上海大西洋西菜社举行了记者招待会，正式宣布脱离民治党。其声明如下：

去岁自美返国后，鉴于国内时局动乱，乃有集合海外洪门同志组党，以发扬洪门传统精神，而协助政府安定人心之志。惟民治党成立一年来，徒见多数党内分子致力于党派之纷争，而未能从事于国家生产建设事业之努力，舍本逐末，实违初衷。个人意见既不同于党，脱党亦不致影响党的前途，近复经华北华南及海外洪门同志李梅林、魏大可、王慕诉、张迅之、陈铁吾、张辅邦、王志圣等二百余人通电赞成，乃毅然宣布脱党。今后将竭力教育，以实现不争之为争的建设本志。

发表声明后不久，司徒美堂就乘坐"普乐总统"号悄然去港，重组五洲统一的华侨政党的活动，就此宣告失败。

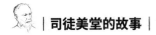

　　蒋介石对司徒美堂并不放心，派了两位心腹张我军和谭子源随同前往，名为随侍，实则监视者长达半年。来到香港后，洪少植、林乃棠等洪门人士在湾仔六国饭店为他召开了欢迎会。一向爱热闹的司徒美堂并无心思参加聚会，在回开平探望亲友之后，旋即返回香港，借住在罗便臣道1号朱树楠家中，闭门谢客，思索出路，连陈其瑗这样的老友来访都无心接待。此时的司徒美堂，"思想苦闷已极，对蒋介石已不再存幻想，但个人下一步要走什么道路，还未下决心"①。

　　① 司徒丙鹤:《司徒美堂与美洲洪门致公堂》;中国致公党中央委员会:《司徒美堂》,北京:中国致公出版社,2003年,第252页。

第十章
**拥护中共**

# 1

# 国是主张

1947年秋冬之际，随着人民解放战争由战略防御转向战略进攻，中国共产党提出了"打倒蒋介石独裁政府，成立民主联合政府"的主张。1948年1月22日，司徒美堂致电毛泽东等中共中央领导同志，祝贺解放战争节节胜利。电文中说："希贵党在于新民主原则下，当仁不让，以民族生存为怀，多负责任，领导军民，百尺竿头，更进一步，再接再厉，务使完成革命之大举，以慰四万万五千万父老同胞之期望。"

4月30日，中共中央发布了纪念"五一"劳动节口号，指出："今年的'五一'劳动节，是中国人民走向全国胜利的日子"，号召全国人民团结起来，为建立新中国而共同奋斗；号召各民主党派、各人民团体、各社会贤达迅速召开政治协商会议，讨论并实现召集人民代表大会，成立民主联合政府。

号召提出后，得到社会各界的热烈响应。当时，在香港的各民主党派领导人李济深、何香凝、沈钧儒等联合无党派民主人士郭沫若等人联名致电毛泽东主席，表示响应中央号召，并通电号召国内外各界和海外侨胞一起致力于新中国的建设。

6月9日，致公党又单独发表《响应中共中央"五一号召"宣言》，高度评价"五一号召"是"富有变革历史意义的文献"。宣言明确指出："革命与反革命已明显地划分为两个阵营，人民已没有第三条道路可以观望。"

明确表示拥护召开新政协的建议，同时表达了海外华侨期待新中国早日诞生，将来可以回国参与建设的心声。宣言的发表，标志着中国致公党从此开始接受中国共产党的领导。

由于司徒美堂在美洲华侨和海内外洪门人士中的声望，争取他的支持，成为在港的中共人士关注的重要问题。当时，中共中央香港分局统战工作委员会的负责人是连贯，他对并未明确表态的司徒美堂展开了一系列的争取工作。虽然司徒美堂闭门谢客，又有国民党的秘密监视，但是连贯选派了和司徒美堂有同乡关系的司徒丙鹤以记者身份前去联络，取得了很好的进展。司徒丙鹤于 1941 年跟随中共南方工作委员会副书记张文彬到香港工作，参加过香港南方局撤退和转移在港民主人士到大后方的活动，后来担任香港《星岛日报》记者。丙鹤和另外两位开平同乡前去拜访美堂老人，约他出来喝茶，在特务的监视下，他们用开平方言聊家常、叙乡情。丙鹤问："对于时局，五公，你有什么看法？"美老激动地说："不能打内战，不能一党专政，应该给人民自主与民主……"随着聊天的逐渐深入，丙鹤每每向他暗示：中间道路是走不通的。由于性情相得、趣味相投，此后司徒丙鹤一直留在美堂身边担任秘书，直到他去世。

1848 年 8 月 12 日，司徒美堂在香港建国酒店七楼航空厅举行了记者招待会，对中央社及《华商报》《大公报》《华侨日报》《星岛日报》等十几家报纸发表了"国是主张"。他从自己回国后亲眼所见、亲耳所闻谈起，批评国共内战导致了社会动荡、民不聊生的局面，表达了对国民党当局的极度失望，并提出建设方案："找求一个可以合作建设的方法"，而"自己是爱国的华侨，谁能解救祖国于危亡，使民众安居乐业的，即馨香祷祝"。最后他说："本人虽然年迈，但一息尚存，爱国之志不容稍懈。本人即将返美参加洪门大会，讨论国内形势，提出政治主张，以贯彻洪门革命目标。"此时的司徒美堂还是没有明确表态要支持共产党，但他清醒地认识到：不站在蒋介石那一边，必然是站在中国人民这一边；要打倒蒋介石，拯救祖国，就必须拥护真正爱国爱民的共产党。这是他此次回国期间首次以美洲洪门致公堂元老的身份公开发表言论，因此"国是主张"一经发表，马上成了香港各大报纸的头条。

招待会过后，中共方面加紧了对司徒美堂的争取工作。在港的中共地下党领导同志秘密会见了他，具体负责统战工作的连贯也与他当面探讨对时局的看法，此时他在政治立场上已彻底倒向中共这一边。态度已明，司徒美堂决定返美，以出席在加拿大召开的美洲洪门恳亲大会为由，到南京去要护照。蒋介石听说了司徒在香港的作为，本拟不发放护照，但终因碍于面子而作罢。

1948 年 10 月中旬，在司徒美堂离港返美前夕，连贯公开在香港铜锣湾沈钧儒住所设宴为其饯行，出席作陪的还有谭天度、饶彰风等人。大家憧憬着即将召开的新政协和即将诞生的新中国，气氛十分热烈。国民党统治的腐败无能，共产党在军事上的节节胜利，加上中共统战措施的得当，使得司徒美堂终于下定决心表明态度：他让司徒丙鹤即席起草《上毛主席致敬书》，明确表示衷心接受中国共产党的领导，向"出斯民于水火"的毛润之先生致敬，并郑重表示"新政协何时开幕，接到电召，当即回国参加"。他亲笔书写了这封信，签字盖章后托华南分局转呈。

这封信在路上辗转了八十天才到达北京，1949 年 1 月 20 日毛主席对这封信作出回复：

司徒美堂先生：

去年十月二十二日惠书，因交通阻梗，今始获悉。热情卓见，感佩殊深。中国人民解放斗争日益接近全国胜利，召开新的政治协商会议，建立民主联合政府，团结全国人民及海外侨胞的力量，完全实现中国人民的独立解放事业，实为当务之急。为此，亟待各民主党派各界民主人士共同商讨，至盼先生摒档公务早日回国，莅临解放区参加会议。如旅途尚需时日，亦祈将筹备意见先行电示，以利进行。谨电欢迎，并盼赐复。

毛泽东

一九四九年一月二十日

当这封信送到纽约时，解放军已经渡过长江，占领了南京、上海等地，南京政府已经覆灭了。

1948年10月26日，司徒美堂离港赴美。据说，蒋曾下令在司徒离开上海时拘留他，可能是情报有误，等特务赶到机场时，飞机已经起飞一小时了。CC系特务头子叶秀峰为此还专门到香港开展过调查，也没找到什么证据。

离开美国两年多后再次归来，司徒美堂在安良堂、致公堂的地位虽然还是很崇高，但有些情况已经发生了变化。安良堂已被国民党中委梅友卓侵占；由于CC分子的渗透，民治党内部四分五裂；朱家兆做了民治党美洲总部的主席，坚持走"中间道路"，不同意司徒倒向中共的主张；国民党特务用各种手段镇压爱国侨胞；洪门人士对司徒美堂在沪组党表示不满。在这种情况下，本拟在加拿大举行的恳请大会迟迟无法召开。

在进步华侨青年的支持下，八十余岁的司徒美堂不辞辛劳地到美西各个城市的唐人街去演讲，报道祖国解放的形势，宣传共产党的政策，解释民治党组党失败的原因，爱国赤诚，令人感佩。他还在报纸上发表了《致美洲全体洪门人士书》，重点解释了回国组党失败的原因，是蒋介石授意CC派有预谋地恶意破坏，导致组党一事未见其利先蒙其害，连累海外洪门皆受其累，殊为歉疚。鉴于此事的教训，他认为美洲洪门当务之急是要加强内部团结，将CC分子肃清；实行彻底革命，消灭国民党反动派；挑选人才回国，支持祖国建设。

针对美洲洪门人士中存在的对国内日益高涨的民主革命运动中的一些认识问题和对共产主义的疑虑，司徒美堂作《答客问——号召美洲致公堂诸兄弟》数则。《答客问》开宗明义就是："号召我美洲致公堂诸兄弟一致加入中国致公党，集中力量，共同努力。"尤其可贵的是，司徒美堂以自己对社会主义的理智向往和坚定信念，帮助洪门人士认识中国革命胜利后的走向："新民主主义的实现尚有一个相当长的时期。"中国共产党"绝不会超越时代而实现共产主义的"，"这种制度之到来恐怕还要很长的时间，非我们这一代人所能看见的了"。

这些演讲、问答的文字，大多登在美洲的华侨报纸上。此时，全国解放的消息传来，与司徒的演讲和宣传互相印证，对于澄清是非、团结洪门，产生了十分积极的作用。

**2**

# 拥护新政协

在 1948 年 10 月离开香港前，中国致公党主席陈其尤和郑天保、陈演生、黄鼎臣等人也设宴欢送。期间，陈其尤请他以"洪门老人"的身份发表一个声明，表明自己的政治立场和主张。美老让司徒丙鹤起草文稿，签字盖章后交给陈其尤，并约定待他回到美国后再予以公开。这篇文稿就是《拥护中国共产党"召开新政治协商会议"的声明》，起草于 1948 年 10 月 18 日，10 月 30 日在香港各报纸登出。声明如下：

美堂于 1946 年春，自美返国，适逢当时之政治协商会议，为之大慰。奈因蒋介石玩弄阴谋，背信弃义，行独裁之政治，置民主于不顾，一手撕破政协决议，挑动剿民内战，美堂乃愤而赴港，视蒋介石如寇仇。窃思谋国之道，旨在和平，剿民内战，元气大伤。今中共中央及民主党派所号召以四大家族除外之新政治协商会议，进行组织人民民主联合政府之主张，余认为乃解决国内政治问题唯一良好之方法，热诚表示拥护，并愿以八十有二之高龄，为中国解放而努力。……①

人民政协召开前夕，司徒美堂被推举为美洲华侨代表。当消息传出去后，孔祥熙特地托熟人出面请司徒吃饭，企图游说他不要回国。司徒表示，他是出于爱国之心才决定回国的，并未受到任何人利用。许多华侨仍

---

① 中国致公党中央委员会：《司徒美堂》，北京：中国致公出版社，2003 年，第 3 页。声明的后半部分见第九章第二节引文。

然热情地为他送行，希望他"带着我们华侨对祖国仰望的心情回去，向毛主席致敬！向解放军致敬！向政协大会致敬！要祖国不要忘记海外华侨的痛苦，侨胞盼望这一天实在是太久了！"

唐闻生回忆说："1949年建国前夕，我国召开政治协商会议，当时国内写信给我父亲，让他邀请司徒美堂先生回国参加新政协。我父亲去看他的时候，还没说上几句，司徒美堂先生马上就说：'我当然去！'我父亲非常高兴，当时也是为了他的安全考虑，就亲自从纽约送他到旧金山，看他上了飞机，我父亲才放心地回到纽约。"

1949年8月9日，司徒美堂在纽约乘飞机离开美国，13日抵达香港启德机场——这是他第六次回国，回来"真正做自己土地的主人翁，掌握自己的命运"[1]。从此他定居国内，结束了69年的侨居生涯。

司徒美堂乘坐的飞机一落地，香港政府就派警车前来"保护"。此后半个月，无论他在哪里，都会受到这样的"特殊照顾"。此前，香港的中共地下党已经秘密护送了不少民主人士离港北上参加政协会议，现在，他们又周密策划送美老北上的行动。他们表面上与美老并未任何来往，以便麻痹港府，暗地里却在做好充分准备的情况下，安排司徒丙鹤陪同美老乘坐太古公司的岳阳轮北上，港府的警车跟随到码头方才作罢。在船上，司徒美堂开玩笑说："真应写信感谢港督葛亮洪阁下的盛情照料！"

当轮船经过台湾海峡时，他们冒着被国民党拦截到台湾的危险，随时准备销毁身份证明。可是司徒美堂表现得泰然自若。6天之后，他们平安抵达红旗飘扬的塘沽港口。当天晚上，他们下榻于天津旅店。第二天，9

---

[1] 孙宇鹏:《司徒美堂与"五一口号"》，光明网，2018年4月28日。

月4日，他们终于来到了北京，下榻于北京饭店114号房。

位于东长安街与王府井商业街交汇处的北京饭店，始建于20世纪初，其建筑风格和内部设施十分高雅华贵。沦陷期间，曾被日本人强行收购；抗战胜利后，由国民党北平政府接管。北平解放后，北京饭店隶属于国务院机关事务管理局，成为新中国国务活动和外事接待的重要场所，具有相当高的政治地位。政协会议召开前夕，来北京参加会议的各方代表基本也都住在这里。

9月11日，黄鼎臣和参加政协会议的致公党代表为美老举行了一个欢迎会。美老在会上发表了讲话，他饱含深情地回顾了华侨在海外受外族欺凌的历史，表达了海外侨胞热情期望建立一个独立民主、自由统一的新中国的愿望，"这期望现在达到了。帝国主义、官僚资本、封建势力的重重枷锁现在被人民打破了，这是共产党和毛主席英明领导和无数革命先烈流血牺牲的结果。拯救中国人民于水深火热之中，导向自由幸福的康庄大道，这是一件惊天动地的大事！"他号召大家支持共产党，一起致力于新中国的建设："希望海内外同志在中国共产党和毛主席领导下，共同努力，参加建设人民共和国的伟大事业"。①

司徒美堂回到北京的消息很快传了出去。民治党的主要人物赵昱、张书城等人马上寻找机会接近美老。赵昱带着施伦佐和麦群玉，拿着"拥戴司徒美堂大哥为民治党整理委员会主席呼吁书"和上海洪门帮会的请求书等，到北京饭店求见，但多次求见都遭到美老的拒绝。后来，他派司徒丙鹤到赵昱的客栈回话："不必再来了。不及黄泉，无相见也！"黄泉相见

---

① 中国致公党中央委员会：《司徒美堂》，北京：中国致公出版社，2003年，第5页。

的话出自《左传·郑伯克段于鄢》，是郑庄公对自己厌恶的母亲说的狠话。司徒老人用了这个典故，可见上次回国组党时，赵昱在其中充当了怎样的角色。后来他八过上海，始终不肯与赵昱相见。由此可以看出，这位长期侨居美国的老人是一个爱憎分明、光明磊落的人。陶履中也曾到饭店来拜访过一次，匆匆而来匆匆而去。

民治党的负责人任荣野也前来联络，邀请美老到南池子河边吃饭。席间，任说："黄守中打算来拜会老先生，不知您什么时候有空？"美老回答："不必来了，我懒得见这样的人。"

赵、任、黄等人之所以出现在北京，有一个复杂的背景。1949 年 3 月，中共七届二中全会批准了新的政治协商会议及成立民主联合政府的建议。在新旧更迭之际，不少党派和团体派人到北平与共产党联系，要求参加新政协。由于各党派团体的情况复杂，政协筹备会常委会成立了工作小组对其进行考察甄别。1949 年 9 月 7 日，周恩来公开提出：凡是在 1948 年"五一"前就建立了组织或已开始建立组织，并且很快地响应了"五一口号"的，就可以作为民主党派参加新政协。是以新政协召开前夕，民治党的这几位主要人物都来到北平活动，想要借司徒美堂的名望使民治党得到合法地位并参加新政协。可惜他们的如意算盘落了空，司徒美堂早在 1947 年就公开宣布脱离民治党，此次是以美洲华侨代表的身份回来开会的。

连续遭到拒绝后，张书城还不死心，继续派加拿大洪门致公堂的老人邓云章前去拜会司徒美堂。司徒发现邓与张过从甚密，劝他赶快跟 CC 分子划清界限。邓不以为然，拂袖而去。后来，中共中央统战部向任荣野、黄守中等正式说明，民治党不能列为民主党派，要求他们自行解散。

民治党的成立，是司徒美堂的一个心结。他一生爱国，做过很多有

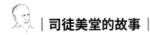 

益于华侨和祖国的事情，为自己赢得了极高的声望。可是没想到，当他晚年满怀热情积极回国组党参政，希望尽其所能参与建设、报效祖国时，在CC派的阴狠招数面前，长期侨居美国的他完全不是对手，一不小心就着了道，使美洲洪门组织混进了杂质，遗患无穷——可能在内心深处，他觉得这是一个政治污点。好在他在大方向上一点也不糊涂，始终坚持洪门"忠诚爱国"的宗旨，所以最终能摆脱CC派的控制，并与之彻底划清界限，这又是他聪明大气的一面。

## 3
# 侨领两老

中国共产党一向重视统一战线工作，新中国成立前夕，更加重视团结华侨参与国内建设。1949 年 1 月 20 日，毛泽东分别写信给司徒美堂和陈嘉庚两位著名侨领，邀请他们回国参加政协会议，共同建设新中国①。这两封信于 1983 年 12 月 25 日发表于北京的《华声报》。

中国的华侨主要分布在美洲和东南亚。司徒美堂是美洲侨领，陈嘉庚则是南洋华侨的旗帜，他们都是年少即出洋，经历种种磨难，终于在海外立足；都支持过辛亥革命，并长期从事团结华侨为祖国服务的工作，一南一北，互相辉映。邀请他二位出席政协会议，充分体现了他们在海外华侨中的地位。毛主席的书信热情洋溢，两位华侨老人毫不犹豫地双双回到祖国。

两位侨领之所以坚决支持共产党的统一战线，还源于周恩来对侨务工作的重视。1940 年，陈嘉庚率南洋华侨慰问团到重庆慰问抗日军民时，周恩来曾特意登门拜访。他向陈嘉庚分析了国内抗战的形势，重申了共产党"坚持抗日反对投降，坚持团结反对分裂，坚持进步反对倒退"的三大主张，并表示希望海外侨胞能与国内人民团结抗战。周恩来精辟的政治见解、虚怀若谷的胸襟和平易近人的作风，令陈嘉庚深深折服，就像 1942

---

① 毛泽东写给司徒美堂的信参见第十章第一节《国是主张》。

年司徒美堂在重庆被周恩来的风采所折服一样①。在周恩来的感召下，两位老人回到南洋和美洲后，广泛地向海外华侨宣传共产党的政策，并号召华侨团结起来支持国内抗战。可以说，周恩来以其卓越的政治才能和细腻踏实的工作作风开展的侨务工作非常成功，他对陈嘉庚和司徒美堂的争取，为新中国成立后的侨务政策打下了坚实的基础。

新中国成立前后，周恩来依然诚心诚意地关心两位侨领，尽己所能保护他们，团结他们。1949年9月22日，新政协开幕的第二天，人民解放军正在解放陈嘉庚的家乡集美。为了不伤害爱国侨领的感情，周恩来以中央军委副主席的身份亲自指示："集美学村系爱国华侨领袖陈嘉庚先生所创办，我军在解放集美时，要尽力妥善保护，严防破坏。宁可多流血，也要避免使用火炮。"集美学村因此得以完好保存。后来，陈嘉庚定居集美，周恩来特意指示有关部门关心他的生活。1954年，一场强台风使集美学村遭到严重破坏，正在陈嘉庚着急筹款时，周恩来打来电话表示慰问，并告知国务院已经拨发专款八十万元用于修复校舍。

司徒美堂回到北京后，由于天气转凉，没有足够的衣服过冬。周恩来知道后，立马派人陪同美老前往前门大栅栏的老字号瑞蚨祥，定制了一件大衣送给他。后来，美老每次穿这件衣服，都会自豪地告诉大家："这是周总理送给我的！"司徒美堂去世后，其家人坚持要将这件大衣转赠给陪伴了美老七年的秘书司徒丙鹤作为纪念。后来，丙鹤将这件珍贵的礼物捐给了广东开平的司徒美堂纪念馆，如今此大衣收藏于开平市博物馆。在参加第二次政协筹备会时，由于司徒美堂行走不便，周恩来特意指示全国

---

① 参见第七章第五节《来到重庆》。

政协秘书处，用藤椅做成滑竿，让人抬着他去会场。这两件事让美老特别感动。

20 世纪 50 年代，鹰厦铁路的修建、福州城区的重建，以及广东、福建的侨乡土改和便利侨汇政策，都是周恩来在充分征求和尊重侨领两老意见的基础上进行的。

正是周恩来等党和国家领导人的关心爱护，激发了两位侨领参政议政的热情。1948 年，他们先后公开表示拥护"五一号召"，如今又先后回国参加新政协。1949 年 6 月 4 日，陈嘉庚抵达北平，受到董必武、叶剑英、林伯渠等人的热烈欢迎。9 月 3 日，司徒美堂回到北京，周恩来、林伯渠等人到前门车站迎接，之后住进了北京饭店。

当时司徒美堂住在 114 号房，而陈嘉庚住在 112 号房，两个房间隔着一个大客厅，二人碰巧成了邻居。据陈嘉庚的秘书庄明理回忆，两位老人的第一次会面颇为温馨，"一天上午，美堂先生的秘书司徒丙鹤先生兴冲冲地跑过来对我说，美堂先生要来拜会嘉庚先生。我旋即将这个消息报告给正坐在沙发上的嘉庚先生。嘉庚先生闻言十分兴奋，说：'还是我们过去看望美堂先生才对！'说着他便站了起来向外走去，但这时美堂先生已手持手杖，站立在门口了。"他还记得第一次见面时美老的样子："那天他西装革履，红光满面，喜形于色，双目炯炯有神，看上去也就是七十岁左右的样子"，其实那时候美老已经八十二岁了。由于语言不通——一个说闽南语，一个说四邑话，二人都需要通过翻译才能沟通。在司徒丙鹤和庄明理两位翻译的帮助下，两位爱国老人畅谈对新政协的期望和对新中国的祝愿。此后，他们经常互相拜访，彼此敬重，颇有相见恨晚之感。百年来，美洲和南洋华侨在国外饱受欺凌的滋味，恐怕没有谁比这两位老人感受更深的了，所以他们对新中国的期待也远比一般人要强烈，他们是最愿意和中共合作，最希望看到祖国走向繁荣富强、人民不再受到欺凌的人。

司徒丙鹤曾回忆起二老在北京饭店时的细节，说陈嘉庚为人严肃，生活简朴，分析时势周详缜密；司徒美堂则性格豪放，疾恶如仇，"美老滴酒不沾，大抽吕宋烟，无时或停，喜穿西装而少穿唐装。嘉老每餐则半杯甜酒，一碗地瓜粥，几块蚝煎，坚不吸烟，见人吸烟亦加劝戒，甚至为文反对开会时吸烟。他衣着随便，中西合璧，下穿唐裤，上穿西装。两老均为爱好读书、自强不息之人……"①

9月17日下午两点半，两位侨领一起参加了在中南海勤政殿举行的政协筹备会第二次会议。会后，他们又一同参加了毛主席设在瀛台的晚宴，并与毛主席坐在一桌。饭后，还一起到怀仁堂欣赏了京剧《野猪林》。随后，他们作为华侨民主人士代表一同参加了新政协会议，在会上发言；并在9月26日关于国号的讨论会上一致反对用"中华民国"而同意用"中华人民共和国"的称号。

庄明理曾引用郭沫若"心通盛于言通"的话来形容司徒美堂和陈嘉庚之间的友情，虽然二老语言不通，但赤诚爱国的心是完全相通的。正是因为有这样心心相通的侨领，百余年来海外华侨才能一直团结奋进，总是能够在祖国危难之际不遗余力地提供支援。司徒美堂和陈嘉庚不愧是杰出的侨界楷模、爱国旗帜。

---

① 司徒丙鹤：《美堂老人的"烈士暮年"》；北京市文史委、广东省政协文史委：《回忆司徒美堂老人》，北京：中国文史出版社，1988年，第98页。

# 4

# 瀛台夜宴

1949 年 9 月 17 日，政协筹备会第二次会议在中南海勤政殿举行，司徒美堂第一次见到神交已久的毛主席。司徒丙鹤还记得初次见面的情景："他头戴列宁帽，身穿灰色军上衣，草青裤子，黑色皮鞋，身材魁梧，前额发亮，向与会者挥手"。会议结束后，司徒美堂前去和毛主席握手，主席笑着说："老人家，欢迎您！"态度十分亲切，让他如沐春风。

当晚，毛主席在瀛台设宴招待与会代表。司徒美堂与何香凝、陈嘉庚、陈叔通等人一起，陪毛主席坐在第一桌。"美老送了从美国带来的雪茄烟给主席。主席高兴地说：'1938 年时，苏联医生就说我得了肺痨，只能活十年。而现在已经超过十年的预算了。'于是当场就抽了起来。那天席间，毛主席意气风发，上下古今，海阔天空，挥洒自如。其领袖豪情，众人为之倾倒。"

席间，毛主席不断地给司徒美堂和陈嘉庚夹菜，还很幽默地说："我们这一桌什么人都齐了。有无产阶级李立三，有无党派民主人士、文学家郭沫若，有民主教授许德珩，有工商界前清翰林陈叔老，还有妇女界廖夫人和华侨老人……这是统一战线的胜利。"

谈起近现代革命斗争的历史，毛主席说："自鸦片战争以来，中国人民进行了长期的革命斗争。第一个反抗英帝国主义的是林则徐，其后是太平天国、义和团、戊戌政变、辛亥革命以至现在的解放战争。历史学家、文

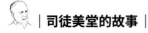 

学家们把这一段时期的人物写成一部有系统的作品，我看是蛮好的。"他还谈到康、梁，称赞梁启超的长子、清华大学教授梁思成很有学问，并提议由梁思成设计改建怀仁堂以作政协会场之用。

后来，司徒美堂谈起毛主席，十分感慨："我拥护他的抗美、反蒋、批苏、肃反，还政于民，以及建立中华人民共和国的这一系列功绩。我过去跟毛主席通电来往了八次，但过去没有见面，到1949年9月才得领风采，开诚相见，不胜佩服之至。"

## 5
# "坐轿"与"抬轿"

司徒美堂刚回到北平时，提出想去拜访毛泽东。当时毛泽东住在北平西郊香山的双清别墅，由于别墅的地势比较高，前来拜访的人一般是先到香山慈幼院，再乘吉普车上去。听说司徒美堂要来，毛泽东担心他的身体受不了汽车的颠簸，特意让警卫人员把自己平时用的藤躺椅改装成简易的轿子，准备把他抬上来。几天后，司徒美堂舒舒服服地坐着这乘"特制"的轿子来到了别墅前，早已在门外台阶上等候的主人恭谨地把他搀扶下来，迎进客厅。

毛泽东热情洋溢地对美堂老人说："老人家过去对中国人民的革命事业出过力，对人民有贡献，现在人民革命胜利了，我们绝不会忘记自己的朋友。"

"感谢毛主席对我无微不至的关怀。我是一个热爱祖国的人，谈到对中国人民革命的贡献，我的付出是微不足道的。中国人民革命的胜利，主要是靠共产党和毛主席的英明领导得来的。我认为，没有共产党，就没有新中国！"

毛主席接过他的话头："话不能这么讲。中国有五千年的历史，我们共产党只有二十八年的历史。是先有中国，后有共产党，而不是有了共产党，才有中国啊！"

听了这番话，司徒美堂感慨万分，动情地说出了埋藏在心中的疑虑：

"毛主席，我响应共产党的号召到北平来，心里有种想法——主要是对共产党了解不深——以为共产党胜利了，现在要上台了，我们这些人是来给共产党'抬轿子'的，是捧你们上台的。没想到，毛主席这样平易近人，民主协商的精神对我教育很深啊！"

毛主席马上坦率地回答："我们今后要长期共事，我们大家既是坐轿者，又都是抬轿者。每一个爱国的志士仁人，都可以以自己的特长，参加人民政府的工作，不但要做到尽职尽责，还要做到有职有权。"

新中国成立后，成为执政党的中国共产党与在中国革命中一起"抬过轿子"的民主党派、无党派人士一起"坐轿子"——共同治理国家。在中央人民政府的人事安排中，党外人士占了大约一半的比例；地方政府中，也有许多党外人士担任了重要的领导职务。司徒美堂这个曾经的"抬轿者"，当选为中央人民政府委员、全国人大常委会委员、全国政协委员和全国华侨事务委员会委员，也成了真正的"坐轿者"。

第十一章

## 开国大典

**1**

# 政协会议

在新政协召开之前，先成立筹备会，司徒美堂和陈嘉庚等七名华侨代表被推举为筹备会委员，于 6 月 15 日和 9 月 17 日在中南海勤政殿开了两次筹备会。由于司徒美堂 8 月 13 日才由美返港，并未赶上第一次筹备会。在他参加的第二次会议上，常务委员会副主任周恩来报告了 3 个月来的筹备工作，全体代表一致通过将"新政治协商会议"改称为"中国人民政治协商会议"，会议还审核通过了十五名华侨民主人士代表，司徒美堂和陈嘉庚名列正式代表榜首。

9 月 21 日至 30 日期间，中国人民政治协商会议在中南海怀仁堂隆重召开。怀仁堂是中南海内主要建筑之一，原为仪銮殿旧址，是当年慈禧太后训政之所；中华民国成立后，袁世凯将其改为怀仁堂。为了召开政协会议，毛泽东请司徒美堂的老乡、广东新会的梁启超之子梁思成将其改建为会场。才气纵横的梁思成不负众望，带领着徐悲鸿、叶浅予等人，仅仅用了 18 天时间，就完成了令毛泽东和代表们十分满意的改造工程。怀仁堂本来是一个四合院，改建工程的主体是在原来的天井之上加盖一个可容纳千人的小礼堂，礼堂在室内的设计上致力于照顾代表们开会的舒适感，外观则使其尽量与原来的宫殿建筑融为一体。

21 日晚召开第一届全体会议，电闪雷鸣，大雨如注。当夜，浦熙修给上海《文汇报》发去题为《人民代表欢聚一堂 开国盛典隆重举行》的专电，满怀兴奋地描绘了悬挂在会场的复杂而美观的人民政协大徽章的式样："中间秋海棠叶之红色中国，高踞白色地球上；上面又高插四面大红旗。淡蓝色的光线自地球周围发出。再外围，上半圆以蓝色齿轮；下半圆以黄色嘉禾，象征工农。"参与这次盛会的代表一共有662人，年纪最大的有92岁——司徒美堂是少数年长的几位之一，最小的才22岁，周恩来称之为"四世同堂"。

会议先由周恩来报告大会筹备经过，通过了89人的主席团名单。朱德作为执行主席宣布大会开幕，并请毛泽东致开幕词。之后刘少奇等11人先后发言，司徒美堂是最后一个，其发言题目为《华侨热望新中国的出现》，全文如下：

中国人民政治协商会议各位代表先生：

我们全国人民在中国共产党领导下，把一个凶恶的敌人——实行法西斯血腥统治的国民党反动政治推翻了。现在我们大家来共同协商建立人民民主共和国的大计，这真是我国有史以来的第一件大喜事。我代表美洲华侨回国出席这个会议，飞越半个地球跑到北平，用最热烈的心情，向大会致贺。

海外华侨一向热爱祖国，效力革命，但从来得不到祖国真正的爱护，以致在海外受帝国主义的凌辱压迫，回来国内便受贪官污吏的剥削欺骗。所以很长时期热望一个独立、自由、民主、统一的新中国的出现。今天，由于中国人民解放军和全国人民的英勇奋斗，这个愿望是达到了，使我们感到万分的兴奋！

华侨远处异地，国内情势，未能透彻明瞭。现在我回到解放了的北平一看，觉得中共人员那种刻苦踏实、英勇牺牲的精神，对建国大计那种反复协商、尊重各方面意见的优良政治风度，实在值得我们佩服。这就是中国共产党有资格领导全国人民并进而取得彻底胜利的最大因素和保证。我们华侨相信，我们的新政府是为争取广大人民利益的，我们坚决表示拥护！同时相信，我们既能把三大敌人打倒，我们就有办法来建设自己的国家。比如，我们工业落后，要赶紧的进行生产建设。侨胞在新政府切实保障华侨正当权益的政策下，一定会踊跃投资，返到祖国来。中国有无尽的富藏，尚未开发，因此，国外华侨协助政府把自己的祖国搞好，这是我们义不容辞的责任。

在达到完全胜利以及建设新中国的途径上，一切明明暗暗、大大小小的反动派必将继续施其阴谋毒计，挑拨离间，封锁破坏，所以困难是有的。但我们相信，任何困难都是能够克服的。我们必须继续团结奋斗，发挥民主精神，在毛主席英明领导之下不断前进，巩固这个胜利，并发展这个胜利。

谨祝大会完全成功。①

据竺可桢日记，美老的发言连同翻译一共持续 13 分钟。这篇讲话是司徒美堂真情实感的流露，也表达了海外华侨共同的心声。会议期间，他非常认真，每会必到，认真听取报告发言，用心参与讨论，充分发挥了华侨代表的作用。会议通过了《中国人民政治协商会议组织法》《中华人民共和国中央人民政府组织法》和《中国人民政治协商会议共同纲领》三个文件，以及关于国都、纪元、国歌和国旗的决议案——以北平为首都，恢复北京之名；纪元用公元；国歌用《义勇军进行曲》；国旗用五星红旗。

① 中国致公党中央委员会：《司徒美堂》，北京：中国致公出版社，2003 年，第 7—8 页。

30 日，大会选举出 180 位全国政协委员，司徒美堂是其中之一。

香港华商报 1949 年 7 月 10 日《新政协人物剪影》这样评价司徒美堂参加新政协的原因："司徒的生涯，充满着古老中国那种义侠社会的气氛。他平易近人，'三教九流'的朋友无所不识；他年纪虽大，而精力旺盛，记忆力强，有如中年人。他的社会威信，是由他参与了斗争的人民群众中产生出来的，而他也永远站在被压迫被欺凌的人民这一边。爱打（抱）不平，也是由于他的出身使然。同时，饱受帝国主义欺侮的老华侨，自然而然的热爱祖国民族，他今日之走上新民主主义的道路，正是这两种仇恨——阶级仇恨，民族仇恨——继续发展的必然结果。"①

司徒美堂以八十余岁高龄万里归来参加政协会议，并不是个别现象，当时还有张元济、周善培等数十年不参加任何党派、不过问政治的老人，此次也都积极参会。张难先在 9 月 24 日会议上的发言颇能说明其中缘由："此次所召开的人民政治协商会议，大家都欢欣鼓舞，不顾衰老，毅然参加。这实在是看见解放军军纪之好，政府人员之刻苦努力，以及毛泽东主席、朱德总司令之英明领导所感召。就这几位老先生之参加看来，真可以代表全国人民心悦诚服地拥护人民政府。这个意义是非常重大的。"

---

① 转引自司徒美堂：《我痛恨美帝·华侨民主人士司徒美堂传略》，北京：光明日报社，1951 年，第 4 页。

## 2

# 论定国号

在政协第一次全体会议召开期间，司徒美堂参加了论定国号的座谈会，对"中华人民共和国"国号的确定表达了看法。

9月25日深夜，司徒美堂收到了周恩来和林伯渠联名的请柬，邀请他于次日上午十一点半到东交民巷六国饭店参加午宴，有重要事情相商。第二天上午，当他们到达饭店时，发现参加午宴的有张元济、何香凝、马寅初、简玉阶等二三十人，都是"长老"级别的人物。周恩来先说明召集大家前来座谈的缘由：在日前的政协会上讨论的《中国人民政治协商会议共同纲领》中的国号"中华人民共和国"之下，有一个括号，里面写着"简称中华民国"几个字。当时之所以把简称写入《共同纲领》，是为了照顾一部分人的感情，以示不忘辛亥首义之功。可是对于这个简称，一直有人表示反对。所以政协常委会让他出面，召集一些德高望重的长者，听听大家的意见。

这些老先生知道议题之后纷纷发言表态，他们的意见也分为两派。一派以黄炎培和何香凝为代表，他们认为"中华民国"是孙中山辛亥革命的果实，是许多烈士用鲜血换来的；而且老百姓已习惯了这个称号，一旦改变，可能感情上不容易接受。另一派以司徒美堂和周致祥为代表，他们则主张就用"中华人民共和国"这个称号，不需要简称，尤其不要用"中华民国"这个简称。黄炎培甚至认为，可以先保留简称，五年后政协换届时再修改。

周致祥是前清进士，他认为中华民国是祸国殃民的一个称号，而且用中华人民共和国能够表明这是一个不同于中华民国的新政权。司徒美堂听了丙鹤口译的三人发言后，主动要求说几句。他说："我是参加过辛亥革命的人，我敬重孙中山先生，但是对于'中华民国'四个字，则绝无好感。因为这个称号与老百姓没关系，而且二十二年来被蒋介石和国民党CC派弄得乌烟瘴气，导致天怒人怨，令人痛心疾首。我们试问：共产党所领导的这次革命是不是跟辛亥革命不同？如果大家认为不同，那我们的国号应该叫'中华人民共和国'，要丢掉中华民国的烂招牌。国号是一个极其庄严的东西，一改就得改好，为什么要五年之后再改？语云：'名不正则言不顺，言不顺则事不成'，仍然叫作中华民国，何以昭告天下百姓？我们好像偷偷摸摸似的，革命胜利了，却连国号也不敢改。我坚决反对什么简称，主张光明正大地用中华人民共和国。"这番话快人快语，掷地有声，既代表了全国人民的心声，也代表了海外华侨的呼声。他一说完，大厅里顿时响起热烈的掌声。

接着，马寅初、张澜、陈叔通、车向忱和陈嘉庚也赞成此议。车向忱补充说，人民一时接受不了新国号不要紧，只要宣传教育工作做得好，老百姓很快就会习惯的。沈钧儒则从法律角度加以说明：遍观世界各国的国号，只有字母缩写，并无其他简称；而且将来以国家名义与别国订立盟约，在行文上也多有不便，所以还是不用简称的好。他觉得，即使去掉简称，也并无忽视辛亥革命的意思。

大家的意见很明了，反对一派占压倒优势。最后，周恩来对讨论会做了小结："我要把这些意见综合起来送给主席团常委去参考，由他们来做最后决定！"

**3**

# 开国大典

　　毛泽东热情评价司徒美堂的爱国行为："过去对中国人民革命事业出过力，对人民做出过贡献，现在人民胜利了，我们绝不会忘记自己的朋友。"司徒美堂满怀爱国报国之心，作为年龄最大的代表之一出席了中国人民政治协商会议第一届全体会议后，紧接着又作为七个华侨代表之一登上天安门城楼，参加了1949年10月1日的人民政府成立典礼，即开国大典。

　　9月30日傍晚，政协会议即将闭幕，最后一项议程是选举中央人民政府委员。在中南海工作人员唱票、计票的空当，全体代表又驱车至天安门广场，为人民英雄纪念碑举行奠基仪式。在仪式上，毛泽东用悲痛的声调一字一顿地朗读了由他起草的碑文，之后代表们一起为纪念碑培土奠基。值得一提的是，1952年开始的纪念碑兴建工程，依然是梁思成主持，直到六年之后，这座中国历史上最大的纪念碑才最终建成。

　　投票结果出来后，司徒美堂当选为中央人民政府委员。饭后又在勤政殿举行了中央人民政府委员会的预备会议，讨论第二天开国大典的程序、阅兵、游行等事项。散会时已是后半夜，回家途中，他和司徒丙鹤看到准备游行和阅兵的队伍已经开始集结，街上灯火通明，一派喜庆气象；回到北京饭店，东单广场上战马嘶鸣，一切都是欣欣向荣的样子。

　　次日下午两点，司徒美堂先参加了在勤政殿举行的中央人民政府第一次会议，毛主席红光满面地站起来说："我宣布，我们中央人民政府的全体

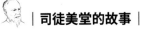 

委员现在就职了！"随后全体委员乘车出中南海东门，经由故宫西华门，登上天安门城楼。司徒丙鹤对于陪同美老参加开国大典的情景一直记忆犹新："十月一号下午两点还在开会，人民政府宣布就职。毛主席带着我们上天安门。那时候还没有电梯，只能慢慢走。我们就站在天安门城楼东面第二根柱子下面，目睹我们伟大的祖国举行开国大典……司徒美堂说，我一个老华侨，一个老洪门，从小孤儿，今天我很感动，光荣。"这里要作一点说明：网络上介绍司徒美堂参加开国大典登上天安门城楼的文章，常常错将长髯白须的张澜先生的照片作为配图。其实美老到五十年代才开始留胡须，而且他一生爱穿西装，只在定居北京以后才偶尔穿中式长袍。而且，司徒美堂在六十三位中央人民政府委员中的排名靠后，不可能站在离毛主席很近的地方。

　　宽阔的广场上坐满了前来参加盛典的人，红旗、标语、气球、提灯，汇成了欢乐的海洋。当毛主席出现在城楼主席台上时，广场上的群众发出了震耳欲聋的欢呼，连城楼上喜庆的大红灯笼都为之激荡。女记者杨刚的一篇题为《毛主席和我们在一起》的通讯中，写到了典礼中最激动人心的一幕：天安门前新开辟的广场上，几十万人民一次次发出"毛主席万岁"的呼喊声，毛泽东则在城楼上通过播音器回应："同志们万岁"。"群众是欢呼跳跃，主席温厚而慈祥的手在空中摇动不停……"①目睹这样盛大的场面，听到毛主席以雄伟的声音宣布："中华人民共和国中央人民政府成立了！"司徒美堂心潮澎湃，热泪盈眶，他说："这一历史上最有意义的一刻，真是光荣，这光荣是属于美洲全体爱国华侨的。"后来，他多次回忆

---

① 转引自傅国涌：《日记中的开国盛典》，武汉文史资料，2013 年第 10 期。

参加盛典的情景："1949 年 10 月 1 日，海外华人盼望已久的宿愿实现，我们独立团结的祖国宣告成立了。当我站在北京的天安门城楼上，看着一望无际欢乐的人流通过下面的巨大广场，庆祝中华人民共和国的诞生时，我禁不住热泪盈眶。我为毛主席在那次庆祝大会上的讲话'中国人民从此站起来了'所感动。"① 他还清楚地记得当时的感受："我还能看见中华民族有昂首挺胸的这一天，使人吐了一口憋在心里几十年的'弱国之民'的闷气。"

在升国旗、奏国歌、鸣炮、阅兵等仪式举行完之后，天色已经暗了下来，群众举着灯笼火把开始游行。整个天安门广场变成了一片欢乐的海洋，大家的热情还未褪去。不觉入夜，明月生凉，可司徒美堂的心是火热而激动的，为了分享理想得以实现的喜悦，他邀请政协代表李子诵、香港《华商报》老总刘思慕，连同秘书司徒丙鹤一起，来到东安市场的东来顺，就着二锅头，美美地吃了一顿涮羊肉。对于一个长期生活在美国的广东人来说，这典型的北方食物竟然如此可口，这大约是他心情兴奋的缘故吧？

此时，他满怀感慨地回想起自己的大半生。自从 14 岁到美国以来，到如今已近 70 年，他像其他旅美华侨一样，有如无父无母的孤儿，受够了美国的欺压，尝遍了酸甜苦辣。在清政府时代、北洋军阀时代、蒋介石时代，他们一次次回到祖国，可得到的永远是失望与屈辱。他们希望祖国强大，带着辛苦挣来的血汗钱回国投资，却要遭受海关关员的敲诈、码头

---

① 司徒美堂:《我的生活经历》；北京市文史委、广东省政协文史委:《回忆司徒美堂老人》，北京：中国文史出版社，1988 年，第 63 页。

打手的勒索；投资的广东银行①为宋子文吞并，电车公司因遭军阀敲诈而破产，唯一侨资民办的新宁铁路被蒋介石破坏……侨汇迅速贬值为废纸，侨胞房屋常常被霸占，凡此种种，都令他们心惊胆寒。可是现在，噩梦终于醒了，他能够亲眼看见庄严灿烂的中华人民共和国在全国人民欢欣鼓舞的喝彩声中诞生，从此华侨有了民主的政治地位，侨资有了发展的好机会，侨胞能得到尊重和保护——一切都是崭新的样子，华侨终于可以扬眉吐气、为国贡献了，这怎不令老人家兴奋呢？

60 年后，93 岁的司徒丙鹤在北京接受记者采访时，依然精神矍铄，头脑清晰。他说："60 年前开国大典时，我陪同美堂先生走上天安门城楼，参加了开国大典。当时，他是 83 岁，而我是 33 岁。时至今日，当年在天安门城楼上的嘉宾，恐怕只剩我了。"虽然物是人非，可是那最激动人心的时刻，他永远不会忘记。

开国大典结束后，司徒美堂对身边的司徒丙鹤说："阿鹤啊，走啦！"

"走哪里去呀？"

"回香港，回美国去啦！都开完会了，我们回来开会支持拥护中央就行了嘛。"

---

① 广东银行：民国元年，旧金山广东银行约集美洲华侨和香港殷实商人共同投资创设广东银行，总行设于香港。受世界经济危机的影响，总行于民国 24 年同时宣告停业清理。次年由国民政府官僚资本加入股份进行改组，宋子文任董事长，香港总行与上海、广州、汉口等分行恢复营业。

第十二章

**参政议政**

# 1

# 桑梓情深

在北平参加政协会议期间，司徒美堂遇到了广东籍的泰国华侨蚁美厚[①]。蚁美厚当时也住在北京饭店，因为是老乡，他们常常一起聊天。美老很关心家乡开平的情况，蚁美厚就跟他讲广东华侨政策的执行情况，以及江门侨乡的新发展。他非常认真地把这些记在本子上，并对蚁美厚说："我们一定要维护归侨和侨眷的权益，争取更多的爱国华侨回来一道建设新中国！"

由于放心不下家乡人民，1950 年 2 月，司徒美堂乘坐火车由津浦铁路从北京回到了广州。归途中，他看到新中国的工人们在寒风中不分昼夜地抢修淮河大桥的场景，这座桥在解放战争期间被国民党破坏了，眼看着很快就会恢复通车。

回到广州后，他着手筹办面向华侨和侨眷的《华侨新闻》月刊与《新商晚报》，目的是通过媒体沟通侨情。为了加强报纸的影响，他写信给毛主席，请他为《华侨新闻》月刊题词。次月，毛主席为该杂志题词：共同奋斗。当时，还有朱德、刘少奇、周恩来等一百多位国家领导人和著名人士为之题词。司徒丙鹤选了其中两幅精心装裱留作纪念，可惜在"文革"

---

① 蚁美厚（1909—1994）：原名美扬，广东澄海人，泰国侨领。1945 年在泰国组织成立"泰国华侨各界建国救乡联合总会"，任会长。1949 年，受中共中央邀请前往北平参加全国政治协商会议和开国大典，当年 11 月回到广州工作。曾任中央人民政府华侨事务委员会委员、广东省政协副主席、广东省华侨事务委员会副主任等职。

中被抄。司徒美堂的信件和毛主席的回信也都遗失了。他又物色到有丰富办报经验的赵元铭，说服他担任《新商晚报》的编辑。他对赵元铭说："不管有什么困难，我都要设法办好这两个刊物，以便向海外华侨宣传新中国的国策，特别是华侨政策。"赵元铭被他的爱国热情所打动，终于推掉其他工作，出任《新商晚报》经济版编辑。

根据关绍根的回忆和司徒丙鹤保存的照片，他们和司徒美堂于1950年4月1日在广州有一张合影。当时司徒美堂在广州，于4月15日参加了致公党第四次全国代表大会。大会确认以中国人民政治协商会议的共同纲领为致公党的政治纲领，本党今后的任务是"加强和中共及民主党派的团结合作""巩固人民民主的专政"，并指出"本党应特别关切华侨，帮助华侨，团结和教育华侨，并号召华侨踊跃投资国内的生产建设，发挥华侨革命传统的爱国精神"，这些主张，和司徒美堂此次回国后，尤其是参加政协会议之后的主张和倾向完全一致。据说关于是否接受中共领导这个问题，在会上有过争论，最后确定接受，也许司徒美堂发挥过作用也未可知。

在广州，由于两广同乡会打算恢复两广中学，准备请李济深和司徒美堂出任董事长和副董事长，委托张猛出面邀请美老。司徒美堂对发展家乡的教育事业很有热情，欣然应允。后来，由于种种复杂的原因，学校的恢复工作未能完成。6月，他取道京汉铁路回到北京，参加全国政协会议，在会上提出关于华侨问题的意见。

这一年冬天，司徒美堂没有回家乡开平过春节，心中非常惦念他的原配夫人和孙子。第二年初春，住在北京北池子胡同83号的司徒美堂，看着结冰的筒子河，突然想起家乡热闹而亲切的茶楼。南方的冬天温暖而湿润，亲友们聚在一处，喝着陈年普洱，吃着精美的广式点心，聊聊天，叙叙旧，多么悠闲啊！可是回国一年多来，一直都在紧张地开会。现在好容易闲下来了，他决定回去看看乡亲们。

　　1951 年 3 月，他再次回到广东。这一次，他先到了广州，在广东省委统战部的安排下，乘花尾渡①到了江门。粤中专区专员谢创、副专员欧初和江门市的领导一起到码头迎接，并安排他们住在蓬江河边长安路上当时江门最好的旅店里。谢创等人设宴招待了司徒美堂，江门各界人士又在市工商联礼堂为他举办了欢迎大会。在当地领导的陪同下，他参观了江门机械厂，观看了粤剧名家薛觉先的演出，还来到后台向演员们致意。今天，我们读朱朴的回忆文字②，还能体会到美老当年喜悦的心情。

　　回乡的第二站是鹤山。鹤山在江门北边、开平之东，因市内有山形似仙鹤而得名，是五邑之一。新中国成立之初，鹤山县隶属粤中专区，政府在沙坪镇。得知县长关立也是开平人，美老就对谢创说："谢专员，关县长是开平人。开平出人才呀，要多为民造福啊！"县政府在人民广场为美老举行了隆重的欢迎大会，他代表中央人民政府向鹤山群众表示了亲切的问候，号召大家支持祖国的抗美援朝。之后，他又视察了沙坪周边的农村，了解农民们的生活状况。"79 岁的鲁妈③向我讲述她家中发生的变化时，眼

---

　　① 花尾渡：清末民初，在西江流域运行的一种客货运输船只。其特点是前面一艘小电动轮船拖动后面的大型木质客货驳船，是一种综合了西式客货轮层楼结构和中式画舫特色的新型客货船。因其驳船的船头彩绘有一只"镇魔压邪"的貔貅，船尾彩绘有艳丽夺目的海棠、牡丹、龙凤、麒麟等奇花异兽，故名"花尾渡"。1947 年，广州协安祥船厂在澳门泰益船坞建造了最大的一艘"花尾渡"，名叫"西江皇后"，设有 420 个乘客卧位，可载货 100 多吨，足见其规模。

　　② 朱朴：广东省华侨事务委员会侨政处工作人员，1951 年春，曾在中共广东省委统战部的安排下陪同司徒美堂回江门考察土改。其回忆文章题为《少小离家老大回　乡音无改美堂公》，收录在《回忆司徒美堂老人》一书中。

　　③ 鲁妈：在司徒美堂口述的另一篇回忆长文《回忆当年，欢呼今朝》中作"吕母"。

中透出喜悦的神采。解放前，她家里十口人只剩下三口，其余的人由于地主的剥削压榨和饥饿先后死去。那时，鲁妈和她守寡的儿媳以及一个孙女住在一间摇摇欲坠的泥窝棚里。三个人同盖一床破烂的棉被睡觉，就是这床破棉被，还是鲁妈五十多年前作为陪嫁带过来的。今天，他们有了自己的土地和瓦房，还有了足够的粮食衣物。'以前，人们从未见过鲁妈的笑脸，现在再看看她吧！'当鲁妈向我叙述这些的时候，村里的人这样议论着她。"①

　　离开鹤山后，一行人来到美老的出生地——开平赤坎。赤坎镇位于开平市区的西南方向，珠江支流之一、发源于阳江的潭江横贯全镇，水陆交通十分便利。这里的华侨文化资源十分丰富，镇内保留有大量中西合璧的华侨建筑，仅碉楼就有 200 多座，尤以始建于明代的迎龙楼、抗日旧址南楼、司徒氏图书馆和关族图书馆、堤西路的骑楼建筑群等最有代表性，而且每一座楼后面都有动人的故事。

　　在司徒美堂回乡前六年，潭江边的南楼上就发生了七烈士以身殉国的英雄事迹。南楼位于赤坎镇东边的腾蛟村，矗立在潭江之滨，与北楼隔江相望。抗战后期，计划撤出中国战场的日军，企图打通由潭江至广州的水上通道，扼守潭江的南楼因此成为日军攻击的目标。1945 年 7 月 16 日，日军从三埠（潭江两岸的新昌、荻海和长沙）分兵三路直扑赤坎镇，以司徒氏为主的永坚、树溪、中股、南楼四乡居民组织自卫队，坚守南楼和北楼英勇抵抗。在敌众我寡的形势下，北楼被攻破，司徒煦等七名自卫队员毅然坚守南楼，以掩护大部队撤退。在弹尽粮绝的情况下，他们砸毁枪

---

① 司徒美堂：《我的生活经历》，《中国建设》1954 年第 3 期，原稿为英文，何平翻译。

支，在南楼第三层的南边墙壁上留下遗书："我等保守腾蛟，历时四日来，未见救援。敌人屡劝我投降，我们虽不甚读书诗，但对于尽忠为国为乡几字，亦可明了。现在我们已击毙敌十六名，亦已及相当代价。现在我们各同一心，于中华民国三十四年，六月十五日，自杀于腾蛟南楼，留语族人，祈在敌人退后，将此情况发表报纸上，则同人等死亦心甘矣。"后来，他们决定继续抵抗，从19日到25日，坚守了七天，最终在日军毒气弹的攻击下昏厥被捕。日军把他们送到当时赤坎中国银行所在地施以酷刑，后来又押至司徒氏图书馆门口残忍杀害。七壮士英勇就义后，乡民们将他们安葬在司徒氏图书馆南面、潭江之北的高咀村凉亭边，使他们面向南楼，永远安息于火热的赤坎土地上。2004年，赤坎海外侨胞在图书馆兴建了南楼抗日七烈士就义纪念园，司徒丙鹤为纪念亭撰写了碑文，并题诗纪念。如今，这里已成为当地著名的爱国主义教育基地。

当司徒美堂回到赤坎时，烈士们的鲜血已经换来了家乡的和平。清澈的潭江依然缓缓流过古镇，江面上往来于赤坎与香港、澳门、广州以及四邑之间的船只秩序井然，码头人流如织，一派祥和热闹景象。在这里，他受到开平县领导和各界人士的热烈欢迎。在开平酒店三楼住下后，乡亲们也纷纷来探望他。他用开平话和家乡的人们热切地交流，感慨当年为穷困所迫出洋时的惨状，面对新中国成立后家乡的新气象，他情不自禁地赞叹："好爽，好爽！"这是广东人表达喜悦心情的特殊方式，虽然几十年没回来了，美老还是没有忘记家乡的语言。

笔者曾于2020年1月14日前往开平考察，在司徒美堂纪念馆采访过几位司徒族的老人家。其中一位名叫司徒宗卫的老人说，他曾在1950年前后见过美老一面。当时由于美老家所在的开平赤坎牛路里村道路较窄，轿车不能开到村内，只能由人从两侧搀扶着走一段路才能到家。当他从车上下来时，虽然腿脚不便，精神却是很好，许多小孩都跑过来围观，好奇地问东问西。所谓"儿童相见不相识，笑问客从何处来"，大约说的就是这样的情景吧，不知这位爱国老人当时是怎样的心情？离家七十二载，归来"访旧半为鬼"，唯有门前池塘，春风不改旧时波。人事总在消磨，不变的只有那一颗热爱桑梓的初心和家乡人民的热情。

他很关心乡亲们的生活状况，而家乡的人民对他丝毫没有隔阂，热心地带着他去看新修的河堤和新安装的用来保护稻田的水闸，给他讲述这些年来开平发生的巨变。据乡亲们介绍，从上年8月以来，开平就完成了大小水利工程30多项，受益农田达到35000多亩。他的老家牛路里附近也呈现出崭新的面貌，村后的海仔口建了蓄水闸来灌溉农田，对面的塘边村正在修围基，设水闸。在开平，他还见到已经成为村干部的农村妇女李凤，她自豪地给美老介绍了村里的农业生产情况：村民们用新技术安装了30多台灌溉设备，被灌溉的稻田可以增产稻米70万升……家乡的农业生产水平提高了，人民的精神面貌也发生了巨大的变化，这些，都让他打心眼儿里高兴。

这一次，他还参观了四邑之一的台山县。在四邑地区，台山的华侨最多。之前，很多侨眷常年依靠在外的华侨寄回的侨汇维持生计，养成好吃懒做、喜欢抽烟赌博的坏习气。"在华侨众多的台山端芬乡群众大会上，我会见许多美国归侨老友和侨眷们，几十年前的致公堂老兄弟，扶杖来访，握手谈心，使我特别高兴。他们告诉我，侨乡过去的三大害：烟、赌和土匪，现在都肃清了。侨乡人民现在身心健康，地方太平，人人劳动，野无荒土，气象已焕然一新。"① 在朋友的带领下，他参观了新建的蛮陂头水力发电厂，能灌溉 1 万多亩稻田的禾雀陂水利工程，以及玄潭陂水利工程、海宴大成围等几十处水电工程。想着农民的用电和粮食产量有了保证，他确实感受到了共产党领导下的人民翻身做主的喜悦，越发觉得自己当初选择支持共产党是正确的。

在考察了江门、鹤山、开平、新会和台山的土改情况之后，大约在 3 月下旬，司徒美堂收到了毛主席邀请他返京议事的亲笔信。他依依不舍地和家乡人民道别，依然乘坐花尾渡回到广州。返回北京后，他感慨颇多，将自己在江门侨乡的所见所闻所感写成长文《粤中侨乡的土改》，在《光明日报》上连载了一个月，后来作为专著印行。

1953 年，司徒美堂第三次回到广东。这一次，他参观了广州的越秀山，当时的越秀山公园里有一个可容纳 5 万人的大型体育馆和国内最大的游泳池，看到这些变化，他由衷地感到高兴：在共产党和人民政府的领导下，家乡的一切都在朝着更好的方向发展。他觉得自己还很年轻，还能为祖国和人民做很多事情。

---

① 司徒美堂：《回忆过去，欢呼今朝》；中国致公党中央委员会：《司徒美堂》，北京：中国致公出版社，2003 年，第 130 页。

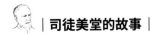

# 侨乡土改

在北京留下来之后，司徒老人曾在美国侨报上刊登公开信，表示要坚持为华侨服务的宗旨，为保护华侨正当利益而努力。他不仅这样说，也把护侨的思想贯彻到了实践中。1951 年 3 月，85 岁的美堂老人回到广东侨乡，深入考察侨乡土地改革的情况，并在《光明日报》上连载了数万言的《粤中侨乡土地改革前后》考察报告。司徒老人这种爱国爱乡火热情感和与时俱进的精神品格得到了时任中侨委主任的何香凝的高度赞扬，她说："从反清、反帝、反美及最近在土改反霸的一连串斗争中，我们可以想见他老人家的坚毅不挠、勇往直前的精神。"

对于土改，司徒美堂是举双手赞成的。他出身贫苦，从小对农民饥寒交迫、没有土地的痛苦有切身的感受。在美洲认识孙中山以后，他又深受其平均地权、耕者有其田思想的影响。旧中国封建的土地制度极不合理，他认为这是中国贫困落后的重要根源，"土改是占中国人口百分之八十的农民生死攸关的大事，不土改，中国无出路；不土改，国家无法富强；不土改，中国革命未算彻底成功"。所以，他在听说了老区土改的情况后，就对照广东侨乡的情况，提出了对侨乡土改的意见。司徒美堂口述的意见，经司徒丙鹤整理，写成政协会议提案，提交给 1950 年 6 月的人民政协全国委员会第二次会议。会后，他又写成了《关于华侨土地问题的几点意见》，由中央侨委会转呈给毛主席，意见书全文如下：

一、首先，我坚决拥护"有步骤地有计划地进行土地改革"的政策，农民有了土地，中国的革命才会成功，经济建设问题，才有办法解决。

二、以广东侨乡情况而言，华侨占有的土地，数目实在有限，大小地主成分，少之又少。进行土地改革，根据"中间不动两头平"的政策，对华侨目前利益，不会引起他们的畏惧和反抗。听说关于华侨土地，采取较为和缓的态度，这当然更好。所谓华侨，其实是破了产的贫雇农，逃到海外，靠出卖劳力，获得微薄的工钱，积蓄了一点外汇，返回祖国，买田养老，与封建地主的田租剥削大不相同。

三、但我以为"华侨土地"的定义，必须有明确的规定，在划分何者为华侨土地，何者不是华侨土地的时候，技术上要非常精细。执行土改的下级干部，认真要对全部政策以及侨情作透彻的了解。如果不，就会引起许多意外的麻烦。

四、广东（尤以四邑和中山等侨乡为然）一般的情形是：一户人家之中，多少总有点华侨关系，牵牵连连几乎都是侨眷。如这个"户主"不是华侨，但户内有人是华侨，他们多余的田分不分？有的华侨户主已去世，儿子坐享父兄田产收益，这种土地还算不算华侨土地？有的华侨在海外与蒋匪帮搅在一起，对华侨民主团结妨碍实大，他们的土地，是不是应与一般华侨的土地采取不同的方法？华侨地主与一般地主怎样区别？这都是问题。对这个问题，如果采取"不分""不动"的态度，广东有些地方可分的田地实在太少。一般贫雇农得不到应得利益，会感失望。这些贫雇农，既无侨汇，又无田地，他们的痛苦比之一般侨眷尤为沉重。不能因为华侨问题而抑止了当地贫雇农的要求。

五、侨眷有两种，富有的不说，许多贫苦的侨眷，侨汇少，有的甚至十年八年都接不到侨汇，生活相当困难，耕种一两亩重租的瘦田过日子。以阶级成分论，他们实际上倒是贫雇农。如果华侨土地不动，富有的自然高兴，贫苦的侨眷则会失望。

六、广东的"尝田""学田"很多，素为封建土豪以"理数"方式（管理太公的数目）盘踞，施行抽剥农民的把戏。有许多人甚至变"尝田""学田"为己有，日久年湮，事实无从稽考。对于这些土地，无论其用何种方式占有，都应该坚决地予以彻底改革。但"学田"中有新式学田，即是各个小学中学的校产。华侨因自己不识字的痛苦，热心侨乡教育，几十年来捐款办了许多学堂。为了乡村教育经费，校董会都将捐款购买田产（或房屋），以租益津贴学校，对于扫除侨乡文盲，发展华侨教育一点，曾尽了很大作用。我以为：对于这样的校产土地，应予保留，俾以扶助侨乡教育。设学校教育人民当然是政府责任，不过在政府没有大笔教育经费进行义务的小学教育之前，这样华侨捐款办学，使穷乡僻壤的子弟都有机会读书的事实（因为有津贴，负担一般的都很轻），应该暂予保留，不宜当一般学田论断。

七、华侨地主中，有的还兼有自建乡村洋房，这些东西最好不要分。洋房之来，是来自他本人的血汗所得，与专靠封建剥削的地主洋房不同。

八、如果国内环境安定，海外有许多耕种菜园的华侨，实在愿意回来进行大规模的农业生产，这样可以使农村生产有了新的刺激，不知这样的土地将来还有得出租否？华侨可以收买土地来进行上述新的农业生产否？土改条文中，应加说明。

以上都是所见所闻的零零碎碎的浅见，谨呈供作参考之用。

侨居国外多年的司徒美堂太了解华侨漂泊海外的心情了！他知道华侨

多么希望祖国能强大起来，多么希望得到祖国的关怀和照顾，所以他坚决支持新中国的土改，同时也关心华侨在土改中的利益。也没有人比他更了解侨乡的复杂情况了！第二、四、六、七条中所讲的华侨土地和房屋的问题，是其他地区所没有的，恐怕也是中央土改工作组未曾预料到的。他对侨乡土改的意见书既照顾了大局，又切中了要害，他提到的华侨房屋调配问题、华侨土地划分问题等都是侨乡土改中非常关键的问题，如果解决的不好，就会伤害广大华侨的感情和利益。后来广东特别是四邑侨乡的土改事实证明：这位华侨老人对事情的洞察力和预见性是多么富有远见！有些干部并不了解广东地方的情况，甚至连广东话都不会讲，却不问青红皂白地用北方土改的经验来处理广东侨乡土改中的问题，片面只求扩大胜利果实，混淆政策界限，特别是没收华侨地主房产这一点，做得很粗糙，让一些华侨寒了心。

意见书上交政协会议后，毛主席批示："将此文在政协文件中刊登。"之后该提案全文在政协简报上发表。中央负责人和土地改革工作委员会也批示说，要在草拟文件时采纳司徒美堂提出的正确意见。1950 年 6 月 30 日，《中华人民共和国土地改革法》公布，其中第 24 条规定："华侨所有的土地和房屋，应本照顾侨胞利益的原则，由大解放区人民政府（军政委员会）或省人民政府依照本法的一般原则，另定适当办法处理之。" 1950 年 11 月，政务院又根据这个精神发布了一个《关于土地改革中对华侨土地财产的处理办法》，其中第 4 条规定："华侨地主及地主华侨的房屋，除原由农民居住的房屋外，其他方面一律不动。"基本吸收了司徒美堂的正确意见，可见中央的民主决策确实落到了实处。

1951 年 2 月底，司徒美堂以中央人民政府委员的身份，上书毛主席和周总理，要求回广东侨乡考察土改。耄耋之年的他为什么要千里迢迢到广东去视察土改呢？在考察结束后，他撰写了《粤中侨乡土地改革前后》，他在书中说，回到侨乡是基于两点考虑，一是在北京的 18 个月开会开的太多了，想到农村去了解一些具体的情况；二是广东正在稳步加快土改工作，他很想和农民一起推进土改，并号召归侨和侨眷组成强大的农村反封建统一战线，和地主阶级作斗争，同享一份喜悦①。中央考虑到司徒美堂爱乡心切，而且他懂四邑话，和乡亲们交流无碍，通过他的影响力在舆论上支持土改，可以教育华侨过好"反封建"这一关，于是同意了他的请求。中共中央还电告华南分局第一书记叶剑英，让他做好接待；周总理还叮嘱司徒丙鹤，要好好协助美老做好视察。

3 月初，他以中央人民政府委员的身份回到四邑侨乡，到新会、江门、开平、台山、鹤山等地视察土改。在 5 月 4 日发表于广州、香港各报纸的《答某君来书并与美洲侨胞恳谈国事》一文中，他这样描述自己南下时的心情："自北京乘三千余里的火车南下广州，沿途所见所闻，我这爱国华侨老人，内心的欢欣，真是难以表达。我确实的相信：中国从此有光明美丽的前途，海外华侨吐气扬眉的日子到来了。"

作为新解放区，广东省于 1950 年 10 月才开始进行土地改革。新解放区的土地改革任务非常艰巨，毛主席曾把土改的艰巨性与战争并列，说"战争和土改是在新民主主义的历史时期内考验全中国一切人们、一切党派的两个'关'"②。不少广东省民主党派人士与土地和地主阶级有不同程度的联系，甚至有些人自身就是工商业者兼地主和地主兼工商业者，他们自

---

① 司徒美堂：《粤中侨乡土地改革前后》，北京：光明日报社，1951 年，第 1 页。
② 《建国以来毛泽东文稿》第 1 册，北京：中央文献出版社，1987 年，第 415 页。

身的利益同土改是矛盾的。所以，民主党派和无党派民主人士中的相当一部分人对土改有不同程度的疑虑甚至抵触情绪。如何使土地改革获得广大民主人士的认同与支持，关系到土地改革能否顺利进行，统一战线能否得到巩固。虽然土地改革法已经颁布，但具体执行起来又会有地区差异。司徒美堂提交的意见，就是希望广东省能根据华侨的特点进行土改。对此，中共华南分局积极同民主党派人士进行民主协商，制定符合广东省情的土地改革的方法与政策。1951年5月，在广东省各界人民代表会议协商委员会一届二次会议上，省政府副主席方方作了《关于广东土地改革问题》的报告，对司徒美堂等民主党派人士非常关注的华侨土地等问题作了回应，提出土地改革中要照顾华侨及其家属利益的措施。经过协商，各民主党派代表纷纷表示拥护土改。1952年8月，广东省土地改革运动全面开展。

当时，粤中侨乡包括新会、台山、开平、恩平、鹤山、赤溪、阳江、阳春和高明九个县，其中新会与台、开、恩即为"四邑"侨乡，后加入鹤山称作"五邑"。鹤山又是广东省土地改革试点县之一。

司徒美堂在粤中侨乡的考察活动分两次进行：第一次从3月12日至26日，期间回开平住了三天，其他时间主要在鹤山考察土改；第二次是从5月9日至23日，主要在开平和台山两县考察。根据粤中地委3月17日向华南分局和统战部发去的报告及其他人写的回忆文章，我们可以了解司徒美堂第一阶段的行程：3月12日到江门，13日上午返开平，17日上午启程返回江门，20日至23日在鹤山考察。

3月初，司徒美堂到达广州。叶剑英在东山梅花村隆重地宴请了他。12日下午，一行人来到江门。在江门各界人士举行的欢迎大会上，他对华侨和侨眷谈到了土改问题。他说，土地改革是使华侨同受其益的事情，我们必须站在农民这一边，不能中立，不能袖手旁观。这个世界上没有中立，你不帮农民，就是帮了地主。华侨资本的前途是走向新工商业，靠田租收入剥削农民劳动是一种可耻的行为。我们不能以华侨少数人的利益和农民大众的利益对抗，以眼前利益和国家长远利益对抗，遇到田特别少、人特别多的情况，华侨要对农民照顾和让步，因为华侨的生活比贫雇农要好得多。

司徒美堂没想到，回到日思夜想的家乡开平，居然遇到了一些不愉快的事情。有一天，突然有几千名群众举行游行，在他下榻的开平酒店周围高呼支持土改、打倒地主的口号。又有一天，在赤坎河南洲的草地上公开枪决地主恶霸一百多人。司徒美堂生气地说："这是什么意思？是对我示威吗？我追随孙中山闹革命，今年已经八十有五。我生平忠诚救国，天下为公；主持正义，不甘后人。对于邪恶势力，我也不怕，你们不要这样吓唬老百姓！"他一心一意号召华侨支持土改，和封建势力作斗争，却没想到自己却被人归入封建势力的阵营，这让他心里很不舒服。

在鹤山，司徒美堂用三天时间考察了镇南乡、龙门乡、昆东乡的土改情况，《粤中报》记者关锡霖随同采访报道。当司徒美堂亲眼看到土改的成效，亲身感受农民的热情后，他支持土改的心又热了起来。在座谈会上，他对华侨及侨眷说："三天来，我和三个乡的农民谈心，土地改革材料的生动丰富，阶级斗争的尖锐激烈，农民兄弟的英勇智慧，给我上了一堂生动的教育课，使我学到了很多！我曾跟随孙中山搞过革命，但那是一次不彻底的革命。特别是对于土改问题，农民对土地的要求那么迫切，我们却只定了一个'耕者有其田'的空洞口号，希望用改良的方法而不是革命的方法来解决这个问题。孙中山先生还不曾把这个问题解决，就与世长辞了，这种伟大工作只有到了共产党、毛主席，才有办法和魄力领导农民阶级去完成。看到各位今天的情况，才是真正彻底革命的情况。我个人认为：完成土地改革，中国现阶段的革命事业已做好了大半功夫。我回到北京，一定对毛主席报告农民翻身后的兴奋情形，使他高兴！"

一些翻身做了主人的鹤山农民特别感激中央政策，托司徒美堂带一些烟叶、凉薯之类的土特产回去送给敬爱的毛主席。他将礼物交给随行的黄鼎臣，并附上关于考察情况的信件，托他一起带回北京转呈毛主席。

很快，司徒美堂就收到了毛主席的亲笔回信：

广州叶剑英同志转司徒美堂先生

美堂先生：

四月十四日来信收到，甚慰。鹤山农民同志们送来的礼物也收到了，请先生转告他们并致谢意。先生在南方暂留一时期，很好。希望先生能于六月上旬返京，面聆教益。敬祝

　　健康

毛泽东

四月廿七日

粤中及广州的报纸纷纷影印刊登了这封珍贵的信件，侨乡农民还举行了庆祝大会以答谢毛主席的关怀。

第二阶段在台山和开平的考察持续了将近一个月，由于两县的土改还未完全铺开，他的活动主要是参观学校、举行座谈等，所到之处都很受当地干部和群众的热烈欢迎。在开平，县委书记黄文康、县长周锦照等负责人向他汇报了工作，他详细地询问了家乡的建设和侨眷的生活情况。在台山，他参观了满坡头水力发电厂、广海渔港和学校，还同侨眷和工商界人

士座谈。

在台山和开平，他也注意到了一些不好的现象。比如"二流子"①的问题，这让他感到忧心。粤中多侨汇，广东省侨务处长张天爵在1946年曾说"四邑侨汇，为粤省冠"，四邑经济的命脉都寄托在侨汇上，尤其是华侨数量最多的台山。侨汇有助于侨乡的经济建设，在抗战时期帮助侨眷渡过了灾荒，发挥了很积极的作用，但同时也养成了四邑人过分依赖侨汇，甚至失去独立生产、生存能力的现象。有人曾在《台山工商杂志》上发文表达过这种忧虑："（台山）华侨在经济上有相当优势，集资经营工商农渔诸业皆无不可。今竟无一自给，一钱一米，时时仰给于外洋，子孙世代相率糊其口于异域。一旦外洋之路穷，或国际发生事变，吾邑之危机立至，其患当不止于米荒，恐将无所，坐以待毙！"②抗日战争中，就出现过因为侨汇中断，四邑地区很多人饿死的情况。新中国成立后，还是有一些人靠着海外华侨亲人寄回来的侨汇维持生计，整日里好吃懒做、不务正业，这种情况以台山和开平最为严重。司徒美堂将这些人称作"侨乡的寄生虫"，希望政府将鼓励生产英雄和教育"二流子"相结合，把他们改造成新青年、新妇女。这些意见都引起了政府的重视。

粤中侨乡土改考察，对司徒美堂有很大的触动。他亲眼看到土改给家乡人民带来的好处，也发现了土改工作中存在的一些问题。鹤山翻身农民对地主恶霸的血泪控诉给他上了一堂生动的教育课，开平老乡的误会让他的心情有点郁闷，台山的新面貌又让他感到由衷的欣慰。通过两次下乡考

---

① 二流子：即"金山少"。19世纪中后期，很多五邑地区的农民到美洲旧金山去谋生，俗称"金山客"。其留在老家的儿子靠父亲寄回来的侨汇度日，好吃懒做、混吃等死，称"金山少"。

② 磐石：《应注意建设言论之我见》，台山工商杂志，1937年第1期。

察，他觉得自己有很多收获，认识到人只有在阶级斗争中才能进步；必须彻底把封建地主阶级推翻，农民才有日子过；广大农民在土改后一定会和蒋介石反动派势不两立，而选择坚决地跟着共产党、跟着毛主席走……

考察活动进行的过程当中，他将自己的见闻和思考记下来，连同收集到的材料交给秘书司徒丙鹤加以整理。返回北京后，司徒美堂参加了政协会议，他向毛主席和周总理汇报了此行的观感。不久，由司徒丙鹤整理而成的《粤中侨乡土地改革前后》长达数万言，交给《光明日报》连载发表。在文中，他详细描述了自己在鹤山、开平、台山等县的所见所闻，对土改给粤中农村带来的新变化表示由衷的肯定，对存在的问题也有积极的思考。他还建议政府加大对侨乡的经济投入，加强水利建设，改良工作方法，以提高农业生产的质与量；并希望政府出面解决侨乡的开平火蒜、新会葵扇、新会陈皮、鹤山烟叶、台山水产等优良土特产的销路问题。后来，光明日报社将此文单独出版，请中侨委何香凝主任写了序言。在序言中，何香凝热情赞扬司徒美堂不断革命的精神，对他在一连串的斗争中表现出来的百折不挠、勇往直前的精神表示了高度的肯定。为了表示对土改的支持，美老把此书寄给海外的亲朋好友，使他们也能了解祖国的新政策。

通过这次考察活动，司徒美堂也实践了自己忠诚救国的主张，为新中国的成长做出了可贵的贡献。台山籍的五邑大学梅伟强副教授曾高度评价司徒美堂对侨乡土改工作的杰出贡献：他向广大农民宣传了党和政府关于土地改革的重大政策，有利于土改工作的推进；他常常在考察中以自己旅美70年的目击或者亲身经历的痛苦，号召华侨及侨属抗美援朝、保家卫国，收到了较好的政治宣传效果，有利于巩固和扩大党领导的爱国统一战线；他肯定了侨乡土改的成果，为侨乡的继续发展提出了积极的建议。①

司徒美堂充分肯定土地改革的成绩，认为土改取得了巨大的胜利，但是他也认为土改中有些偏差，但是具体有哪些偏差呢？他当时并没有明说。2003 年 4 月，梅伟强在北京采访了司徒丙鹤，才把这个问题弄清楚。司徒丙鹤说，这个问题当时不好公开讨论，美老只是通过中侨委的何香凝和廖承志向党中央反映了相关情况。所谓的偏差主要是广东一些地区不按中央政策办事，粗暴推行土改，侵犯了华侨利益。比如，有些华侨家属是小土地出租者，却被错划为地主；根据侨汇收入划分阶级成分，把一些侨户错划为富农；谁有好房子就斗争谁，随便没收华侨用血汗钱盖起来的房屋；算剥削账时，追侨属的果实追到了海外；一些二流子冒充贫雇农，掌握了农村政权……针对美老反映的问题，1953 年 1 月，党中央特派廖承志到广东调查和处理侨乡土改中出现的"左"的偏差问题，同华南分局和广东省政府商量制定侨乡土改中发生错误的补救办法，这也是美老对侨乡土改做出的贡献。

值得注意的是，司徒美堂指出这些偏差是在 1951 年上半年。随着四邑侨乡土改的全面展开（开平从 1951 年 5 月，台山自 1952 年 4 月开始），美老指出的这些偏差越来越明显、越来越严重。土改工作队照搬北方的外省的做法，很多华侨和侨眷被错划成分，华侨辛苦劳作盖起来的碉楼大多被收归公有，台山和开平甚至发生了逼死侨属的事件。司徒美堂一生以维护华侨利益为己任，对这些严重侵犯华侨和侨眷利益的"左"的偏差，他感到十分痛心和愤懑，并采取积极行动：通过中侨委向党中央和毛主席如实反映情况。

---

① 梅伟强：《司徒美堂对侨乡土改工作的杰出贡献》，五邑大学学报，2003 年，第 4 期。

在这个问题上，司徒美堂的心态还算是平和，因为他觉得，大凡社会改革，总会有人赞成，有人反对。要是受益的人多，受损的人少，他就支持多数人这一边，这样就问心无愧了。土改是一场翻天覆地的反封建斗争，规模大，动员广，地区多，干部少，任务紧迫，经验缺少，有偏差是正常的。对于一位出生在旧社会、历经磨难的耄耋老人而言，有这样的见识实属难能可贵。

# 3

# 参政议政

除了参与论定国号、侨乡土改之外，作为中央人民政府委员和全国政协委员，司徒美堂还在几件重大政治事件中发挥了积极的作用。

1950 年 10 月，中国人民志愿军赴朝作战，拉开了抗美援朝战争的序幕。24 日举行的政协第一届全国委员会常委会第 18 次会议上，政务院总理周恩来作了《抗美援朝，保卫和平》的报告，认为：朝鲜问题连带的是台湾问题，应该广泛宣传抗美援朝，保卫和平，与会人员一致赞同。26 日，中国保卫世界和平大会委员会在京委员与各民主党派、人民团体代表，在京举行联席会议，决定组成中国人民保卫世界和平反对美国侵略委员会，司徒美堂等 31 人任常务委员。对于抗美援朝，当时社会各界尤其是华侨有许多反对意见，有些人认为中国刚刚解放，何必解衣抱火管人闲事；有些人则觉得，美国强大而霸道，中国难以与之抗衡，不如不战；还有些人觉得，美国人讲道义，主和平，应该争取与美国和解。针对这些情况，司徒美堂旗帜鲜明地支持中央决策，并积极做好宣传工作。他写了长达四万字的《我痛恨美帝》，在《光明日报》连载，以激起国内人民仇恨美帝、支持援朝的情绪。

1951 年元旦，他又向美洲华侨发布了一封《为抗美援朝保家卫国》的公开信，号召美洲华侨支持抗美援朝。在信中，他针对华侨中存在的"亲美""崇美""恐美"思想，指出抗美援朝的必要性：一则美国侵略朝鲜的下一步就是入侵中国，援朝既是卫国；二则朝鲜是中国的兄弟友邦，曾在抗日战争中援助过中国，此时中国应该主动援朝。抗美援朝的胜利是"全世界和平人民的胜利"，"祖国人民站起来了，侨胞们再也不是海外的孤儿了。侨胞们要认识祖国的力量，认识中国人民的力量，长自己的志气，灭敌人的威风"。

1954 年 9 月 15 日，全国人民代表大会第一次会议在怀仁堂举行。司徒美堂认为"这是祖国有伟大历史意义的好日子""也是我个人一生难忘的好日子"，所以他作为华侨单位的三十名代表之一，怀着"返老还童的心境"参加了人代会，并每天记录会议的情况[①]。毛主席在开幕式上号召大家为建设一个伟大的社会主义国家而奋斗，司徒美堂等许多老人都感动得热泪盈眶。他写了一篇《为了人民幸福，投毛泽东一票》的文章，抒发了对毛主席的深厚感情："3 时 40 分开始投票。投票完毕，大家的心情振奋而又热烈，等候开票。下午 5 时 37 分，宣布选举结果，毛泽东当选中华人民共和国主席，朱德当选中华人民共和国副主席。代表们没有违背 6 亿人民的重托，把人民所最热烈拥护的、英明伟大的领导者选举出来了。毛泽东是众望所归的人，伟大领袖毛泽东关心人民，人民爱戴伟大领袖毛泽东。"

会议的主要议题，是讨论通过中国人民的第一部宪法。9 月 15 日下午，刘少奇作"关于中华人民共和国宪法草案的报告"。在当天的日记中，美堂老人写下这样的感受："对我来说，解决了宪法草案讨论时在我脑中所存在的一些问题和疑问，特别是解答了关于领土的规定问题，我是十分满

---

① 司徒美堂：《新胜利的里程碑——参加全国人民代表大会日记》；中国致公党中央委员会：《司徒美堂》，北京：中国致公出版社，2003 年，第 135—162 页。

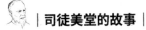

意的。"接下来的三天，大会主要讨论宪法草案和报告。20日，大会集中了全民意见，庄严地通过了《中华人民共和国宪法》。司徒美堂心情十分激动，在当天的日记中写道："摆在我面前的一百零六条全用白话文写成的宪法，半年来，我不知道看过多少遍，讨论过多少次，也提过了好多条意见。刘少奇委员长在宪法草案报告里，对有关宪法各种问题作了明确的阐明和解答，每一条都考虑过了，每一件事情都考虑过了，我以为这是一本从中国事实出发的，能说又能行的人民宪法。"

十几天的会议，美堂老人始终怀着积极的态度参加，从不觉得累。大会秘书处的许广平怕他累坏了，主动安排他到会场旁边的客厅内休息，准备拿着巡回流动的投票箱到客厅接受他的投票。可是他拒绝了，"我要试试这把老骨的顽健程度，坚持天天出席，不迟到，不早退，每日用五小时坐在怀仁堂第二十一排第二号我的位子上，一直到28日会议闭幕为止"。"烈士暮年，壮心不已"，他觉得自己不能辜负海外华侨的期望。

# 4

# 心系侨胞

新中国成立后，司徒美堂虽然听从周总理的建议定居国内，但他一直心系侨胞。他主动向华侨宣传新中国的政策，号召他们购买人民公债，破除谣言。自从他回国，就不断有华侨给他写信、发电报，询问国内局势，提出建设意见，甚至表示对共产党的怀疑，他总是尽快利用书信、报纸或广播，用诚恳的态度给予详细的解答，破除谣言，坚定华侨的信心。他是从内心深处关心侨胞，体现了一个侨领应有的责任感。

为了使美洲侨胞了解国内新形势，他于 1950 年 1 月 20 日在北京中央人民广播电台向美洲华侨报告祖国解放后的情况：

美国、加拿大、墨西哥、古巴、秘鲁、巴拿马、巴西、智利、阿根廷和美洲其他各地的爱国侨胞和洪门父老兄弟姐妹们：

我司徒美堂这老华侨，能有机会从中华人民共和国的首都——北京，遥远地向各位讲话，觉得万分兴奋！

今年在祖国，将是全国解放，开始转入恢复和建设的一年。现在中国大陆上的解放战争，已经快要结束，台湾、海南岛和西藏的解放，不久就将实现，全中国人民已经站起来了，在毛泽东的旗帜下，胜利地前进。

为什么祖国的人民民主革命事业，到今天得到这样的伟大胜利呢？有些海外华侨，还不大了解。我现在相信：这主要是由于中国共产党和毛主席的正确领导，和人民解放军的作战英勇。所以我们应该向毛主席、朱德总司令和解放军全体指战员致敬，感谢他们解放全中国的功绩。

我到北京已经四个月了，我以华侨身份参加了中国人民政治协商会议，参加了中央人民政府委员会工作，参加了华侨事务委员会工作，我亲眼看见庄严灿烂的中华人民共和国、在全国人民欢欣鼓舞和国际人士喝彩声中诞生；我亲眼看见中国共产党和全国各民主党派、各人民团体、各民族代表、和其他爱国民主人士、海外华侨，开诚布公，诚恳亲切的协商国事的精神，我亲眼看见政府各级工作人员，全心全意为人民服务的作风，这些都是我这八十多岁的老人从来没有见过的事，感觉万分兴奋！

近来我接到了不少华侨函电，我知道侨胞中，还有人对解放了的祖国，存着怀疑。这是不足为奇的。因为华侨远离祖国，受美帝国主义和蒋匪特务们长期的恶毒宣传，不易一旦扫尽疑云。我现在应该负责地告诉各位：根据我四个月来的经验，我认识中的中央人民政府，是真真实实，不折不扣的人民民主政府，这政府是由各民主党派、各人民团体、各少数民族、国内民主人士以及海外华侨，共同组织成立的。现在我们所完成的是民主主义阶段的工作，还没有建成社会主义社会，更不是共产主义社会。现在中央人民政府的施政方针，是以人民政协通过的"共同纲领"为基础。这是全国人民所迫切需要、实事求是、脚踏实地的政治纲领，我希望海外侨胞，要详细深入地研究这个"共同纲领"，不要道听途说，以耳代目，妄听帝国主义和蒋匪的荒唐谣言，而信以为真。

"为什么要共产党领导？"这也许是侨胞不易了解的一点。我以为；中国共产党经过了长期考验，的的确确站稳在工人阶级立场，有经验，有胆量，有眼光，大公无私，虚心学习、刻苦耐劳、勇敢善战，领导全国人民推翻了帝国主义和官僚资本主义的统治，现在正要着手进行土地改革了。历史事实证明，唯有中国共产党和毛主席的领导，中国人民民主革命才有彻底胜利的保障。

孙中山先生曾经领导过中国革命，这是全国人民所公认的，毛主席在人民政协开幕时也说："百多年来，我们的先人以不屈不挠的斗志，反对内外压迫者，从来没有停止过，其中包括伟大的中国革命先行者孙中山先生所领导的辛亥革命。"孙中山先生革命的三民主义与联苏、联共、扶助工农的三大政策，到了以蒋介石为首的国民党反动派手里，早已背叛无遗，反其道而行之。他们是不能实现孙中山的理想的。只有在共产党和毛主席领导下的人民民主革命，才能真正站在劳动大众与全国人民的立场，坚持不屈地实现中山先生所没有能够实现的理想。在人民政协会议上，我亲眼看见孙中山先生的遗像和毛泽东先生的肖像，左右并悬，所以我在此应该告诉各位：现在毛主席所领导的中国人民民主革命，正为了要完成革命的三民主义所没有完成的任务，而努力奋斗，并使革命走向新的阶段。

"为什么要一边倒？倒在以苏联为首的一边呢？"这与孙中山先生遗嘱所指出"深知欲达到此目的，必须唤起民众，及联合世界上以平等待我之民族，共同奋斗"的经验相同。孙中山先生早已指出"以俄为师"，苏联在其社会主义革命成功以后，即宣布取消对中国的不平等条约，在已往的三十年中，从北伐战争到抗日战争取得胜利为止，苏联在物质上和精神上，给中国革命的帮助是伟大无比的。现在，我在北京亲眼看见苏联友人在帮助我们搞工程，防鼠疫，治黄河，修铁路。我们必需要向苏联学习对帝国主义斗争的经验和建设新社会的经验。我们如果没有苏联和其他人民民主国家的协助，就不能迅速的恢复和发展工农业生产，我们如果不紧紧的靠近以苏联为首的世界和平民主阵容，我们就无法巩固世界持久和平，无法保证我们已得到的胜利成果，无法建设新国家。在美洲的侨胞们，常常只听到美国反动派和蒋匪特务所制造的谣言，因为美帝国主义，还在企图援助蒋匪，计划武装日本，继续屠杀中国人民，所以你们不容易听到中国人民的呼声和祖国的真实消息。现在华南各省已经解放，正确的家乡消息，可以逐渐传到海外，美帝和蒋匪所制造的无稽谣言，可以不攻自破。最近我们中华人民共和国与许多国家建立外交关系，这是中国人民第一次以独立自主的国家姿态出现于世界，中国人民在国际上的地位显然提高了，海外华侨的地位也会提高一步，这是何等可喜的事。

但是，在祖国解放战争将近结束和恢复生产的年头，我们的困难还是很多的。我们有办法克服困难。今年除了继续进行解放战争以外，还要医治战争的创伤，要有计划地有步骤地恢复和发展工业和农业生产，因此在财政上就有了困难。中央人民政府最近公布发行"人民胜利折实公债"两万万分（约合美金一亿三千万元），就是解决财政困难办法之一。

根据今年中央人民政府的财政概算案，国家税收中颇大的一部分要投资到经济建设上，这表示了我们的国家，要转入生产建设了。同时，为了要解放全国和收容教育全部国民党的旧人员，军费和行政费开支浩大，财政上的赤字不能避免，为了要弥补赤字，又要安定物价，便决定发行"人民胜利折实公债"。

购买折实公债，等于实物储蓄，因为这公债是以"分"为单位的，每分的价值是根据四种日用必需品的市价折合计算，这样就保证了到还本时，能买到同量的实物，而且每年有五厘的利息，所以绝对不会受货币值跌落的损失。

华侨购买折实公债，不单是储蓄实物，而且可以为侨胞自己准备一宗在国内的资金，将来回来经营工商实业；又可以当作"寄家用"，让国内的眷属在五年内分期支用；也可以作为自己的养老金，到回国时向银行支用。这不是一举而有数利吗？

折实公债每分价值，每十天由银行公布一次，一月中上旬每分合人民币一万四千余元，折合美金约六毫半至七毫之间，华侨要认购多少分，可以大约推算而知。

我知道：在美洲的国民党特务分子们，现在正在串通美帝国主义造谣，恐吓华侨，购买折实公债运动一定也受到破坏。匪特走狗们正在用"第三次世界大战"恐吓华侨，说什么"谁敢用行动来拥护中华人民共和国，到第三次大战时就要捉入集中营"。我敢向侨胞说明：美国反动派虽日夜在醉心战争，可是世界上革命的人民已经觉悟了，"保卫和平，反对战争！"的声浪，震动全球，世界人民可以有力量使第三次大战打不起来，我们的任务就是要制止战争或阻迟战争。世界上没有人再愿意像第一次和第二次世界大战一样，去做帝国主义的炮灰。从我们中国人民斗争经验中，已经证明帝国主义者是纸老虎。最近杜鲁门宣布"不干涉台湾"，英国要跟我们建立外交关系，显露出英美之间的矛盾，益加尖锐，阵脚已经大乱了。所以美洲华侨到今天，应该恍然大悟，彻底认清美帝的不足怕，应该更加靠紧祖国人民，靠紧全世界的人民民主力量，积极地拥护保卫世界和平的事业。

最后我郑重地向1月14日起在温哥华召开的美洲洪门三次恳亲大会，遥致祝贺。除直接去电以外，我利用这机会向大会提议：迅速把力量集中起来，追上时代，靠紧祖国人民，加紧学习人民政协的共同纲领，建立热爱祖国的正确观点，然后把有用的侨资，有用的人材，回来参加祖国的建设。美洲洪门"致公堂"有光荣的革命历史，爱国运动达二百八十年，由于组织散漫，发育不强，到今天应该有新生命，有大觉悟，善自振作。我愿追随各位父老兄弟之后，在毛主席领导下，为建设新中国而努力。祝各位健康，进步。再会。

这份广播主要是向美洲华侨宣告新中国的新气象，同时号召侨胞踊跃购买人民公债。鉴于司徒美堂在华侨中的影响，美国侦探局在广播前一天就在报纸上散布谣言，说他将要骗华侨的钱，并恐吓他们，谁购买毛泽东的公债就要入集中营。不仅用言论破坏购债，还派人到各侨团，对侨胞恐吓、问话。他们的行为令美老非常气愤。

为了帮助华侨了解国内情况、解决各种困难，美老在定居北京后，于1950 年 1 月底在美国侨报上刊登了一则启事，告知自己的地址，重申为华侨服务的宗旨：

旅美各地侨胞暨洪门父老兄弟钧鉴：美堂以参加祖国人民政协会议及中央人民政府工作，抵达北京，不觉五月。在此时期，侨胞函电交驰，或提宝贵意见，或为侨产纠纷、或为投资建设等事相托，美堂本为华侨服务之旨、竭尽绵力，向人民政府反映，着手解决，政府爱护华侨，使工作得以顺利进行，足慰侨昆期望。美堂现住"北京、北池子、八十三号"，特遍告我旅美亲爱父老兄弟，今后不论华侨有何种困难、何种意见、何种要求者，望能以兄弟谈心之态度，多向本人提出，直寄北京上址。在可能范围内，必当为各位向政府反映，请求协助解决，为保护华侨正当权益而努力！谨此布意，诸希垂察。

司徒美堂谨启　1950 年 1 月 28 日于北京

随后，他又在侨报上刊登了一篇通讯：

XX 先生：美堂返国忽已半年，居京期中，叠获教言，不胜感激。有关侨情之反映，侨务意见之提供，党论高见，殊深钦佩，均已一一向人民政府有关部门提出，速予采纳、研究或解决。弟现兼任中央华侨事务委员会委员，甚愿为爱国华侨一切正当权益问题，追随诸君之后，共同努力，以粉碎反动派在海外之造谣破坏。会内更设联络处，由郑坤廉、陈漫云两先生主持其事，专与华侨通讯联络，尚请今后对当地侨务，事无大小，舆论正反，尽量不嫌烦琐，直接向郑陈两先生详细陈述，以供参考。或有查问委托之事，亦可坦白提示，侨委会必当转呈中央人民政府，在其能力所及之处，按照"共同纲领"精神，妥予办理。祖国解放，山河如画，君等如能组织观光团返国一行，自更能了解人民翻身之可喜，使海内外共同协力，有助于伟大祖国之早趋幸福繁荣也。临书神驰，此颂

旅祺百益！

司徒美堂拜上 1950 年 2 月 1 日于北京

当年 10 月，中国人民志愿军赴朝作战，拉开了抗美援朝战争的序幕。美老怀着激动的心情回顾了自己 69 年的旅美经历，揭露美帝国主义惯于侵略的面目，由司徒丙鹤整理成四万字的长文《我痛恨美帝》，在光明日报连载。次年 3 月作为"抗美援朝丛刊"之一，由光明日报社单独出版。毛主席曾多次当面称赞他："老人家，写得好呀！"从谢觉哉在序言中的两段话，我们可以看到此书的主要内容。他说，美堂先生"以七十年亲身看到的经历过的事实，特别是美帝对待华侨残酷到令人难以相信的事实，以明确的语调，绘影绘声地写出来"，而"太阳照得到的地方，都有华侨。华侨秉承中华民族爱劳动爱和平的优美品质，经年累代，把荆棘芜秽蛇虎丛居的川野，垦开成乐园，自然有权利在居里居处生息；他又最爱和平，

从没有剥削压迫过当地土人或其他民族的史实，且愿与其他民族共享劳动的成果。然而忘恩负义的帝国主义，不只夺取了华侨的一切，且要拿华侨开刀：屠杀、抢劫、驱逐，无所不至"，这也说明了美老"痛恨美帝"的原因。而何香凝的序言透露了此书写作的背景："希望读者诸君，能够汲取美堂先生的经验教训，对响应抗美援朝的号召，可以有更深一步的认识。"该书是美老生活经历和见闻的回忆录，虽然有为抗美援朝造势的目的，但客观上为国内了解华侨在海外生活的情况提供了宝贵的资料，也能引起祖国对华侨的关注，体现了他始终心系华侨的精神。后来，这本书改名为《旅居美国七十年》，香港《文汇报》则把报纸上的连载文字辑成《祖国与华侨》一书出版。

美老不仅心系海外华侨，还关心国内侨眷的工作、学习和生活，在自己力所能及的范围内帮助他们解决困难。当年在司徒美堂创办的《新商晚报》任编辑的侨眷赵元铭，曾经回忆过得到美老帮助的往事。赵元铭的父母长期侨居海外，他本人长期在香港和广州从事新闻工作。1950年，他接受美老邀请，到《新商晚报》任职，同年8月，被派往中国人民大学学习。由于在广州的工作交接耽误了时间，当他到达北京时，原华南分局的介绍信已经失效，耽误了入学考试。当时还有司徒光、司徒行、谢健等几个侨眷也遇到了类似的情况。美老知道后，先后登门拜访中国人民大学吴玉章校长和成仿吾副校长，认为新中国成立后急需为国家建设培养人才，而归国华侨和侨眷也需要培养，请领导对这些人的情况予以照顾。后来，学校准许他们几位补考，大家都顺利入学。

美老心系华侨，华侨也一直关注他在国内的活动，担心他的安危。由于他通过各种媒体向美洲华侨宣传共产党的政策和新中国的成就，引起了在美洲的国民党反动派的仇恨。他们在报纸上宣称司徒美堂已被致公堂开除，骂他"朝秦暮楚，老朽昏庸""背叛洪门，欲盖弥彰"；造谣说共产党一党专治，无力解放海南岛等。司徒美堂一一予以回应反击，在广州、香港的报纸上发表了《答某君来书并与美洲侨胞恳谈国事》，粉碎了各种谣言，宣称："我的身体非常健康，我的头脑非常清醒，能知爱国华侨应走的道路，能知世界大势之必然趋向，并能与你们这些蒋介石的'孝子贤孙'们，美帝的特务们，搏斗到底，非止胜利不止，而且一定能够胜利。"

自 1949 年 8 月回国以来，司徒美堂一直关心新中国建设，积极参政议政，而且关心海外侨胞和家乡人民的生活与发展，始终不忘洪门"忠诚救国，义气团结，义侠锄奸"的信条。他回应侨胞的书信时说："我为加盟六十七年之美洲老洪门，追随爱国华侨诸先进之后，奋斗未懈，信守洪门精神，始终不渝，立身处事，莫不如此。今日不辞老迈，只身飞越半个地球，返国拥护人民政府，乃'忠诚救国'之表现。与侨胞恳谈民主团结方法，意欲使素来爱国之美洲兄弟，争取国内民主的政治地位，并参加祖国的投资建设，俾侨资达有空前发展之好机会；有关华侨问题，半年来无不力为反映，请政府速加解决，此为'义气团结'之真正精神。蒋贼及其四大豪门，鱼肉人民，进而压迫及利用洪门'落后'兄弟，为其狗腿，我于 1948 年即坚决反对之，实行政治上为国'锄奸'。"① 这段话可谓是他回国后参政议政、为国尽力的最好写照。

---

① 司徒美堂：《答某君来书并与美洲侨胞恳谈国事》，1950 年 5 月 4 日登载于广州、香港各大报纸。

第十三章
**长留风范**

# 1
# 紫禁城下

　　自从参加完开国大典，司徒美堂就觉得自己已经完成了此次回国的任务，"永忆江湖归白发，欲回天地入扁舟"，功成身退的想法涌上心头：他准备离开了。10 月 19 日下午，他和司徒丙鹤在北京饭店礼堂倾听了陈毅将军《关于上海之战的经过即目前上海情况的报告》之后，突然向周总理表示要回香港、美国去。周总理极力挽留，跟他说，虽然新中国成立了，但这不过是万里长征才走出了第一步，国家此前饱受战争之痛，此后还需要大家同心协力恢复经济，发展生产，共同建设新中国。这番诚挚的话语令人感动，美老最终决定留下来。此后的六年，他一直住在北京市北池子大街 83 号。

　　北池子大街 83 号在故宫的东南面，是个四合院，和紫禁城只隔着一条筒子河。这里视野开阔，风景优美，交通便利，闹中取静。四合院西侧开了一道门，可以直接走到筒子河边。清晨，常有京剧演员在河边面向对岸的城墙吊嗓子练功，声裂金石，响遏行云；黄昏，在凝重的城墙与辉煌的角楼上，晚霞与归鸦点缀着静寂的夜。这里四季分明，与常年青葱的广东比起来，别有风韵。春天，光秃秃的柳树忽然染上新绿，连河水也变绿了。夏天，服务员晚上把钓竿支在河边，一早就能收获美味。秋天，皓月倒映在清澈的筒子河上，空气特别干净，天空格外高远，正是合家赏月的好时节。冬日，紫禁城红墙白雪，越发庄严华美，一群群天真烂漫的孩子在结了冰的河上溜冰，身轻如燕，笑语盈盈。这一切，都让美堂老人感到新奇而兴奋。这里还是北京城里最热闹的地段之一，"每逢'五一''十一'之夜，推开西窗，黑夜中忽见繁花万朵，掠天而过，这里是看天安门焰火的闹中带静的地方。还有大门外各种叫卖的'市声'：打小鼓的、剃头挑子、卖金鱼的、炒灌肠、酸梅汤和冰棍的……都以他们各自的叫卖'号子'来吸引顾客，奇怪而新鲜"①。

四合院的内部，布置得井井有条。一进大门口是车库和传达室。通过一条夹道，就进入正宅，南边是一排七间房，是警卫员、司机和服务员住的房间；东西各有三间厢房，分别安排给亲友和儿孙居住。北边的正房，中间是客厅，后面是厨房、餐厅、卫生间等。客厅左右侧还有两个独立的单元，分给美老的父母和秘书司徒丙鹤全家居住。南北房之间，有一个院子。北房中门东西侧各有一棵四季常青的柏树，东西厢房前各有一棵京白梨树，每到秋季，挂满枝头的硕果就成了主人招待宾客的佳品。

在这里，美堂老人度过了人生中最惬意的六年。作为全国人大常委、政协委员和侨务委员，他需要继续参加一些政务活动，但他从不觉得累。每次开会都积极认真，从不迟到早退；偶尔有外出考察的活动，他也都高兴地参加。1951年春夏间，他曾到天津视察，受到市长黄敬的热情接待。在那里，他依然不忘爱侨护侨的初心，抓住机会组织华侨联谊会，跟当地人商议开办华侨学校。

美老年轻时练习武术，常年保持规律的作息，所以除了腿脚不太便利之外，几乎没有什么老态。他每天7点起床，三餐定时，坚持早餐、午睡

---

① 司徒丙鹤：《美堂老人的"烈士暮年"》，北京市文史委、广东省政协文史委：《回忆司徒美堂老人》，北京：中国文史出版社，1988年，第106—107页。

后和就寝前各喝一杯咖啡；不喝酒，饮食清淡不过量，喜欢喝广式靓汤，这些大约就是他健康长寿的秘诀了。工作之余，他最喜欢做的事，就是坐在客厅里看书、读报，与亲朋好友谈论时事，共话家常。为照顾美堂老人的腿疾，华侨事务委员会特意安排了胡寄生给他开车。天气好的时候，他们就驱车出去转转，看看颐和园、中南海的美景。

刚住到这里时，只有夫人张洁凤和秘书司徒丙鹤陪伴着美老，因为他腿脚不灵活，还请了一位年轻人罗振铭做贴身服务员。第二年，司徒光从香港来北京探望祖父，也被这古老而年轻的城市所吸引，在这里住了下来。后来，司徒美堂的家人和许多亲朋好友陆续从海外或香港来到北京工作、学习，北池子83号越来越热闹了。每逢星期六，亲友们都聚到美堂老人的四合院里，畅谈一周的工作、学习和生活情况。晚饭后，老人常常带他们去政协俱乐部，他自己跟朋友一边喝咖啡一边聊天，年轻人则愉快地跳舞。有时候，他也在家里举行舞会，让孩子们尽情地跳，他则细心地关照厨房准备点心和咖啡。据司徒光和司徒丙鹤回忆，美堂老人最喜欢喝咖啡，每天早餐离不开咖啡面包，下午四点喝一杯咖啡，晚上睡觉前还要喝咖啡吃面包，他曾说："一天不喝三杯咖啡，我就睡不着觉！"逢年过节，家里总要摆上两桌，共享天伦，其乐融融。

司徒美堂的原配夫人叫方春女。1912年第一次回国时，46岁的司徒美堂在开平赤坎牛路里与年方20的方春女结婚。婚后他觉得开平乡下太乱，就举家迁居香港。不久后，司徒美堂返回美国，方春女则留在香港服侍公婆。后来，他几次回国，都先到香港和家人团聚。司徒美堂定居北京后，一直是后来的夫人陪伴，方春女始终住在香港，直到1955年春天，她突然感到心绪不宁，于是决定到北京探亲。少年夫妻老来伴，司徒美堂对方春女的到来非常高兴。聚少离多的夫妻俩就像亲密的朋友，朝夕相伴，相敬如宾，聊聊家乡的人和事，看看筒子河上的风景，四合院里的氛围温馨而宁静。

司徒美堂一向豪爽好客，热情健谈，他定居此处以后，这古朴宽敞的四合院里就常年高朋满座了。无论是归国观光的华侨，还是从广东来办事的老乡，很多社会名流、文艺名家都是他的座上宾。从美国归来的赤坎老乡司徒乔、粤剧泰斗薛觉先、美国留学生金冬日、加拿大归侨马湘、美国安良堂梅友新等人，都曾经受美老之邀在这里住过。著名电影技术专家司徒慧敏、爱国侨领蚁美厚、美国归侨干部唐明照，以及社会名流叶恭绰、京剧演员梅兰芳、抗日名将蔡廷锴、文艺家吴祖光等，三教九流的朋友都曾到他家做客，可谓"座上客常满，樽中酒不空"了。只要有客人来访，美老都热情款待，四合院里常常摆上三五桌，觥筹交错，宾主尽欢，热闹非凡。

有一次，新凤霞和司徒慧敏到四合院做客。之前，美堂老人在一次招待华侨的宴会上认识了新凤霞，后来经常约几位华侨朋友到天桥万胜轩的小戏院、中和戏院、大众剧院看她演评剧，一来二去就成了忘年交。司徒慧敏是开平赤坎永坚楼东闸村人，原名司徒柱，与司徒美堂的儿子同名；他的父亲司徒盛赞跟美堂老人一样，是一位华侨领袖，且跟随孙中山多年，所以他管美老叫公公。1952 年，慧敏从美国学习电影制作回国后，致力于新中国电影事业的建设和发展，主持拍摄了我国第一部大型彩色纪录片《八一运动会》。两位客人的到来让小院里充满欢声笑语，美堂老人对评剧很感兴趣，跟新凤霞聊得很开心，大家就打趣说："你这么喜欢新凤霞，就认她做干女儿吧！"司徒慧敏在一旁马上反对："那可不行，要是这样的话，我就要叫新凤霞姑姑了！"

　　司徒美堂始终对在京的归侨和侨眷特别关照。有些在北京读书的侨眷学生，生活上有困难，他了解后就解囊相助，从不吝啬。每逢节假日，这些学生前来拜访，他总是盛情款待，陪他们聊天，讲述他们祖、父辈在海外创业的艰辛，勉励他们读书上进，学好本领，将来为祖国和人民服务。他还经常留这些学生在家吃饭，让他们不要拘束，嘱咐厨房添菜，务必让大家吃好。客人们来到四合院里就像回到自己家一样自在，年轻人的欢笑也让美堂老人变得年轻了。

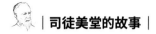

# 2

# 三个老华工

从 1949 年 10 月到 1955 年 5 月，司徒美堂一直生活在北池子 83 号筒子河边的四合院里。据美老的孙女司徒月桂回忆，当时家中有一幅画让她印象深刻，画上有三个饱经风霜的老人。"小时候我并不理解家中为何挂着这样一幅画，爷爷只说等我长大后自然会明白。长大后我才明白，在爷爷心中始终牵挂着侨胞。北池子 83 号的电话和地址都是对外公布的，爷爷在北京也可以随时收到海外华侨华人的信息。"这幅画就是著名画家司徒乔的《三个老华工》。

司徒乔是当代著名的画家，擅长油画和素描，他一生的创作主题都在人民身上，被鲁迅称为"人民的艺术家"。司徒乔 1902 年出生于开平市赤坎镇塘边村，是司徒美堂的正宗老乡。从小爱好绘画的他，早年在北京求学时，就创作了著名的《五个警察一个 0》和《馒头店门前》，这两幅画被鲁迅先生以高价购买，他因此受到巨大的鼓舞。为了学习和创作，他曾辗转世界各地，走遍大江南北，创作了《放下你的鞭子》《义民图》等名作。

1950 年 8 月，司徒乔从旧金山搭乘"威尔逊总统"号回国。途经檀香山时，他在船上偶遇了三名华工。他们整天双唇紧闭，目光呆滞地凝视着远方，一天中的大部分时间都一动不动地默坐在甲板上，像三尊用深棕色的石块雕成的雕塑。三人中的一位已经完全聋了，一位瞎了一只眼，剩下的一位说话结结巴巴，他们为众人讲述了自己心酸的经历。

　　1897 年，香山县人郑进禄和新会县人汤心海、李东号等 600 多名华工被"卖猪仔"，坐船从香港来到檀香山外荒无人烟的考爱岛（kauai），后来，这批华工大多劳累生病而死，最后只剩 9 个人。直到 1950 年，园主见他们三人再无利用价值了，就通知檀香山中华公所送他们回中国。中华公所发动捐款，为他们筹了旅费，他们才登上"威尔逊总统"号，踏上了回乡的旅程。关于他们的经历，司徒美堂在《侨居美国七十年》第四章中有详细的记载。这三人在考爱岛上劳作了 53 年的老华工，此时均已年过古稀，长期惨无人道的劳作和凌辱，使他们几乎丧失了表达的能力。当他们一个字一个字地诉说苦难遭遇时，同船的中国同胞无不感到愤慨。在海外漂泊多年、饱经欺凌的司徒乔抑制不住心中的同情与悲愤，在颠簸的船上，用土红和墨色炭笔记下了他们的形象，这就是著名的《三个老华工》。

　　画中的这三个老华工，表情各异，眼睛看往不同的方向，却共同构成沧桑、无望的氛围。左侧一人短发稀疏，竖立如棘，额头几道深深的皱纹，左眼已坏，右眼迷茫地望着远方。上方的人带着巴拿马草帽，微闭双眼，面颊消瘦，深深的眼袋显得格外疲惫，应该是那位失聪的老人。最右边的侧面人物形象最为有力，表情也最为复杂；他微微向后回头，右眼看向画面斜后方，眼神中似有恨意，眉头微皱，脸上是斑驳的阴影，眼窝深陷，鼻子下勾，是典型的广东人长相。上方的题跋写明了创作缘由："一八九七年，美国资本家用拐骗手段把六百个广东人运载到夏威夷的高威岛去开荒。上岸后，便在汽船枪手的警戒下，被逼与外界完全隔绝，夜以继日、年复一年地在那荒岛上种植甘蔗、菠萝、稻子。年薪永远是十元，但这几元钱还全部流入美国人为他们特设的烟酒窖里。这样在鬼子的皮鞭下过着地狱般的生活。他们辛苦劳动的成果，却使十一批美国资本家发了财。经过五十三年的残酷压榨，六百个人死亡殆尽。图中，李东号、汤心海、郑进禄是仅存的九个人中的三个，于一九五零年九月由夏威夷中华公所募集船费，遣送回国，已是耳聋眼瞎，血尽力枯。他们在船上听到祖国人民翻身的消息，一面兴奋欢喜，一面愤怒地控诉美帝国主义奴役华侨的罪恶。我巧与同船，试为做像，惜未能传达他们和我自己的愤怒于万一。"

司徒乔曾在日记中写道："我要随时随地地跑进别人的呼吸里，共分他们的气息。"这幅画就是他与老华工呼吸与共后创作出来的，通过细致的观察，他巧妙地将华工饱受欺凌的一生和复杂难言的情绪糅合在这三张面孔当中，使人一看就能想见近代以来出洋华工的血泪历史。在回忆司徒乔的文章《笔尖上的正义和激情》中，艾中信评价说，这幅速写技巧新颖生动，但是驾驭他的技巧的，仍然是画家对于正义的共鸣和激情，作画的技巧和造型在其次。这幅在动荡的船上画就的速写，成为了那个时代华侨辛酸史的一个真实写照。这幅画很快被香港《大公报》发表，在新闻界引起了轰动效应。

回到北京后，司徒乔带着他的妻子冯伊湄，连同岳母和三个女儿，一起去拜访了司徒美堂，并在四合院里住了一段时间。当时，司徒美堂的长文《我痛恨美帝》正在《光明日报》上连载，司徒乔给这位曾在美国饱受欺凌的长辈讲述了自己在归途中的见闻，三个老华工的经历深深地打动了美堂老人，他把他们的故事写入了长文的第四章，标题叫作《"猪仔华工"的血泪帐》。后来，这篇长文准备单独出版。司徒乔为之创作《司徒美堂先生》，这幅画作为插图收在1951年光明日报社出版的《我痛恨美帝》一书中。

《三个老华工》共有两幅，第一幅创作于 1950 年归国的船上，第二幅则是 1955 年司徒乔送给司徒美堂九十岁生日的寿礼。自从听了司徒乔讲述的三个老华工的故事后，美堂老人就无法忘怀，从他们身上，他看到了美国资本家剥削华工的血泪史，也想起了自己年轻时的经历。所以司徒乔特地再创作一幅同样的画送给他。美堂老人很喜欢这幅画，就把它挂在客厅里，朝夕鉴赏。

司徒美堂去世后，这幅画就赠给秘书丙鹤。后来司徒乔夫人曾亲自登门，将此画借去参加过展览。如今，这两幅画分别藏于中国美术馆和广东省博物馆。

1956 年秋，司徒乔回到家乡广东开平赤坎镇。在那里他看到了侨乡巨大的变化，创作了速写《塘边村的孤寡老人》、竹笔画《侨乡医生司徒院像》等，这些作品体现出侨乡的新面貌，透露着喜悦、积极的气氛，令人感受到新中国的巨大变化，以及人民在历经苦难后充满生机与活力的精神状态，正如他自己说的："即使只有一寸大小的人物，我也要让人看出新时代的中国人的气概。"除此之外，他还创作了《故乡的早晨》等十几幅充满南国情调的作品。有一天，他登上开侨中学教学楼天台，放眼潭江，只见夕阳把江水、归帆都染红了，江堤上的绿竹翠影，一直延伸到百足山下，远山含黛，山石在夕阳下变成了紫色。故乡的美景让画家陶醉，司徒乔画了三天时间也没画完，只好带回北京继续画，最终创作出此行最大的一幅画《潭江夕照》。

司徒乔与司徒美堂的心是相通的。在颠沛流离、饱经忧患的生涯中，他们始终坚守着一颗热爱祖国、关爱华侨的初心，《三个老华工》和《我痛恨美帝》就是最好的见证。

# 3
# 纵览山河

　　司徒美堂性格乐观外向，喜好游山玩水，在京六年，每逢假期，总会带着司徒丙鹤游览祖国的大好河山。"四年来工作之余，我曾到过天津、上海、武汉、广州、杭州、无锡、苏州、南京等城市游览，还回到广东四邑故乡看土地改革运动。我虽然年老，还要亲眼看看祖国的伟大变化。"①

　　1953 年夏，他们来到杭州，在西湖边西泠桥畔的小楼中住了一个多月。在这里，美堂老人每日观览西湖盛景，花港观鱼，曲院赏荷，三潭玩月，南屏听钟，上南北峰赏湖光烟霭，到楼外楼喝绍兴花雕，处处令人流连忘返。

　　小楼对面就是抗金名将岳飞之墓，来到这忠烈埋骨之地，司徒美堂特别激动。南宋绍兴十一年（1141）冬，岳飞遭诬被害，狱卒隗顺背着他的遗体逃出临安城，葬于西湖边的北山。二十一年后，宋孝宗即位，以礼改葬岳飞于栖霞岭南麓。民国七年（1918），政府对岳飞墓整体大修，并在忠烈祠门厅上悬挂"岳王庙"匾额。岳飞墓前有秦桧等四人的铁铸跪像，照壁上嵌着明代洪珠写的"尽忠报国"四字。忠烈祠正殿的东西两庑，分别是祭祀岳飞部将张宪和牛皋的祠堂；启忠祠东西庑分立着岳飞五子、五媳及女儿的像。他对丙鹤说，他平生最崇拜的人有三个：一是辛亥革命领

　　① 司徒美堂：《回忆当年，欢呼今朝》；中国致公党中央委员会：《司徒美堂》，北京：中国致公出版社，2003 年，第 127–128 页。

袖孙中山，二是精忠报国的岳飞，三是义气干云的关羽。他一直以这三个人物的精神品质要求自己，热爱祖国，关心华侨。现在终于有幸来瞻仰岳王庙，一定要好好祭奠一番。每走到一处，他就满怀激情地给同行人员讲述相关的故事，之后，他肃穆地对着岳坟三鞠躬，然后恭敬地退步离开。

小楼的右侧，是大名鼎鼎的文澜阁，里面藏有一部珍贵的《四库全书》。美堂老人早就听说了，很想观览一番。负责管理这套图书的毛春翔热情地接待了他们，并详细地介绍了图书的情况。原来《四库全书》在乾隆时期编纂完成后，命人手工抄写了七部，加上一部副本，分藏于八处。当时为了藏这套书，从抄写装订到建阁造楼，前后用了十八年时间。丙鹤对这套书发生了浓厚的兴趣，在征得美老的同意下，每天下午到文澜阁翻阅，足足泡了一个月，每天回去给美老讲述书库见闻。美老听得津津有味，不禁感叹："中国的传统文化真是灿烂啊！"

离开杭州，他们又去了南京。七年前，他曾两次来到这里，先是向蒋介石提出组党并要求兑现宣慰华侨的费用，遭到无礼拒绝；后来又拒绝蒋介石让他当伪国大代表的要求，愤而前往香港。七年间国内已经发生了翻天覆地的变化，而这一切仿佛就在昨天。在南京，他们游览了风景之美冠绝东南的玄武湖。抗战期间，汪精卫曾在南京成立伪国民政府，玄武湖成了汪伪政权接待日本军政要员的主要场所。日本人在公园内驰马练兵，肆意破坏，甚至厚颜无耻地在园中举行"日德意三国同盟庆祝会"和"大东亚战争博览会"。抗战胜利后，南京市政府对公园修整一新，直到南京解放，玄武湖才真正恢复江南佳丽地的声名。离开玄武湖，他们瞻仰了中山陵和雨花台革命烈士纪念碑，向孙中山先生和烈士们献花致敬。之后又游览了明孝陵、莫愁湖、中华门、鸡鸣寺等地，这些都是历史悠久、底蕴深厚的名胜。然而，美堂老人游兴阑珊，走马观花地匆匆一瞥后，就离开了火热的南京。

司徒美堂在出发前曾决定纵览江南三湖，游完西湖和玄武湖，他们又去了碧波万顷的太湖。在无锡，他们住在江南大学的宿舍里，推窗远眺，太湖美景尽收眼底。白鸥出没于浩荡烟波之中，烈日下的湖面波光粼粼，白帆点点，七十二峰有如七十二颗翡翠，点缀于碧水间。太湖风景绝佳处，是位于湖中间的鼋头渚，小岛漂在蓝天碧水间，仿佛随着烟波而上下浮动。湖边的蠡园，相传是范蠡在助越灭吴之后带着西施归隐之地。伫立园中，美老仿佛看到了范蠡当年功成身退，片帆高飏五湖风，偕美人渐渐远去的景象，不禁感慨道："历史难考，但美人计的教训深刻，应久久勿忘啊！"

江南大学是荣毅仁的父亲、民族实业家荣德生先生于1947年10月在无锡创办的私立学校。太湖边的荣巷，是荣德胜故居，而荣氏家族是无锡人的骄傲。荣家明代迁居无锡，最初以农为本；清代开始经商，成为富甲一方的大家族；近代以来转而兴办民族工商业，架桥修路，建图书馆、设邮局，造福乡里。蠡湖上的旧宝界桥就是荣德生修建的，这座长桥连接着风光绝胜的鼋头渚和绿荫满园的梅园。无锡西郊的梅园，也是荣德生兄弟一起建造的。在梅园香海轩内的匾额上，刻着"一生低首向梅花"，这是荣氏兄弟的座右铭。看着这句诗，美老对陪同的人说："看来这位大产业家是有抱负、有骨骼的，他的成就绝非偶然啊！"

1954年夏，司徒美堂又带着秘书、警卫员和服务员从上海坐船到九江，上庐山住了一个月。到达九江时，正值长江发大水，街上水深至腰，一行人只好坐小船到山脚，然后改乘汽车上山。二十四公里长的登山公路

前一年才由解放军建成，车行于白云缭绕的山间，宛如在仙境中。庐山东
偎鄱阳，北枕长江，水汽充足，山上常年云遮雾罩，形成了"难识庐山真
面目"的奇景。山中晴雨无时，忽而暴雨如注，忽而阳光普照，白云映着
青山，有如画图。车到山顶，有一片平地，就是牯岭了。庐山管理局的
工作人员安排美老一行住在河东路 181 号中央卫生部疗养院的两层小洋房
内，隔壁 180 号就是大名鼎鼎的"美庐"。

蒋介石和宋美龄留下了三座著名的居所——杭州的"澄庐"、上海的
"爱庐"和庐山的"美庐"，其中的"美庐"别墅最为惹眼。这座别墅前临
长冲河，背依大月山，占据了牯岭的一块风水宝地。这里曾经既是蒋介石
的官邸，也是国家政治活动的中心。1937 年，周恩来两次在此与蒋介石谈
判，蒋介石接受了中共"团结御侮，共同对外"的要求，并在此发表了著
名的抗战谈话。蒋介石在大陆最后的日子，也是在这里度过的。1948 年夏
天，他匆匆下山返回南京，从此再未踏上过庐山。1900 年前后，各国、各
界名流在牯岭的东西两谷，依山就势兴建了五六百幢别墅，包括孔祥熙与
宋蔼龄、汪精卫、冯玉祥、赛珍珠，以及马歇尔、司徒雷登等的下榻处，
组成了风格各异的别墅群。

当司徒美堂来到美庐时，还能在别墅内看到庐山最古老的金钱松，宋
美龄当年亲手栽种的凌霄花仍然藤萝绕墙，花气袭人。河西路 442 号别墅
是美国传教士所建，美国总统特使马歇尔来华调停国共冲突期间，曾八上
庐山与蒋介石晤谈，均下榻于此；1948 年 8 月，美国驻华大使司徒雷登也
在此住过。看到这些遗迹，想起自己曾与蒋介石、司徒雷登交锋，最后终
于选择了拥护共产党、拥护新中国，美堂老人的内心大约有许多感慨吧？

美堂老人的游兴很浓，每日出门赏景，平缓处自己扶杖而行，崎岖

处就以轿代步。在大天池，他惊叹于聚散翻腾、茫无涯际的云海；在仙人洞，他神往于神秘的纯阳修仙、仙人献药的故事。黄龙潭的泉水清冽甘甜，最宜泡庐山云雾茶；花径是唐代大诗人白居易《咏大林寺桃花》的地方，至今仍是匡庐胜境。五老峰新奇险怪，风雨变幻。据说有一个姓林的台湾人在山上建风雨亭，立碑记之曰："生平曾三游五老——少年随父执来，壮年偕妻子来，老年携儿孙来。今后会否再来，不得而知，故建亭纪念。"因路远山险，美老不能游览五老峰，听了风雨亭的故事，很有感触地说："我们此一游，也不知今后能否再来？浮生逆旅，一纵即逝，只能作如是观。"

壮美的河山，勤劳的人民，历史的教训，英雄的史迹，让这位爱国老人感叹祖国的伟大，又让他深深觉得今天美好生活的来之不易。几次游历后，他对祖国的热爱之情又增加了几分，他觉得自己身体还很健康，还可以再活几十年。

# 4

# 颐和园寿宴

自从美堂老人定居北京以后，中央对他的生活起居和健康状况一直非常关心。朱德委员长担心他不适应北京的气候和生活方式，曾几次到四合院去看望他。委员长关切地问美老："老先生住在这里感觉怎么样，生活还习惯吗？"他总是回答说："很好，很习惯！"委员长笑着说："很好可谈不上，比你在美国住的差一些吧？"美老郑重地回答："可不能这样比，回国了就要跟中国人比，而且重要的是和自己的人住在一起！"

有一次，他到中南海去参加政协会议。快到会场的时候，坐在汽车上的老人看到前面有几个人步行往怀仁堂方向走去，他就问秘书那几个人是谁。当听说是毛主席后，他就要求司机马上停车，表示也要下车走。毛主席得知情况后，就停下脚步，站在路边等他。待司徒老人走到面前时，毛主席主动和他握手，亲切地表示问候，二人一边走一边愉快地聊天。毛主席知道美堂老人有腿疾，担心他累坏了，就说："你年纪大了，不要多走路，还是坐车吧！"美堂老人觉得这样不礼貌，可是毛主席坚持要他坐车，于是他只好上车，到了会场又站在门口等主席来了一起进去。

1955 年 4 月 3 日，农历三月十一，是司徒美堂九十岁寿诞。按照中国过去的习俗，六十岁以上的老人满九进十是大寿，亲朋好友都要来道贺。美堂老人生于 1866 年，1955 年是他满八十九岁进九十岁的大寿。正当国家承平，美老又是著名的爱国侨领，于是中侨委出面为他安排祝寿活动。

他们早早地把老寿星接到颐和园中修养，生日当天的宴会就设在园中排云殿东边的介寿堂。

早在一个多月前，美堂老人就想躲到颐和园中"避寿"，因为他知道中央有不提倡拜寿的主张，他不想违背规定。1943年，延安各界提议给毛泽东庆祝五十大寿，毛泽东表示："生日决定不做，做生日太多了，会生出不良影响，目前是最困难的时候，时机也不好。"1947年，毛泽东身边的工作人员又想给他庆祝五十四岁生日，他坚决不答应，说正当战争时期，应该纪念在前线流血牺牲的同志，而且祝寿会造成铺张浪费。次年冬，淮海战役期间，中央机关的同志准备让机关食堂准备杀头猪，给毛泽东庆祝五十五岁生日，还是被他阻止了。他对行政处的伍云甫处长说："云甫同志，听说你们要准备给我过生日，谢谢同志们对我的关心。生日不要过了，还是勤俭节约的好，希望你们今后再也不要给党的领导人过生日做寿，这样影响不好。这要定为制度，谁也不能违反。"从此以后，"不做寿"就成为党的一条纪律，而且这条纪律在1949年3月的七届二中全会上被写入了党的文献。对于这条纪律，美老当然是很清楚的，他准备和家人在颐和园划着小船看看风景，轻轻松松度过九十岁生日。

可是，海外华侨和国内各界人士得知美老大寿，纷纷发来贺电，中侨委又出面张罗，他也没办法躲了。于是，他高高兴兴地和中侨委工作人员商量，最后决定在颐和园介寿堂接受来宾道贺。介寿堂这组坐北朝南的两进四合院建筑群，是光绪年间为庆祝慈禧六十大寿所建。正殿悬挂着"介寿堂"匾额，"介寿"二字出自《诗经·豳风·七月》"为此春酒，以介眉寿"，堂内楹联"介三岛十洲特开胜境，愿千秋万岁长驻韶光"，均有吉祥祝寿之意。可惜慈禧的庆祝计划被甲午战争所打断，直到三年后才在这里顺利举行六十三岁祝寿庆典。如今，爱国老人司徒美堂也要在这里举行寿宴，他高兴地说："我活到九十岁，对人民没有贡献，不敢言寿。今天能在这个重归人民的金碧辉煌的御苑里与各位首长和亲友欢聚，真是三生有幸！"

四月的颐和园风景秀丽，最宜游赏。园中草木丰茂，鸟语花香，湖上山林如画，绿水逶迤。介寿堂大门洞开，老寿星端坐堂前，堂中挂着画家蒋养辉特意为他的寿诞创作的油画像，司徒美堂那和蔼慈祥的面容就像真的老寿星一样。各界人士纷纷前来向他拜寿，场面热闹非凡，一派喜气洋洋的景象。

这次寿宴，前来贺寿的有社会各界人士共三百多人。美堂老人的老朋友、中侨委主任何香凝亲自书写寿字及牡丹图，托副主任方方、庄明理等人带去送给美老，同行到贺的还有几十位侨委干部。致公党主席陈其尤、民革主席李济深过去均是洪门人士，此次到贺，亲切地称寿星为"大哥""美堂先生"。抗日名将、原国民党十九路军将领蔡廷锴也来了，他与美老本在淞沪抗战中就结下了深厚的友谊，美老定居北京后，他常常到四合院陪"美堂伯""打天九"。

内务部长谢觉哉也来参加了寿宴。四年前，司徒美堂曾给他写信："拙作《我痛恨美帝》，已在报上登完，现应读者要求，另印单行本，想请你替这本书写个序言。"谢觉哉欣然同意，把报纸上连载的文章取阅一遍后，写了一篇长达四页半的序言。在结尾处，他用满怀希望的笔调写道："美堂先生说，医生检查他的身体，只要调养得宜，还可再活六十年。真的'再活六十年'，当早已是建设得很好的共产主义世界。"他很佩服美堂老人积极乐观的人生态度和敢做敢为的侠客精神，特地制作了一只木牛作为寿

礼。美堂老人深知其义：这是勉励他继续像老黄牛一样为人民服务呢！孤桐先生章士钊也曾是洪门人士，他与美老相识于抗战中的重庆，又曾重逢于和平后的上海。此次他偕黎明晖前来祝寿，送上他亲自创作的七绝立轴，其后两句高度评价了美堂老人在洪门中的地位："吾徒海外飞扬遍，此是开山第一人。"

除此之外，前来祝寿的还有一位特别的客人——王莹。王莹是一位进步的爱国女性，她1930年加入中国共产党；1936年主演的国防戏剧《赛金花》成为三十年代中国话剧的奇迹；抗战期间，她曾在周恩来指示下赴香港等地募捐演出。香港沦陷后，她与司徒慧敏等人辗转至重庆，在重庆期间认识了司徒美堂。后来她同谢和赓受中共派遣前往美国学习，在纽约拜访了司徒美堂，并被认作"契女"（即义女）。在美期间，王莹夫妇得到美老多方面的照顾和帮助。1955年元旦，他们在周总理的帮助下回到祖国。王莹偶然听说美老在颐和园办寿宴，于是马上登门祝寿。

寿宴结束后，丙鹤又陪着美老在颐和园修养了半个月。"园内白天游人万千，早晨和入夜，则十分安静，湖中的水鸟，林中的长尾绶和黄鹂都在自由地游嬉和飞翔。……登排云殿望去，昆明湖边的长廊、石舫、玉带桥、铜牛，远处的玉泉山古塔尽在眼底。湖水如镜，香花扑鼻，的确把人陶醉了。"①

---

① 司徒丙鹤：《美堂老人在颐和园的寿宴》；北京市文史委、广东省政协文史委：《回忆司徒美堂老人》，北京：中国文史出版社，1988年，第122页。

# 5
# 长眠西山

从颐和园修养回来后，司徒美堂又恢复了在四合院的规律生活。一日三餐定时，早午晚三杯咖啡，心情好时就抽雪茄。由于身体底子好，作息规律，他的健康状况一直很不错。

1955 年 4 月，周总理前往印尼出席旨在抵制殖民主义、争取民族独立的"万隆会议"。可是没想到，先遣人员十一人在香港启德机场乘坐"克什米尔公主"号专机时被炸身亡，国内外舆论一致谴责台湾国民党特务的可耻行径。出于对周总理的关心，司徒美堂每天关注新闻，后来得知总理乘坐的飞机绕过香港飞抵万隆，他才放下心来。他每天翻看《参考消息》，看不清楚就拿着放大镜读，睡觉前还要看一会儿。

5 月 5 日晚饭后，美堂老人像往常一样，坐在院子里兴致勃勃地和家人们聊家常。入夜了，他喝完咖啡，坐了一会儿，就躺到床上看《参考消息》，临睡前还和丙鹤互道晚安——这也是多年形成的习惯。凌晨时分，他突然鼻子出血，很快陷入昏迷状态。家人急忙请来北京医院的大夫上门治疗，检查的结果是突发脑溢血，中央保健局的医疗小组和卫生部部长傅连暲也赶来实施抢救。第二天，中央不断有领导人上门探望，但是这位正直、爱国的老人再也没有醒来，于 5 月 8 日晚上 8 时 10 分与世长辞，享年 90 岁。

此时，周总理刚从印尼回京，一下飞机就马上赶到北池子 83 号，跟这位可敬可爱的老人作最后的告别。周总理当场指示华侨事务委员会的廖承志、方方及美老的好友陈其瑗、陈其尤等人组成司徒美堂先生治丧委员会，并安排有关治丧事宜。当晚，新华社向全世界发布了司徒美堂去世的讣告，并公布了治丧委员会的名单——包括林伯渠、李济深、沈钧儒、习仲勋、何香凝、陈嘉庚、蔡廷锴、唐明照、司徒慧敏和司徒乔等三十七人，大多都是他生前的好朋友。

5月9日，美老的灵柩移至中山公园中山堂入殓。灵前摆放着毛泽东、朱德、刘少奇和周恩来等领导人送的花圈，周总理和陈云、邓小平、陈毅、李济深等领导人到场悼念。10日上午，首都各界七百多人在中山堂公祭司徒美堂先生。周恩来主持公祭大会，陈云、林伯渠、李济深、董必武、沈钧儒、彭真等人陪祭。参加公祭的还有陈毅、习仲勋、张鼎丞、高克林、张志让，以及各民主党派和人民团体的负责人，还有美堂先生的亲友等。

廖承志在大会上致悼词，全面概括了司徒美堂先生丰富的一生，高度评价了他在抗日战争、解放战争和新中国建设中做出的贡献：

各位先生，各位同志：

司徒美堂先生逝世了，这是我们的一个损失。

司徒美堂先生一生所走的道路反映着国外爱国侨胞自鸦片战争以来所走过的道路。当腐败的"满清"封建朝廷还统治我国人民的时代，在国外侨胞中便展开了反对满清、支持孙中山先生的民族独立斗争的运动，司徒美堂先生在这个时候就参加了这一斗争。当时像他这样的爱国华侨是颇不少的。

但是辛亥革命没有完成中国人民当时所要求的反帝反封建的历史任务。中国革命在当时历史条件下的情况也反映到了国外华侨中去，总的来说：要求祖国独立、统一，将祖国建设成为一个和平、民主、团结、富强的新中国，反对军阀的黑暗统治，则仍然是当时国外爱国华侨的主要

要求。当中国人民开始进行 1900 年到 1927 年的大革命的时候，国外华侨中的大部分支持着祖国的大革命。但在蒋介石卖国贼发动屠杀人民的叛变以后，国外爱国华侨的不少人便认识了蒋介石卖国集团的丑恶面目。司徒美堂先生在这个时候，参加了当时华侨爱国分子反对蒋介石卖国集团的活动。日本帝国主义发动了"九·一八"事变时，司徒美堂先生更公开地反对国民党反动派对日本帝国主义的投降，对蒋介石卖国求荣的政策表示反对，对于祖国人民发动的抗日运动和"一·二八"抗战表示了热烈的支持。在祖国人民伟大的抗日战争爆发以后，蒋介石卖国集团所继续采取的反动政策受到了国内人民和国外华侨的反对和斥责，司徒美堂先生当时在美洲是积极拥护祖国人民抗战，坚决反对投降的。

蒋介石卖国集团发动了破坏抗战，出卖祖国的反共高潮的时候，国外各地华侨反对蒋介石卖国集团的卖国投降政策，坚持抗战的斗争也高涨起来了，那时像陈嘉庚先生在国外坚决拥护祖国人民抗战和反对蒋介石卖国集团一样，司徒美堂先生在美洲，也不管国民党反动派如何攻击，他难能可贵地和宋庆龄先生领导的中国同盟会保持着密切接触，支持了中国人民的抗战主力部队——八路军和新四军。

祖国人民伟大的抗日战争胜利以后，国外侨胞一方面同情当地人民的独立运动，同时又积极支持祖国人民反对内战，支持中国共产党的和平、民主、团结的主张，反对卖国贼蒋介石发动内战，进攻解放区和人民解放军的滔天罪行。

司徒美堂先生在当时经过许多曲折，最后认识了蒋介石卖国集团坚持反动内战，向人民进攻的反动面貌，他就两次回到美国，号召美国侨胞支持祖国人民的斗争。

1949年，祖国人民伟大的解放战争胜利以后，司徒美堂先生回国参加了中国人民第一届政治协商会议，开始参加祖国人民艰巨的建国事业。在五年多以来，司徒美堂先生正像国外一千二百万绝大多数华侨所站的爱国立场一样，拥护中华人民共和国，拥护中国共产党和毛泽东主席的领导，反对蒋介石卖国集团，反对美帝国主义侵略我国；在我们国家的每一重大的社会改革工作中，在我们祖国伟大的抗美援朝斗争中，司徒美堂先生和国外爱国侨胞一样，表示了积极的拥护与支持。在他晚年的高龄里，他仍始终热情地学习不懈，关心国家的建设事业，关心祖国人民和世界人民保卫和平事业的斗争。在他脑溢血前的两小时，他都还十分地关心着我国出席亚非会议的代表团和周恩来总理的安全归国。

司徒美堂先生所走的数十年如一日的爱国的道路，也是一千二百万国外侨胞所走的历史道路，他们正在走着拥护祖国与社会主义建设，保卫世界和平事业的康庄大道。

这几年来，在这一条历史道路的进程中，国外成千成万的爱国华侨的队伍比起他们的前一辈的人们更为浩大更为健壮了。国外华侨这新的一代对于他们老一代华侨的开路先锋作用，对于他们所起的先行者的作用，是无限感谢的，是永不会忘记的，他们将继承前人的事业，迈着更为壮阔的大步随着祖国人民前进！

司徒美堂先生的去世，对于国外一千二百万华侨是一个损失，对于祖国的人民民主统一战线也是一个损失。但是随着祖国社会主义建设事业的蒸蒸日上，祖国的日益富强，祖国人民的新的一代，国外华侨的新的一代，将不断地生长和成熟，他们也是必定能够弥补这一损失的。

我们深深地相信：这五年多以来，对于能够坚决地追随着我们伟大的祖国人民前进、追随着中国共产党前进、追随着毛泽东主席前进的国外华侨，司徒美堂先生证明了他是其中的楷模之一。他们已经证明了和将要证明他们是与祖国人民一道为祖国的社会主义实现而奋斗到底的。华侨中的老的一代和新的一代的互相勉励、互相团结，也必然更进一步地推动华侨爱国事业的扩大和巩固。

**司徒美堂先生，你永远地安息吧！**

随后，陈其瑗介绍了美堂先生的生平事略。公祭结束后，由周恩来、林伯渠等人执绋起灵。下午1时，司徒美堂先生的遗体在八宝山烈士公墓安葬，墓穴为天字第三号。入殓时，美堂老人穿戴的是中山装、干部帽、布鞋，黄兴夫人赠送的特制手杖及他的私人印章等物品也一起下葬。如此隆重的公祭和下葬仪式，是党和国家以及社会各界对这位"洪门元老，一生爱国"的华侨老人的最高褒扬。

次年冬天，何香凝亲自为司徒美堂撰写了墓志铭，经廖承志过目，转交国务院国家机关事务管理局勒石于美老墓旁。保存至今的墓志铭，简要介绍了美老一生的经历，高度评价了他作为爱国侨领的功绩，字里行间洋溢着何香凝对美老的深情厚谊：

司徒美堂先生，广东开平人，生于一八六八年[①]。十四岁赴美国，十七岁加入洪门致公堂，其后追随孙中山先生，参加辛亥革命，帮助筹款，并组织安良堂，被选任为总理，先后达三十年，对团结华侨、互助互济、兴学办报，都有良好影响。抗战爆发，发动美洲华侨捐款，出力很多。一九四一年皖南惨案爆发，先生发表通电向蒋介石政府表示抗议。太平洋

---

① 应为一八六六年。

战争时期，先生行抵香港，被日本侵略军当局拘捕，先生表现了高度的民族气节，拒绝伪命，化装逃走。一九四二年任重庆华侨参政员时，出席八路军重庆办事处的欢迎会，发表了坚持抗战、反对投降的言论，并揭露反动政府祸侨害侨的罪行。一九四三年，先生赴美洲各国，报道抗日民主根据地和中国共产党领导人民英勇抗战的真实情况。一九四五年三月，先生在美改组致公堂为"中国美洲洪门致公党"，并被选为主席。同年四月，被聘为联合国储备会中国代表团的华侨顾问。抗战胜利后，先生偕美洲华侨代表返国，参加当时的民主政治运动。国民党反动派发动内战，破坏和平，先生愤而去香港，发表拥护中国共产党"五一口号"的声明，上书毛主席致敬，愿意接受共产党领导。一九四八年冬，先生再度赴美，发动华侨支持祖国人民的解放斗争。全国解放，先生代表美洲华侨回国参加中国人民政治协商会议。先生经常游历祖国各地，积极参加各项政治运动，对国外侨报发表言论，号召华侨团结在祖国的周围，为祖国社会主义工业化，为解放台湾，为保卫世界和平而贡献力量。

先生曾任中华人民共和国中央人民政府委员，人民代表大会常务委员，中国人民政治协商会议第二届全国委员会委员，华侨事务委员会委员等职。

司徒美堂先生旅居美国六十九年，一直站在爱国立场，进行各种工作。先生为人慷慨侠义，急人之难，热心华侨公益事业，他是美洲方面的爱国华侨领袖。司徒美堂先生一生所走的道路，反映着国外爱国华侨自从鸦片战争以来所走的道路。国外华侨这新的一代对于他们老一代华侨的开路先锋作用，对于他们所起的先行者的作用，是永远不会忘记的。

一九五六年十二月八日何香凝撰

# 6
# 侨乡纪念

毛泽东称赞司徒美堂是"爱国先贤，侨界耆宿"，时任全国侨联主席张国基在司徒美堂诞辰一百二十周年时曾为美老题词："革命洪流逐逝波，致公一老导先河。忠诚爱国输财策，勋业长留史乘歌。"司徒美堂一生心系"祖国与华侨"，给侨乡人民和当代年轻人留下了宝贵的精神财富。

弘扬爱国主义，维护民族大义，是司徒美堂精神品格的底色。他曾经说："谁能出国家于危难，救人民于水火，我就拥护他、支持他。"他从"九·一八"事变后即率先投身于抗日救亡运动，积极声援自发奋起抗战的国民党官兵；全国抗战爆发后，他出任抗日救国侨团的首领，带领广大华侨开展抗日救亡活动，积极筹饷，支持国内抗战；他万里迢迢回国慰劳抗日军民，为祖国抗战出计献策，在途经香港陷入日军魔掌的危险时刻，表现出了铁骨铮铮的民族气节；他团结美洲洪门侨胞，报效祖国支援抗战，使这一古老的帮会组织焕发青春；他呼吁祖国团结抗战，反对妥协投降，努力维护国共合作抗战大局。抗战胜利后，他拒绝了国民党政府的高官利诱，坚定地站在了人民一边；1948 年，他上书毛泽东，拥护召开新政治协商会议、组织联合政府的主张，并赴美发动华侨支援祖国解放战争；新中国成立后，他不遗余力地投身于祖国的建设事业。习仲勋在中国致公党成立 60 周年纪念会上指出："洪门致公堂元老司徒美堂先生是爱国华侨的杰出代表人物。"可谓是对司徒美堂爱国精神的最好概括。

紧跟时代步伐，不断追求进步，是司徒美堂个性气质的核心。他的一生经历了三次重要的转变：第一次是19岁时加入致公堂，由一名普通的华侨成为了反清反帝的爱国志士；第二次是38岁时追随孙中山，由一名封建帮会的首领成长为华侨革命家；第三次是82岁时抛弃"中间路线"，拥护共产党，投入新中国的怀抱，成为了爱国华侨的旗帜。他的三次转变都与祖国的命运和民族的利益密切相连，鲜明地体现了司徒美堂追求进步、与时俱进的可贵品格。他一生虽经历了辛亥革命、抗日战争、解放战争、抗美援朝、土地改革等重大社会变革，却总是心胸宽广、目光远大，因而始终站在时代的前列，走了一条与时俱进的道路。他还提出爱国主义和国际主义相结合的观点，主张华侨参加主流社会，融入共同发展的潮流，促进了中华文化的弘扬。他说："落叶归根的思想已经过时了，华侨应该跟着时代发展，应该配合华裔主流社会，跟着当地社会发展，好好学知识、创财产，将来帮助中国、帮助中国人民发展，帮助当地人民发展，也帮助自身发展。"这种开放包容进步的发展观，不仅在当时领先于时代，即使放到今天来看也不过时。所以，他不仅是华侨楷模，还堪称时代先锋，正如致公党中央原主席罗豪才在《怀念司徒美堂先生》一文中所评价的："司徒美堂先生一生追求进步，向往光明，与时俱进，始终将个人的命运与国家、民族的命运紧紧连在一起，不愧为爱国华侨的旗帜。"为了更好地纪念和缅怀这位爱国先贤、华侨代表，弘扬他爱国护侨的可贵精神，广东省开平市对司徒美堂故居进行了有力的保护，并在海外华侨的支持下兴建了司徒美堂纪念馆，这是侨乡人民对这位爱国老人最好的纪念。

　　司徒美堂故居位于开平市赤坎镇中股村牛路里，是一座三廊二房一厅的清末建筑。1989年成为广东省重点文物保护单位，2019年入选第八批全国重点文物保护单位。由于气候潮湿、历史运动等原因，故居曾遭到破坏。开平市政府于1990年和2003年两次对故居进行修缮。2016年，开平市政府发布《广东省文物保护单位司徒美堂故居保护规划》，将其作为开平重要的历史文化遗产进行保护，坚持"保护为主，抢救第一，有效保护，合理利用"的方针，保护与发展并重，以实现历史文化遗产及其环境的有效保护和永续利用。近年来，不仅故居单体得到有效的修缮，其周边民居、故居前广场、风水塘及附近农田都得到了修整，形成了和谐统一的整体环境。

现在的司徒美堂故居，保持着青砖墙、灰瓦顶的总体风貌。正门是岭南民居常见的趟栊门，穿过狭窄的过道，进入故居主体——带天井的厅堂。屋顶的光线从天井透进来，把厅堂分成了两部分：左侧靠墙的一小块地方是厨房，灶台上的光线很充足；右侧是相对宽敞的客厅。面向灶台，客厅右侧的墙上挂着两排老照片，主要是1950年前后美老参加政治活动时的留影，与亲友的合照，还有毛泽东的亲笔信、何香凝的贺寿题字等；与灶台相对的一面墙，上部悬着一个左、右、上、背四面靠墙的大供台，以备年节祭祖之用；左侧墙上挂着古旧的字画，两侧墙边均摆放广式木质座椅茶几。从天井继续往里走则是起居室。整个故居的建筑结构和家居布置都是典型的岭南民居风格。这座经历了一百多年风雨的岭南农家旧宅，见证了司徒美堂朴实而传奇的一生。如今，每天都有游客来到这里回忆故居主人的故事。

从故居出来，灶台所靠的整面墙背后是一个小广场，广场中心矗立着一座司徒美堂的半身雕像，须髯若雪的他若有所思地凝望着远方，仿佛在忧心着祖国与华侨的未来，又好像在欣赏故乡新农村建设的新面貌。雕像侧面刻着何香凝为先生所作墓志铭中的话:"司徒美堂先生旅居美国六十九年,一直站在爱国立场,进行各种工作。先生为人慷慨侠义,急人之难,热心华侨公益事业,他是美洲方面的爱国华侨领袖。"这是对美老生平功绩最精炼的概括。这尊两米高的花岗岩石像,是著名雕塑家廖慧兰教授应致公党广东省委员会之托,为纪念致公党建党九十周年而创作的。廖慧兰是致公党员,她在 2007 年就曾创作过司徒美堂铜像,现立于北京中国致公党中央办公大楼。

1985 年 5 月 18 日,致公党开平县委员会召开司徒美堂逝世 30 周年纪念大会。会上提出了筹建司徒美堂纪念馆的倡议,得到中共开平县委和县政府、人大、政协的大力支持,这项工作被列为 1985—1986 年的政府重大项目。很快,由开平的县委、政府、人大、政协、致公党、统战部、侨办等部门领导组成的筹建委员会成立了,聘请开平旅外知名人士利国伟等 36 人为名誉会长,司徒伟等 142 人为顾问,司徒辉为会长,司徒英等 17 人为副会长,梁树藩等 81 人为筹委。开平县政府划拨三埠镇长沙西郊桥园宾馆内潭江边上的五亩地为馆址,由县设计室负责绘制图纸,县房产建筑工程队承包基建工程,定于当年 7 月开工。

筹建纪念馆的消息传出去后,海外许多中文报纸刊登了这则新闻,开平籍华侨纷纷捐款赞助。最后一共有 316 人和若干个团体组织捐赠港币近80 万元,其中谢耀灌、张远湖、许朗禧、谭锦濠等 10 人的捐款超过 5 万元,波士顿致公党、加拿大卡技利洪门致公党、波士顿凤伦公所、温哥华凤伦总堂等洪门组织和华侨社团都有捐赠。

很快,美轮美奂的司徒美堂纪念馆就建起来了。这座崭新的建筑前临潭江,后有园圃,视野开阔,环境优美。纪念馆高四层,第一层是纪念堂，大堂中央安放着美堂先生的半身立体铜像；东厅是陈列室，陈列着毛主席写给美堂先生的亲笔信，周总理送给他的毛皮大衣，廖承志在追悼会上宣读的悼词，美堂老人撰写的《祖国与华侨》，以及他 1949 年回国后参加政治活动的照片等。二楼、三楼是会议厅和套间，用以接待来访嘉宾。主楼东西两侧分别矗立一座纪念塔，园内还有司徒辉和胡耀坤捐赠的"英辉楼"和"忠源楼"两栋小别墅。1986 年 10 月 31 日，纪念馆举行落成典礼，来自美国、加拿大、澳洲和中国港澳的三百多位嘉宾，以及国内各界人士二百多人出席了典礼。

2012 年，因旧城改造，侨园宾馆内的司徒美堂纪念馆被拆除，部分展品移至开平市博物馆存放，他的半身铜像则被移至城南广场。目前，只有司徒氏图书馆院内的资料室里还存放着部分相关物品资料。

笔者在赤坎规划展示服务中心了解到，开平市计划开发赤坎古镇华侨文化，拟在赤坎新区筹建司徒美堂纪念馆。预计建筑面积 2000 平方米，总投资 1.2 亿元，建筑设计融入赤坎本地骑楼风格，在主体建筑外围设置流水空间和廊桥，象征着华侨与祖国"心桥相连"。规划拟将司徒氏图书馆也移至纪念馆附近，并将该镇规划中的一条大道命名为"美堂大道"。"我们非常期盼司徒美堂纪念馆能够早日建成，到时我们司徒氏的族人、后辈就可以更好地了解和传承司徒美堂的爱国主义精神"，司徒氏图书馆馆长司徒锦沛说，他的话是开平人共同的心声。"我是一个地地道道的中国人，因此只知爱中国"，爱国老人司徒美堂先生的话一直在侨乡人的心中回荡，他一生热爱祖国，心系华侨，其爱国护侨的风范将长留人间。

# 参考文献

［1］北京市文史委，广东省政协文史委.回忆司徒美堂老人［M］.北京：中国文史出版社，1988.

［2］中国致公党中央委员会.司徒美堂［M］.北京：中国致公出版社，2003.

［3］祝广仁，潘毅.洪门大佬——司徒美堂的传奇人生［M］.北京：中国华侨出版社，2002.

［4］张兴汉.从徒工到侨领——司徒美堂文学传记［M］.长沙：湖南文艺出版社，1987.

［5］赵宏.洪门［M］.北京：团结出版社，2006.

［6］秦义春.洪门［M］.北京：中国社会出版社，2010.

［7］孙昉，刘旭华.海外洪门与辛亥革命［M］.北京：中国致公出版社，2011.

［8］广东省政协文史委，广东省江门市政协.五邑侨胞耀中华［M］.北京：人民出版社，2017.

［9］梅伟强，李文照.五邑华侨与辛亥革命［M］.北京：中国华侨出版社，2001.

［10］梅伟强，张国雄.五邑华侨华人史［M］.广州：广东高等教育

出版社，2001.

[11] 张运华. 五邑华侨与中国民族民主革命 [M]. 北京：中国华侨出版社，2011.

[12] 李春辉，杨生茂. 美洲华侨华人史 [M]. 北京：东方出版社，1990.

[13] 蔡仁龙，郭梁. 华侨抗日救国史料选辑 [M]. 北京：中国华侨历史学会，1987.

[14] 邝治中. 纽约唐人街 [M]. 上海：上海译文出版社，1982.

[15] 张国雄. 赤坎古镇 [M]. 石家庄：河北教育出版社，2004.

[16] 中国致公党简史编辑委员会. 中国致公党简史 [M]. 北京：中国致公出版社，2010.

[17] 中国致公党中央文史委员会. 中国致公党文件选编 [M]. 北京：中国致公出版社，1995.

[18] 杨力. 中国抗战大后方中国党派文献资料选编 [M]. 重庆：重庆出版社，2016.

[19] 陶行知. 陶行知日志 [M]. 南京：江苏教育出版社，1991.

[20] 刘才赋. 秘密社会史话 [M]. 北京：社会科学文献出版社，2012.

[21] 张军锋. 见证新中国的诞生 [M]. 南京：江苏人民出版社，2010.

[22] 窦爱芝. 中国民主党派史 [M]. 天津：南开大学出版社，1992.

[23] 中央档案馆. 皖南事变资料选辑 [M]. 北京：中共中央党校出

版社，1982.

［24］中国人民政协文史委.文史资料选辑·第二十五辑［M］.北京：中华书局，1962.

［25］中国人民政协文史委.文史资料选辑·第三十八辑［M］.北京：文史资料出版社，1980.

［26］中国第二历史档案馆.国民党统治时期的小党派［M］.北京：档案出版社，1992.

［27］陈月华.爱国华侨的前辈——司徒美堂评传［N］.辽宁师范大学学报，1987-1.

［28］张国雄.美洲华侨的旗帜——司徒美堂［N］.五邑大学学报，2003-1.

［29］梅伟强.司徒美堂对侨乡土改工作的杰出贡献［N］.五邑大学学报，2003-4.

［30］司徒丙鹤.洪门大佬与中外名人的传奇交往［J］.文史精华，2003，10.

［31］司徒丙鹤.陪同司徒美堂参加开国大典［J］.广东党史，1999，5.

［32］司徒丙鹤.陪同司徒美堂参加开国大典（三）［J］.广东党史，2000，1.

［33］李松庵.司徒美堂与流亡海外爱国人士的患难之交［J］.岭南文史，1986，1.

［34］潮龙起.试析司徒美堂早年的护侨爱国活动［J］.理论月刊，2005，6.

［35］陈昌福.司徒美堂与中国洪门民治党［N］.上海市社会主义学

院学报，2013-6.

［36］陈昌福.1942 年司徒美堂香港脱险始末［N］.上海市社会主义学院学报，2018-5.

［37］赵蕾.肝胆一古剑 相交赴国忧——周恩来总理与司徒美堂先生的革命情谊［J］.中国统一战线，2008，3.

［38］黄顺通.从与爱国侨领的交往看周恩来对侨务工作的贡献［J］.福建党史月刊，1998，1.

［39］杨耀健.周恩来在渝统战二三事［N］.重庆社会主义学院学报，1999-2.

［40］杜俊华.周恩来与抗战时期的华侨领袖［J］.中国统一战线，2007，4.

［41］任贵祥.华侨司徒美堂与新中国的故事［J］.湘潮，2019，2.

［42］任贵祥.新中国建立后毛泽东与归国侨领及华人科学家交往述评［J］.观察与思考，2014，4.

［43］傅国涌.日记中的开国盛典［J］.武汉文史资料，2013，10.

［44］吴云峰.论海外"洪门"对中国抗战的支持［N］.三峡大学学报，2010-4.

［45］石瑶.司徒美堂发表〈拥护中国共产党召开新政协的声明〉的历史考察［N］.上海市社会主义学院学报，2019-5.

［46］吴敏.华侨楷模司徒美堂的爱国历史活动［J］.兰台世界，2013，9.

［47］陈江松.司徒美堂：论定国号 一言九鼎［J］.法制参考，2010，2.

［48］翦伯象.论五邑华侨的现代人格特征［N］.五邑大学学报，

2008-2.

[49]黄穗生.司徒美堂晚年三赴香港[J].红广角,2013,9.

[50]姜豪.司徒美堂与上海全球洪门恳亲大会[J].档案与史学,1995,6.

[51]张兴汉.司徒美堂与祖国抗战[N].暨南学报,1988-1.

[52]张林.一个华侨的中国梦[J].文物鉴定与鉴赏,2019,5.

[53]陈昌福.司徒美堂在1949年[N].上海市社会主义学院学报,2019-4.

[54]刘大康,张青运.陶行知与司徒美堂[N].南京晓庄学院学报,2008-1.

[55]郭绪印.侠者司徒美堂[J].同舟共进,2009,5.

[56]艾云.慷慨寄长风——记司徒美堂[J].作品杂志,2017,12.

[57]孟涛,蔡仲林.传播历程与文化线索——中华武术在美国传播的历史探骊[J].体育科学,2013,10.

[58]杨光.中国致公党与中国共产党的早期合作[N].广西社会主义学院学报,2017-5.

[59]陈昌福.从会党向政党转型——中国致公党的建立[N].上海市社会主义学院学报,2016-1.

[60]陈昌福."亦合亦分";"亦堂亦党"[N].上海市社会主义学院学报,2014-6.

[61]黄利新.新中国成立初期广东省统一战线工作与民主党派地方组织的转变[J].当代中国史研究,2012,5.

[62]刘进."四邑侨汇为粤省冠"说辨析[N].五邑大学学报,

2005－4.

［63］尤云弟. 抗战时期国民政府的侨汇管控及其成效［J］. 华侨华人历史研究，2016，3.

［64］鲁良. 凝望碉楼［J］. 源流，2006，1.

# 附录：司徒美堂年谱

1866 年，4 月 3 日（农历三月十一），出生于广东开平县赤坎镇中股乡牛路里村一个贫农之家。

1867 年，1 岁。

1868 年，2 岁。

1869 年，3 岁。

1870 年，4 岁。

1871 年，5 岁。

1872 年，6 岁，入司徒氏家族私塾读书。

1873 年，7 岁，丧父。

1874 年，8 岁，在私塾读书。

1875 年，9 岁，在私塾读书。

1876 年，10 岁，失学，到新会县城一家小店当学徒。

1877 年，11 岁，在新会。

1878 年，12 岁，在新会。

1879 年，13 岁，在新会。

1880 年，14 岁，3 月，乘轮船到美国谋生，在旧金山"会仙楼"食馆当杂工、厨师。

1881 年，15 岁，在旧金山。

1882 年，16 岁，在旧金山。

1883 年，17 岁，在旧金山。

1884 年，18 岁，在旧金山。

1885 年，19 岁，在旧金山，加入洪门致公堂。

1886 年，20 岁，因打伤吃"霸王餐"的流氓而被捕，坐监十个月，后被当地华侨和洪门人士营救出狱。

1887 年，21 岁，做杂工，当管家、保姆。

1888 年，22 岁。

1889 年，23 岁。

1890 年，24 岁。

1891 年，25 岁。

1892 年，26 岁。

1893 年，27 岁。

1894 年，28 岁，到美国军舰"保鲁磨"号当厨师，随舰到过南美及西欧一些国家。

1895 年，29 岁，在"保鲁磨"号当厨师。

1896 年，30 岁，在"保鲁磨"号当厨师。

1897 年，31 岁，在"保鲁磨"号当厨师。

1898 年，32 岁，春，美西战争爆发，"保鲁磨"号到菲律宾与西班牙作战，因对战事不感兴趣而与几名中国海员一起辞职，来到纽约唐人街，短暂停留后移居波士顿谋生。

1899 年，33 岁，在波士顿，推小车沿街出售果蔬肉类谋生。

1900 年，34 岁，在波士顿。

1901 年，35 岁，在波士顿。

1902 年，36 岁，在波士顿。

1903 年，37 岁，在波士顿组织"安良工商会"（安良堂）。

1904 年，38 岁，秋，在波士顿结识孙中山，任其保卫员兼厨师，从此追随孙中山参加革命运动。

1905 年，39 岁，在纽约组织"安良总堂"，任总理，以后一直住在纽约。担任多所华文学校校董。聘富兰克林·罗斯福（1933—1945 年担任美国总统）为安良堂法律顾问，前后达十年。

1906 年，40 岁。

1907 年，41 岁。

1908 年，42 岁。

1909 年，43 岁。

1910 年，44 岁，在纽约协助孙中山进行革命活动，帮助其筹措革命经费。

1911 年，45 岁，建议加拿大致公堂开会，决议将加拿大的多伦多、温哥华、维多利亚三地四所致公堂大楼抵押出去，所得款项捐给孙中山作革命经费。10 月，辛亥革命爆发，为孙中山提供回国经费。12 月，以美洲致公堂总理身份，发动美洲各地致公堂，通电三百余封，拥护孙中山就任中华民国临时大总统。

1912 年，46 岁，中华民国成立后，婉拒孙中山邀其出任总统府监印官，继续在美洲筹集资金支持新政府。第一次回国。

1913 年，47 岁。

1914 年，48 岁。

1915 年，49 岁。

1916 年，50 岁。

1917 年，51 岁。

1918 年，52 岁。

1919 年，53 岁。

1920 年，54 岁，第二次回国。

1921 年，55 岁。

1922 年，56 岁。

1923 年，57 岁。

1924 年，58 岁，年初，以美洲洪门致公堂名义，发表拥护国共合作的通电，并发动华侨捐款，支持北伐。

1925 年，59 岁。

1926 年，60 岁。

1927 年，61 岁，通电痛斥蒋介石背叛孙中山"三大政策"、发动反革命政变的行径。

1928 年，62 岁。

1929 年，63 岁。

1930 年，64 岁。

1931 年，65 岁。

1932 年，66 岁，"一·二八"事变后，不遗余力地支援十九路军淞沪抗战，在纽约组织美洲华侨抗日救国会后援总会。夏，第三次回国，在上海，与蔡廷锴相见。5 月 16 日，参加"一·二八"淞沪抗战阵亡将士追悼大会，代表美洲华侨敬献花圈。

1933 年，67 岁。

1934 年，68 岁，8 月 28 日，在纽约迎接蔡廷锴赴美，陪同其访问美洲十几个城市，负责其安全保卫工作。

1935 年，69 岁，4 月，蔡廷锴离美返港。

1936 年，70 岁，11 月 9 日，发动美洲侨团欢迎陶行知到纽约。

1937 年，71 岁，2 月，帮助陶行知加入洪门致公堂，随后邀请陶住到自己家中。资助陶行知和陆璀到美洲各地作抗日宣传，同时动员当地致公堂负责二人安全问题。夏，迎接杨虎城到纽约，后送其到伦敦。

1938 年，72 岁，6 月，陶行知在纽约辞别美洲各华侨团体，完成访美之行。7 月 17 日，带领示威侨众到日本驻纽约领事馆前抗议，并和华侨代表一道将抗议书交到领事馆。

1939 年，73 岁，10 月 13 日，与阮本万一起，联合 54 个华侨团体成立"纽约华侨抗日救国筹饷总会"，出任常务委员。成立"全美洲洪门总干部"，任监督。与宋庆龄"保卫中国大同盟"保持密切联系，积极发动美洲华侨捐款捐物支持抗战。

1940 年，74 岁，写信给罗斯福，要求废除《排华法案》。

1941 年，75 岁，1 月，"皖南事变"后，致电国共两党领袖，呼吁"团结抗战"。3 月 14 日，收到毛泽东复函。12 月 2 日，因受邀作为华侨参议员回重庆参加国民参政会议而回到香港，这是第四次回国。宋庆龄设宴招待。香港沦陷后，拒任维持会长，化装逃走，经韶关辗转至桂林。

1942 年，76 岁，春，来到桂林。3 月 9 日，从桂林乘飞机到重庆，国府要员吴铁城、陈果夫等人到机场迎接，随后下榻于枣子岚垭中央饭店。

经陶行知等人介绍，两次拜访周恩来。应周恩来之邀，出席中共的欢迎茶话会，会上发表坚持抗战反对投降的演讲。拒任伪国大代表。4月，回广东开平探亲，亲见家乡沦陷、侨眷逃荒的悲惨景象。5月30日，在《新华日报》发表《司徒美堂致旅美侨胞书》和《司徒美堂致洪门兄弟书》。8月，返回重庆。10月，参加国民参政会，在会上提出救侨护侨主张。加入华侨兴业银行重庆总行，任首席常任董事。

1943年，77岁，春，乘飞机经印度返回美国。受重庆国民政府"宣慰美洲华侨"的委派，赴南美十几个国家，向广大侨胞宣传抗战。写信给罗斯福，再次要求废除《排华法案》。12月17日，罗斯福签署废除《排华法案》的决议案。

1944年，78岁。

1945年，79岁，3月12日，在纽约举行"美洲洪门恳亲大会"，决议将洪门致公堂改为中国洪门致公党，被推为该党全美总部主席。4月，受聘为中国出席联合国代表团的华侨顾问。

1946年，80岁，4月，与美洲各国洪门代表从纽约乘轮船回到上海，第五次回国。在上海，与冯玉祥会面。6月21日，由吴铁城陪同，在南京见蒋介石。6月23日，到梅园新村拜会周恩来。6月25日，出席有陆定一、马叙伦等人参加的欢迎茶话会。7月下旬，"五洲洪门恳亲大会"在上海召开。8月1日，中国洪门致公党被更名为民治党，司徒美堂当选中央执行委员。冬，拒任伪国大代表。

1947年，81岁，4月，上海洪门帮会为其祝寿。9月6日，发表声明，宣布脱离民治党。旋即赴港。冬，返回开平，半年后回到香港，闭门谢客。

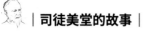 

1948年，82岁，滞留香港。1月22日，致电中共，祝贺解放军胜利。8月12日，在香港建国酒店发表"国是主张"。赴美前夕，写下《上毛主席致敬书》，表示接受中国共产党领导。10月26日，由香港经上海赴美国。10月30日，抵达纽约，当日，在香港各报纸刊登《拥护中国共产党"召开新政治协商会议"的声明》。到美西各地唐人街演讲，在报上发表《致美洲全体洪门人士书》，号召华侨支援祖国建设。

1949年，83岁，第六次回国。1月20日，收到毛主席回信。8月9日，乘飞机离开美国。8月13日，抵达香港，后乘船北上，于9月4日抵达北平。下榻北京饭店，会见陈嘉庚。9月下旬，出席在中南海怀仁堂召开的中国人民政治协商会议，当选为全国政协委员和中央人民政府委员，兼任中央华侨事务委员会委员。10月1日，登上天安门城楼，参加开国大典。后定居北京北池子83号。

1950年，84岁，1月20日，在北京中央人民广播电台向美洲华侨报告祖国解放后的情况。2月，坐火车回到广州，筹办《华侨新闻》月刊和《新商晚报》，写信请毛主席为《华侨新闻》月刊题词。次月，毛主席为该杂志题词：共同奋斗。4月15日，参加在广州举行的中国致公党第四次全国代表大会。回北京后，参加6月召开的人民政协全国委员会第二次会议，会后写成《关于华侨土地问题的几点意见》，毛主席批示："将此文在政协文件中刊登。"冬，在光明日报连载《我痛恨美帝》长文，支持抗美援朝。

1951年，85岁，元旦，向美洲华侨发布《为抗美援朝保家卫国》公开信，号召美洲华侨支持抗美援朝。1月，《我痛恨美帝》由光明日报出版社出版。3月，再次回到广东。经广州到江门，在鹤山、开平、台山、新会等地考察侨乡土改。4 月 14 日，受鹤山农民之托，请人带去土特产送给毛主席，并附信报告考察情况。4 月 27 日，收到毛主席回信。写成《粤中侨乡的土改》一文，在光明日报连载。5 月 4 日，在广州、香港各报纸发表《答某君来书并与美洲侨胞恳谈国事》。

1952 年，86 岁。

1953 年，87 岁，再次回广州。夏，游杭州、南京、无锡等地。

1954 年，88 岁，夏，游庐山。9 月 15 日，参加全国人民代表大会第一次会议，参与制定中华人民共和国第一部宪法。当选为全国人大第一届常务委员，任第二届全国政协委员。

1955 年，89 岁，4 月 3 日，在颐和园举行九十岁寿宴。5 月 8 日，因突发脑溢血，在北京家中逝世。5 月 10 日，周恩来亲自主持在中山公园举行的公祭大会；下午，遗体在八宝山烈士公墓安葬，廖承志致悼词。次年冬，何香凝亲自为其撰写墓志铭。

# 后 记

　　2019 年 12 月，中国华侨出版社计划出版"侨界杰出人物故事丛书"系列读本，向我们约稿。我们选定了开平市赤坎镇的著名爱国侨领司徒美堂作为传主，在查阅了充足资料的基础上，拟定写作计划，然后按照分工——宋旭民负责前五章，李丹负责后八章——同时动手撰写。

　　第六章初稿完成的那天傍晚，笔者到附近的五邑华侨广场散步，看到广场内正在录制中央广播电视总台 2020 年春节戏曲晚会江门分会场的节目。江门旧称五邑，包括新会、台山、开平、鹤山、恩平五县，有 400 多万海外侨胞、港澳台同胞分布在全球 107 个国家和地区，因此江门被称为"中国第一侨乡"。如今，江门又是粤港澳大湾区的重要节点城市，随着大湾区建设的深入推进，这个城市正在焕发新的活力，演绎新的精彩。

　　开平的华侨文化资源十分丰富。广东省唯一的世界文化遗产——"开平碉楼与村落"，是"华侨文化的典范之作"；开埠于清朝顺治年间的赤坎古镇，是海外华侨与家乡开平联系的重要纽带；而司徒美堂正是赤坎华侨文化的一张最响亮的名片。

　　2020 年 1 月 14 日，笔者前往赤坎镇考察，参观了南楼、司徒氏图书馆、开平市博物馆和赤坎规划展示服务中心。南楼牌坊上"一楼化砥柱中流气愤风云不让田横五百，七子护河山半壁心坚金石雄于项羽八千"的对联，似乎还在诉说75年前司徒氏自卫队那场惨烈的保卫战；而南楼七壮士的埋骨之地，就在司徒氏图书馆门前的潭江河边。周总理送给美堂老人的水獭领狍皮大衣，如今存放在开平市博物馆；赤坎规划中心的工作人员告诉我们，镇上正筹划着在新区建设新的司徒美堂纪念馆。

开平市文广旅体局的黄木贵、赤坎镇副镇长司徒华业和文体服务中心的余晓仪热心地给我们介绍了司徒美堂家族的情况，还帮我们找来了曾在司徒氏图书馆工作过的司徒亮、司徒健平和司徒宗卫三位老人，请他们讲一讲相关情况。三位老人带来了很多书面材料，宗卫老人还讲述了他20世纪50年代亲见美堂老人的情景。提起赤坎土改中的"程南王"，几位老人的话匣子一下子打开了。从他们身上，我们看到了赤坎司徒氏对家族的责任感和自豪感。这本书能够出版，很感谢几位的热心帮助。

当这本书的初稿完成之时，正逢新型冠状病毒感染的肺炎疫情肆虐中华大地。全国人民团结一致与病毒作斗争的决心令人热血沸腾。现正旅居美国的台山华侨蔡锋老先生，经常给我们发来华侨支援祖国抗疫的消息。他说，美洲华侨心系祖国，新冠肺炎疫情出现之后，美洲的各大侨团纷纷行动起来，组织捐款捐物，所得款项和防疫医疗物资正分期分批发往国内。这种守望相助的爱国热情和血浓于水的同胞亲情，与当年司徒美堂带领美洲华侨支援祖国抗日战争、解放战争的情怀一脉相承。历史的长河永远向前流淌，华侨的爱国精神也在代代传承。

司徒美堂侨居美国七十年，一生中只有二十年的时间在国内。洪门是一个秘密组织，相关事项秘而不宣；因缺乏可靠而丰富的材料，他在美国生活的很多情况无法考证；现有的资料常常互有出入，即使是他本人晚年口述的回忆文字，也多有舛误；他在国内的活动主要集中在人生的最后六年，出洋前的材料很少。虽然关于他的文史资料很不少，但重复的比例非常高，而且比较散乱，有些可信度也不高。这些，都给我们的写作带来了困难，需要做很多筛选、考证的工作。对于这样一位充满传奇色彩的爱国侨领，我们侨乡人民既要弘扬他的爱国护侨精神，又应实事求是、力求全面地讲述他的动人故事，出于这种初衷，我们撰写了这本《司徒美堂的故事》。希望通过这本书，向读者介绍这位华侨楷模，号召广大侨胞和侨乡人民传承他的爱国情怀。

李 丹　　宋旭民

2020 年 2 月 10 日于江门职业技术学院